Richard Bürkner

Herder

Bürkner, Richard

Herder

ISBN: 978-3-86267-539-5

Auflage: 1
Erscheinungsjahr: 2012
Erscheinungsort: Bremen, Deutschland

Europäischer Literaturverlag GmbH, Fahrenheitstr. 1, 28359 Bremen (www.elv-verlag.de).

Bei diesem Titel handelt es sich um den Nachdruck eines historischen, lange vergriffenen Buches aus dem Verlag Ernst Hofmann & Co, Berlin (1904). Da elektronische Druckvorlagen für diesen Titel nicht existieren, musste auf alte Vorlagen zurückgegriffen werden. Hieraus zwangsläufig resultierende Qualitätsverluste bitten wir zu entschuldigen.

Cover: Ausschnitt aus dem Gemälde „Porträt Johann Gottfried Herder" (ca. 1800) von Gerhard Kügelgen.

Herder

Sein Leben und Wirken

Von

Richard Bürkner

Mit Bildnis

Berlin
Ernst Hofmann & Co.
1904

Inhalt

Erstes Buch
Werden und Wandern

Seite

I. **Mohrungen** 1744—1762 1
Abstammung S. 1; Eltern S. 2; Geburtstag S. 3; Geburtsort S. 3; Rektor Grimm S. 4; Pfarrer Willamovius S. 5; Diakonus Trescho S. 6; „Gesang an den Cyrus" S. 9; Schwarzerloh und die Rettung S. 11.

II. **Königsberg** 1762—1764 13
Theologiestudent S. 13; Collegium Fribericianum S. 15; Kant S. 17; Freunde S. 18; Hamann S. 19; Kanter S. 21; Leichenrede auf Margarete Kanter S. 22; „Über die Asche Königsbergs" S. 24.

III. **Riga** 1764—1769 25
Kollaborator an der Domschule S. 26; „Wiefern auch in der Schule die Grazie herrschen müsse". S. 26; Prediger S. 27; „Der Redner Gottes" S. 29; Berens S. 33; Hartknoch S. 34; Frau Busch S. 35; „Auf Katharinas Thronbesteigung" S. 36; „Haben wir noch jetzt das Publikum und Vaterland der Alten?" S. 36; Patriotismus und Deutschtum S. 36; Philosophie der Menschheit S. 37; „Rigische Anzeigen" S. 37; „Fragmente über die neue deutsche Literatur" S. 38; „Kritische Wälder" S. 43; Klötzsche Händel S. 44; Abschiedspredigt S. 48.

IV. **Reiseleben** 1769—1771 50
1. Frankreich. Seefahrt S. 51; Reisetagebuch S. 53; Nantes S. 54; Paris S. 54.
2. Eutin und Darmstadt. Lessing S. 57; Matthias Claudius S. 58; Der Eutiner Hof S. 58; Merck S. 60; Karoline Flachsland S. 60; Briefwechsel S. 62; Karlsruhe S. 63.
3. Straßburg. Abschied vom Prinzen Peter S. 65; Augenoperation S. 66; Goethe S. 67; Volkslieder S. 70;

„Über Ossian und Shakespeare" S. 71; Wiedersehen in
Darmstadt S. 74.

V. **Bückeburg** 1771—1776 75

 1. **Der Einsame.** Ankunft S. 75; Graf Wilhelm S. 76;
„Über den Ursprung der Sprache" S. 77; Westfeld S. 78;
Oberprediger S. 79; Konsistorialrat S. 80; Schulaufseher
S. 80; Naturfreude S. 81; „Brutus" S. 82; „Allgemeine
deutsche Bibliothek" S. 82; „Frankfurter gelehrte Anzeigen" S. 83; Heyne S. 83; Der mystische Begeisterer
S. 85; Lavater S. 86; Gräfin Maria S. 87; Briefwechsel
mit Karoline S. 90; Verlobung S. 92; Hochzeit S. 93.

 2. **Ehemann und Schriftsteller.** Häusliches Glück
S. 94; Der erste Sohn S. 95; Predigten über das Leben
Jesu S. 96; „Auch eine Philosophie der Geschichte zur
Bildung der Menschheit" S. 97; „Älteste Urkunde des
Menschengeschlechts" S. 99; „Provinzialblätter an Prediger"
S. 102; Spalding S. 103; „Erläuterungen zum Neuen
Testamente" S. 106; „Briefe zweener Brüder Jesu in unserem
Kanon" S. 107; „Ursachen des gesunkenen Geschmacks"
S. 108; „Wie die Alten den Tod gebildet" S. 108.

 3. **Zukunftspläne.** Superintendentur S. 109; Landesgeistlichkeit S. 110; Der Stocksche Handel S. 112; Ruf
nach Göttingen S. 114; Verhandlungen S. 117; Ruf
nach Weimar S. 118; Goethes Freundschaft S. 118;
Vater Gleim 122; Tod der Gräfin S. 123; Abschiedspredigt S. 124; Abschied von Bückeburg S. 126.

Zweites Buch
Weimar

I. **Die ersten Jahre 1776—1783** 127

 1. **Neues Leben.** Einzug in Weimar S. 127; Antrittspredigt S. 129; Krankheit S. 130; Geldnöte S. 130;
Oberpfarrer S. 131; Generalsuperintendent S. 131; Geistlichkeit S. 131; Konsistorium S. 132; Alten und Kirchrechnungen S. 133; Stellung zum Hofe S. 134; Goethe
S. 134; Karl August S. 136; Herzogin Luise S. 137;

— VII —

Amtshandlungen bei Hofe S. 140; Herzogin Anna Amalia S. 143; Graf Görtz S. 143; Minister Voigt S. 143; Knebel S. 144; Wieland S. 144; „Philosophie und Schwärmerei" S. 145; Einsiedel S. 146; Prinz August von Gotha S. 146; Karl v. Dalberg S. 147; Frau von Scharbt S. 148.

2. Neue Werke. „Die Plastik" S. 149; „Denkmal Winckelmanns" S. 150; „Lieder der Liebe" S. 151; „Volkslieder" S. 153; Münchner Preisschriften S. 157; „Von dem Einfluß der Regierung auf die Wissenschaften" S. 158; „Maranatha" S. 158; „Briefe das Studium der Theologie betreffend" S. 160; Georg Müller S. 162; „Briefe an Theophron" S. 163; „Denkmal Lessings" S. 165; „Vom Geist der ebräischen Poesie" S. 167; Erholungsreise S. 169.

II. **Höhe des Lebens** 1783—1788 171

1. Haus und Amt. Freundschaft mit Goethe S. 171; Herders Persönlichkeit S. 170; Frau Karoline 178; Die Kinder S. 179; Der Prediger S. 179; Reformen in Kirche und Schule S. 188; „Buchstaben- und Lesebuch" S. 189; Schullehrerseminar S. 189; Das Gymnasium S. 190; „Schulreden" S. 190; Reform der Liturgie S. 192.

2. Denker und Dichter. „Ideen zur Philosophie der Geschichte" S. 193; F. H. Jacobi S. 200; „Gott. Einige Gespräche" S. 203; „Zerstreute Blätter" S. 204; Gedichte S. 205; „Blumen aus der griechischen Anthologie" S. 208; „Paramythien" S. 208; „Dichtungen aus der morgenländischen Sage" S. 208.

III. **Die italienische Reise** 1788—1789 210

1. Pläne. Zukunftsgedanken S. 210; Karl Augusts Fürsorge S. 212; Das anonyme Geldgeschenk S. 212; Friedrich v. Dalbergs Einladung S. 214; Hamanns Tod S. 215; Abschied S. 216.

2. Die Reise. Briefwechsel mit Karoline S. 217; Thüringen und Franken S. 219; Augsburg S. 220; Frau v. Seckendorf S. 220; Italien S. 221; Rom S. 222; Römisches Leben S. 223; Neapel S. 226; Rückkehr nach Rom

S. 227; Reisestanzen S. 228; Angelika Kauffmann S. 229; Rückreise S. 230.

   3. Die Heimkehr. Ruf nach Göttingen S. 232; Verhandlungen S. 233; Goethes Freundesrat S. 233; Karl Augusts Vorschläge S. 234; Bleiben in Weimar S. 235;

IV. **Die letzten Jahre 1789—1803** 237

   1. Oberkonsistorialvizepräsident. Ärger und Krankheiten S. 238; Prozeßverfahren S. 239; Universität Jena 240; Gymnasium S. 241; Katechismus S. 241; Gesangbuch S. 242; Predigttexte S. 244; Konfirmation des Erbprinzen und der Prinzessin Karoline Luise S. 245; „Christliche Schriften" S. 246; „Von der Gabe der Sprache" S. 247; „Von der Auferstehung" S. 247; „Vom Erlöser der Menschen" S. 247; „Von Gottes Sohn" S. 247; „Vom Geiste des Christentums" S. 248; „Von Religion, Lehrmeinungen und Gebräuchen" S. 248; Legenden S. 249.

   2. Trübungen. Teilnahme an der Revolutionsbewegung S. 250; „Briefe zur Beförderung der Humanität" S. 252; „Herbstblätter" S. 254; „Terpsichore" S. 255; Bruch mit Goethe S. 255; Schiller S. 257; Die Kantsche Philosophie S. 262; „Metakritik" S. 264; „Kalligone" S. 264; Fichte S. 264.

   3. Ausklang und Ende. Das einsame Haus S. 265; Herzogin Luise S. 266; Herzogin Anna Amalia S. 267; Wieland S. 267; Knebel S. 267; Jean Paul S. 267; A. W. Schlegel S. 268; W. v. Humboldt S. 268; Meyer, Falk, Böttiger S. 269; Gleim S. 269; Theaterwesen in Weimar S. 270; Herders Dramen S. 271; „Adrastea" S. 271; „Der Cid" S. 272; Oberkonsistorialpräsident S. 274; Der Adel S. 274; Schüler und Theaterchor S. 276; Letztes Beisammensein mit Goethe S. 277; Letzte Reise S. 278; Schneeberg, Eger, Dresden S. 278; Letzte Krankheit S. 279, Tod S. 280.

Bibliographischer Anhang 281

Personen- und Sachregister 284

Erstes Buch
Werden und Wandern

I
Mohrungen

Gustav Freytag schildert die Schlesier, denen er selbst durch Geburt und Abstammung angehörte, als ein lebhaftes Volk von heiterem Sinn, genügsam und höflich, eifrig und unternehmungsluftig, arbeitsam wie alle Deutsche, aber nicht vorzugsweise sorgfältig, behende und reichlich in Worten, mit einem weichen Gemüt, sehr geneigt, Fremdes anzuerkennen und auf sich wirken zu lassen, und doch mit nüchternem Urteil; beim Genuß heiterer, ja poetischer als die meisten anderen Stämme; aber in seinem idealen Leben vielleicht ohne die Größe massiverer Volksnaturen. Wenn er mit diesen Worten ein gutes Stück von Herders Sinnesart gezeichnet hat, so liegt das sehr einfach daran, daß dieser wohl in dem Vaterlande Kants und Hippels geboren und erzogen wurde, aber in seinen Adern überwiegend schlesisches Blut hatte. Nur seine Mutter war ostpreußischer Herkunft, seines Vaters Familie stammte aus Schlesien, und erst sein Großvater war um religiöser Verfolgung willen zu Beginn des achtzehnten Jahrhunderts von dort ausgewandert, um in

Mohrungen im preußischen und protestantischen Norden eine neue Heimat zu finden. Der Sohn dieses Emigranten hatte dort ursprünglich das Tuchmacherhandwerk getrieben, vertauschte aber bald dies Gewerbe, das ihn nur kümmerlich ernährte, mit dem Amte eines Glöckners, Kantors und Elementarlehrers, das ihm zwar auch nur ein mittelmäßiges Auskommen sicherte, ihn aber vor der gänzlichen Armut hinreichend schützte.

Dieser Gottfried Herder war ein ernster, wortkarger Mann von gewissenhafter Ordnung und regem Pflichteifer, dabei ein großer Kinderfreund, der in seiner stillen Art gar herzlich mit den ihm anvertrauten Kindern zu verkehren wußte. Nach dem Tode seiner ersten Frau führte er in das kleine, nahe der Stadtkirche gelegene Haus, das er nebst Garten und etlichen Äckern sein eigen nennen durfte, als neue Lebensgefährtin des Huf= und Waffenschmieds Pelz Tochter Anna Elisabeth heim, mit der er bis an sein Lebensende (1763) in glücklichster Ehe lebte. Sie war eine verständige, fleißige und stille Frau von weichem Gemüt, mit zärtlichster Liebe ihren Kindern, vor allem ihrem Sohne zugetan, der sich später gern ein „mütterliches Kind" genannt und von ihr neben der kleinen, hageren Statur das zart Empfindungsvolle seines Wesens geerbt hat. Auch den innigen religiösen Sinn hat er wesentlich von der Mutter, die eine tief fromme Seele war und es als ihre Hauptaufgabe ansah, den Sohn nach ihrer Art beten, fühlen und denken zu lehren. Noch im hohen Alter, da sie einsam und kränklich dahinlebte, von ihrem Sohne reichlich unterstützt, schrieb sie: „Wenn mir der Herr nur die Gnade schenket, daß ich in sein Haus gehen kann, so hab' ich alles." Alle ihre lieben, frommen Briefe voll zärtlicher Besorgnis hat ihr berühmter Einziger sorgfältig aufbewahrt.

Von den fünf Kindern, die dem würdigen Paare geschenkt wurden, sind zwei in jungen Jahren gestorben, drei blieben leben, zwei Töchter und ein Sohn, Johann Gottfried, der am 25. August 1744 das Licht der Welt erblickt hatte. Und zwar in der letzten Stunde des Tages, weshalb er sich gern mit einiger Selbstgefälligkeit ein „Kind der Mitternacht" nannte. Schon am 27. August war er auf des Vaters Namen getauft worden, der darin ein ernstes Sinnbild und mehr als eine bloße Benennung sah; denn wenn er später den Knaben einmal loben wollte, was bei dem gemessenen, schweigsamen Manne selten genug vorkam, dann legte er seine Hand sanft auf des Sohnes Haupt und sprach mit mildverklärter Miene: „Gottesfriede".

Es war kein dürftiges, aber ein schlichtes, nach strengster Ordnung geregeltes Hauswesen, in dem der Knabe aufwuchs. Im pünktlich innegehaltenen Gleichmaß verliefen die Tage, deren ununterbrochenes Arbeiten durch das gemeinsam angestimmte geistliche Abendlied seinen frommen Abschluß erhielt. Dieser fromme Abendgesang hat in Herders Gemüt einen unauslöschlichen Eindruck hinterlassen: hier sind die Wurzeln seiner Freude an der Musik zu finden, die ihn sein Leben lang begleitete; hier auch die Quelle jener starken Liebe zu Gesangbuch und Bibel, die ihn zum geistlichen Beruf getrieben hat.

„Das kleinste im dürren Lande" nennt Herder seinen Geburtsort. Es war eben ein Ackerstädtchen, das damals etwa 1800 Einwohner gezählt hat und in seinen Mauern keine Sehenswürdigkeiten, unter seinen schlichten Bürgern keine außerordentlichen Helden bot. Doch fanden diese Ackerbürger auf den fruchtbaren Fluren ihrer Heimat hinreichend Arbeit und Nahrung zugleich in der Lebensführung und im Lebensunterhalt des Bauern. Die Äcker waren von Seen und sumpfigen Wäldern umgeben, sodaß das Landschaftsbild der Mohrunger Gegend für das Auge des Wanderers erfreulich war. Und der Knabe durchstreifte gern die freie Natur, in der er den eigenen Träumen nachhing und die er im Geiste mit all den Gestalten bevölkerte, von denen er in Büchern las, die der unersättlich Lesehungrige sich auf jede Weise zu verschaffen wußte. Er brauchte im Vorbeigehen nur ein Buch auf einem Fenster liegen zu sehen, so trat er gleich in das Haus und bat freundlich, es ihm zu leihen. Dann stillte er seine Wißbegierde damit auf dem großen Kirschbaum in des Vaters Garten oder noch lieber draußen an den Ufern des „Silbersees" oder am liebsten in den schattigen Laubgängen des Paradieswäldchens.

Nachdem des Vaters Elementarunterricht den Grund zu des Knaben Wissen hinreichend gelegt hatte, ging's eine Stufe höher in die Stadtschule, über die der Rektor Grimm ein hartes Regiment führte; ein breitschultriger, bleicher Mann mit kohlschwarzer Perücke, ein gelehrtes Haus voll unbescholtener Redlichkeit, aber ein arger Pedant, der in Strenge, Strafe und Stock allein das Heil der Kinder sah und in geradezu barbarischer Dressur die Kunst seiner Erziehungslehre übte. Natürlich ward die Schule für die Knaben so zum Ort der Qual, und nur mit Schrecken dachte Herder später an diese Stätte und an die Wohnung des gestrengen Herrn zurück, vor der er mit seinen Kameraden den Hut schon von ferne ziehen mußte, wenn sie sich dieser Behausung nahten. Nur gelegentlich traten bei dem übellaunigen Sonderling, der ein gichtischer Hagestolz und arger Weiberfeind war, auch Züge zu Tage, die auf etwas Gemütsleben schließen ließen, aber auch sie waren wunderlich genug. Wollte er einem Schüler seine Zufriedenheit zeigen, so durfte der also Ausgezeichnete

den Herrn Rektor auf dem Spaziergang begleiten und ihm
Ehrenpreis und Schlüsselblumen suchen, wie er sie für
seinen täglichen Tee bedurfte. Und als höchstes Lob galt
es, wenn der Beglückte dem hohen Meister gar mit auf
die Stube folgen mußte, um dort ein Täßchen dieses Suds
nebst einem kleinen Stückchen Zucker mitzugenießen. Das
ist unserm Freund Herder des öfteren vorgekommen, denn
er war ein fleißiger und gescheiter Knabe voll ehrlicher
Wißbegierde und heißen Strebens. Aber lebhafter als
aller Schlüsselblumentee und als alle Sonderstunden, die
er genoß, blieb ihm doch die gefürchtete Peitsche und
der harte Stock in Erinnerung als die wahren Sinn=
bilder dieses Bildungsschusters, der die Jungen mit einer
Unmenge toten Gedächtniskrames anfüllte und gelegent=
lich einen von ihnen in toller Wut deshalb bis aufs
Blut schlug, weil er auf sein Geheiß für ihn, den Frauen=
hasser, auf dem Jahrmarkt Teller erstanden und dabei
ahnungslos solche mitgebracht hatte, auf denen weibliche
Personen in bunten Kleidern abgemalt waren.

Es war kein Wunder, daß das empfindsame Gemüt
des zur Träumerei neigenden Knaben unter dieser Ty=
rannei etwas Scheues und Furchtsames erhielt und daß
in ihm die Liebe zur Einsamkeit wuchs. Wenn seine
Genossen in wilder Knabenlust tobten und spielten, zog
sich der Verschüchterte mit seinem Buche in die verschwie=
gene Stille zurück und erquickte sich an seinen Seegestaden
und Waldbäumen, unter denen er wie in einer Märchenwelt
wanderte. Da tat es gut, daß auch eine sanftere Hand
in sein inneres Leben eingriff. Der Pfarrer Willamovius
erteilte ihm Religionsunterricht und hat ihn dann kon=
firmiert. Das war ein milder, duldsamer Mann, ehr=
würdig und väterlich zugleich; an ihm hing der Knabe mit
ganzer Seele und fand zudem in seinem friedvollen Haus=

wesen eine Stätte des Wohlbehagens. Und doch vermißte er auch an diesem, von vielem Leid tiefgebeugten Manne das frische, pulsierende religiöse Leben, das er in der Bibel so kräftig quellen spürte und von dem er in der ganzen Kirchenfrömmigkeit, die ihn umgab, so wenig wahrnahm. Er fand es abgeschmackt, wenn der fromme, redliche Greis bei seinem Unterricht und Gebeten nie so sehr bewegt wurde, als wenn er auf den Zug im Leiden Jesu stieß: er hing mutterfadennackt am Kreuz. Bei diesem an sich unwichtigem Umstande stand der Geistliche stille und ergötzte und beruhigte sich dabei, während seine Zuhörer gähnten. Freilich, dieser gedankenvolle, phantasiereiche Konfirmand, der vor dem würdigen alten Manne saß, begierig nach einer kraftvollen, den Willen und den Verstand ansprechenden Lehre, die ihn fesselte und innerlich stählte, konnte mit diesem milden, knochenlosen Pietismus für seine Seele nichts machen. Er hungerte weiter nach biblischer Kraft, die ganze schwüle Kirchenluft der Vaterstadt lastete drückend auf ihm. Sie sollte seine Brust noch enger einschnüren.

Das beschränkte Einkommen zwang die Eltern, von ihrer kleinen Wohnung einige Räume an Schüler der Stadtschule zu vermieten. Da blieb für den heranwachsenden, grüblerisch in sich versunkenen Sohn kein rechter Platz mehr daheim. Man suchte für ihn nach anderweitem Unterkommen, das ihm zugleich einige Vorteile bieten sollte, und glaubte das bald genug im Hause des Diakonus Trescho gefunden zu haben, der sich bereit erklärte, dem sechzehnjährigen Jüngling Obdach bei Tage und Schlafstatt bei Nacht (aber keine Kost!) zu bieten, wenn dieser ihm dafür beim Abschreiben seiner Bücher behilflich sein würde. Man ging darauf ein, und Herder kam so zu diesem geistlichen Herrn, den er später selbst einen „Hohn=

affen des Teufels" nannte und der zweifellos einen über=
aus verhängnisvollen Einfluß auf das Seelenleben seines
Arbeitsgehilfen ausgeübt hat.

Trescho, seit 1760 Diakonus an der Mohrunger
Stadtkirche, war ein noch junger, aber kränklicher Mann,
schwermütig, voller Gelehrtendünkel und geistlichem Hoch=
mut, ein dichtender Schöngeist von großer Schreibselig=
keit. Jetzt hatte er gerade ein umfangreiches Werk „Ge=
schichte meines Herzens" vollendet und begann eine drei=
bändige „Sterbebibel" zu schreiben, aus der die Leser
die Kunst lernen sollten, fröhlich und selig zu sterben.
Mit der Abschrift dieser unsterblichen Werke wurde der
junge Herder betraut. Und wenn er gerade nicht zu
schreiben hatte, dann gab es allerlei häusliche Geschäfte
zu verrichten, und des Diakonus Schwester schickte ihn
aus, die Besorgungen für das Hauswesen zu machen und
Fleisch und Marktware einzukaufen. Das war Herders
härteste Sklavenzeit, die er überhaupt nicht hätte er=
tragen können, wenn ihm nicht im Dunkel dieser Knecht=
schaft ein Licht geleuchtet hätte: Treschos Büchersamm=
lung. Die bestand natürlich zumeist aus theologischen
Schriften, die dem Lesehungrigen nur zum Teil genuß=
reiche Speise boten, aber er fand darin auch die griechischen
und römischen Klassiker, fand darin Reisebeschreibungen
und die Werke neuerer Dichter. Da lernte er die gemütvolle
Poesie des wackern Simon Dach kennen, und des edlen
Ewald von Kleists Frühlingsgedichte und Grenadierlieder
fielen ihm in die Hände. Sie hat er mit besonderer Begeiste=
rung genossen, und noch viel später, als der berühmte Wei=
marische Generalsuperintendent im Jahre 1787 aus des
alten Lehrers Bücherei sich ein Werk zum Andenken aus=
bat, schrieb er: „Darf ich wählen, so wünsch' ich mir
den Band von Kleists Gedichten: ich habe zu ihm eine

sonderbare Liebe gehabt und würde ihn als ein Pfand meiner Jugendzeit ansehen. Den edlen Geist, das patriotisch=menschliche Gemüt, das mitten unter Kriegsscenen in diese Gedichte, wie in ein Asylum, floh und jetzt darin, wie in einer zerstückelten Urne, sein ewiges Denkmal findet, wollen wir wert halten und lieben." Auch Lessings Schriften lernte der Jüngling hier kennen und schätzen. Und so groß war sein Lesehunger, daß Trescho an einem Winterabend seinen Schreibgehilfen in der schmalen Kammer auf dem Bett eingeschlafen fand, um ihn herum eine Menge Bücher getürmt, in deren Mitte die brennende Kerze stand. Dem Wissensdurstigen wurde mit Strenge dieser feuergefährliche Eifer verboten, aber sonst machte dieses bedeutsame Ereignis auf den Herrn Diakonus keinen Eindruck. Er wußte wohl, daß dieser schüchterne Jüngling mit der Feuerseele sich aus der Enge hinaussehnte in die Freiheit des Studentenlebens und des Gelehrten= berufes; es war ihm aber sein Grundsatz, ein Mohrunger Junge habe ein Handwerk zu lernen und dürfe nicht studieren. Und er kam mit berechnendem Eigennutz damit den Gedanken der Eltern zu Hilfe, die bei der eigenen Ärmlichkeit über die hochfliegenden Pläne des Sohnes erschraken. So blieb es bei der Knechtschaft unter diesem strenggläubigen Zionswächter, dessen Treue zu dem alten Bekenntnis, für das er eifrig kämpfte, als gegen die „neugemodelte Gottesgelahrtheit", durch die selbstsüchtig herzlose Behandlung des Untergebenen den Beigeschmack der Heuchelei bekam, wie ihn denn dieser Untergebene nachmals nie anders als einen Heuchler genannt hat.

Im Januar 1762 schickte Trescho eines seiner Manuskripte an einen Verleger, den Buchhändler Kanter in Königsberg. Das Einpacken und die Versendung hatte wie immer der junge Gehilfe besorgt. Bald darauf schrieb

Kanter zurück, er habe in dem Paket auch ein Gedicht voll Geist und Schwung gefunden, das er sogleich abgedruckt und ausgegeben habe; nun wäre alle Welt voll Wißbegier, wer wohl der Sänger dieser prächtigen Ode sei, er bäte also um den Namen des Verfassers. Es war des sechzehnjährigen Herder erstes Gedicht, von ihm der Sendung heimlich beigelegt: „Gesang an den Cyrus von einem gefangenen Israeliten." Der Titel war nur der Deckmantel für eine Allegorie. Denn gemeint war nicht der alte Perserkönig, sondern der neue Russenkaiser Peter III., der eben den Thron bestiegen und als erste Regierungshandlung mit dem von ihm glühend bewunderten großen Friedrich Friede und Freundschaft geschlossen, auch etlichen nach Sibirien Verwiesenen die Freiheit geschenkt hatte. Im Stile morgenländischer Poesie, den der Jüngling schon trefflich erfaßt hatte, feierte der junge Dichter die Großmut des Zaren:

> Der gürtet Königen das Blutschwert ab,
> Und regnet Ruh' und Glück
> Auf seine Heerden. Freude gibt sein Stab
> Dem ersten Hirten gern zurück.

Trescho war trotz all seiner strohernen Poeterei Dichter genug, um aus dieser Talentprobe seines Schreibers ersehen zu müssen, daß der doch am Ende zu etwas anderem bestimmt sei, als zu einem Mohrunger Handwerker. Aber er blieb starr bei seiner Meinung, Herder dürfe nicht studieren; er fürchtete doch wohl, daß dieser junge Feuergeist ihm und seiner Lehre einst unbequem werden könnte. Und so lockerte er die ehernen Fesseln nicht, in die er unter dem Deckmantel der Wohltätigkeit diese reiche Seele geschmiedet hatte. Der aber haßte im wilden Zorn seinen Tyrannen und hat noch nach Jahren, als Trescho etwas von schuldiger Dankbarkeit hatte fallen lassen, auf ihn ein bitteres Epigramm verfaßt:

> Du willst Vereinigung jenseits des Grabes? Du?
> Und für gehabte Müh' Respekt und Dank dazu?
> Ja Dank! Du warst der Stock, der starr das Bäumchen bog,
> Der Dornenstrauch, der sie, die Rose aufzerzog,
> Das Marterkreuz, an dem der Engel aufwärts flog.

Für Herder sind diese Jahre der Treschoschen Sklaverei zeitlebens verhängnisvoll gewesen. In ihm lebte schon früher jener Glaube an seinen Genius, der später manchmal in Aberglauben auszuarten drohte, aus dem er aber immer wieder neue Zuversicht für seine Zukunft schöpfte. Er war sich seines Eigenwertes wohl bewußt, aber die geistige Knechtschaft, unter der er seufzte, verhinderte ein gesundes Ausleben dieses hochgespannten Selbstbewußtseins, verschüchterte ihn zu äußerlich demütiger Unterwürfigkeit und erzeugte dadurch jene krankhafte Reizbarkeit und jenen Mangel an tatkräftigem Stolze, die er bis ans Ende nicht völlig überwinden konnte.

Auch etwas anderes bereitete dem hochfliegenden Geiste bittere Unruhe. Er war nach der damaligen preußischen Militärverfassung kantonspflichtig und mußte immer gewärtig sein, zur Fahne einberufen zu werden. Zwar hätte ihn seine kleine, hagere Gestalt nicht eben zum Soldaten tüchtig gemacht, auch litt er seit seinem fünften Lebensjahre an einer Tränenfistel am rechten Auge, die ihm oft Beschwerden verursachte. Aber er schwebte doch durch mehrere Jahre in Furcht und Besorgnis vor der Aushebung, vor der er sich bangte und die in ihm für seine Lebenszeit jene Abneigung vor dem Soldatenberuf erweckte, die ihn nur mit Unwillen und tiefem Schmerz an das rote Halsband, wie er die Halsbinde des preußischen Soldaten nannte, denken ließ. Es blieb seine Überzeugung, daß die Leute in Furcht und Sklaverei niedergedrückt und zur Sittenlosigkeit und zum Müßiggang angehalten würden.

Da nahte ganz unverhofft die Rettung aus seiner unwürdigen äußeren Lage und aus der quälenden Seelenpein in Gestalt eines russischen Regimentsarztes Schwarzenloh, der im Winter von 1761 auf 1762 mit seinem Regimente in Mohrungen Winterquartier bezogen hatte und den jungen Herder im Hause der Eltern und bei Trescho kennen lernte. Ihm gefiel der Jüngling, dessen Kenntnisse und ungewöhnliche Begabung er mit kundigem Blicke bald durchschaute. Und so machte er ihm den Vorschlag, er wolle ihn mit nach Königsberg nehmen, um ihn dort in der Chirurgie zu unterweisen, dabei auch sein krankes Auge heilen. Als Gegenleistung solle ihm Herder eine medizinische Abhandlung ins Lateinische übersetzen. Voll dankbarster Freude ging der Jüngling auf diese Pläne ein. Brachten sie ihm auch längst nicht die Erfüllung seiner kühnen Träume, so brachten sie ihm doch die Hauptsache: die Befreiung aus dem unerträglichen Zustande der Gegenwart und immerhin doch einige Hoffnung auf eine freie Zukunft. Noch im Alter gedachte Herder des edlen Mannes nie anders als mit Rührung und Dank. Hier hatte ja sein Glaube an den eigenen Genius und an die gnädige Führung der Vorsehung einen herrlichen Sieg behalten. Und er pflegte nachmals zu sagen: „So ist mir nachher in meinem Leben bei manchem vorkommenden Anstoß etwas Unerwartetes zu Hilfe gekommen, welches über mein Schicksal entschied." Er hat sich immer ein wenig gar zu gern auf dieses Unerwartete verlassen, das für ihn kommen müsse, ohne daß er sich darum tätig zu kümmern habe.

Gern gaben die Eltern ihre Einwilligung zu des Sohnes Plänen und legten seine Zukunft vertrauensvoll in des verehrten Freundes Hände. Im Sommer 1762 verließ Herder die Stätte seiner Geburt und Dienstbarkeit. Sein Abschied von Mohrungen sollte einer für immer werden; auch seine Eltern hat er nie wieder gesehen.

II
Königsberg

Die Einfahrt in die große Stadt blieb Herder unvergeßlich. „Aus meinem armen, stillen Mohrungen in diese gewerbreiche, geräusch- und geschäftsvolle Stadt mit einem Mal versetzt! Wie staunte ich alles an! Wie groß war mir alles!"

Rasch genug zerrannen die wohlgemeinten Pläne des biedern Schwarzerloh. Der zarte, überempfindsame Jüngling fiel bei der ersten Leichenöffnung, der er beiwohnte, in Ohnmacht. So konnte er nie Chirurg werden. Da tauchten die alten Träume von Theologie in seiner Seele wieder auf. Und es bedurfte nur des Zuredens eines ehemaligen Mohrunger Schulkameraden Emmerich, dem er in seiner Ratlosigkeit zufällig auf der Straße begegnete und der, selbst schon Kandidat des Predigtamtes, ihm die erforderlichen Schritte, die zu tun waren, angeben konnte, um den Jugendplan zur Wirklichkeit werden zu lassen.

Es ist eine Weile Sitte gewesen, über diese Theologenschaft Herders etwas geringschätzig zu sprechen, als ob sie ihm mehr wie ein Zufall zugeflogen wäre und dann den deutschen Klassiker nur wie ein lose sitzendes Gewand umflattert hätte. Man schien sich fast zu schämen, daß der große Mann Pfarrer gewesen war, und glaubte nach mancherlei Entschuldigungen und äußeren Gründen dafür suchen zu sollen. In Wahrheit ist Herder aus innerster Überzeugung der Theologie zugetan gewesen und hat sein Höchstes und Bestes als Geistlicher geleistet.

Gewiß, man wird die letzten Beweggründe zu diesem Schritt nicht bis in ihre letzten Verästelungen zerfasern können. Es bleibt ein unerklärlicher Rest, den Herder selbst als Gottesfügung bezeichnete. Die Jugendeindrücke, die er von den Geistlichen entnahm, die ihn ausbildeten, haben ihn sicherlich nicht dazu bewogen, ihnen nachzutun. Er hat zeitlebens damit gerungen, daß er die Pastoren nicht so frei und offen fand, wie er meinte, daß sie sein müßten. Als er in den „Provinzialblättern" seine Jugendgeschichte erzählte, kam er hierauf zu sprechen: „Auch da er selbst Prediger geworden, bewahrte er aus den Jugendeindrücken einen heimlichen Widerwillen. ‚Welchen Priester — schrie er einmal mit Wehmut und Bitterkeit des Herzens — haben Sie je einmal eine ordentliche, gesetzte, wahre, natürliche Menschensprache von Kanzel und Altar! und im ungestörtesten Gesellschaftskreise die wahre Mitte des Tons guter Sitten zwischen Niederträchtigkeit und Grobheitsstolz halten sehen?"

Was Herder vor allem zur Theologie trieb, war seine Freude an der Bibel, in der er eine so quellende Fülle wahrer religiöser Gedanken in reinster Ursprünglichkeit strömen sah, daß er danach lechzte, diesen durch kirchliche Lehrsätze und aufklärerische Vernünfteleien gebundenen Strom für die Menschheit segenbringend frei zu machen. Und dafür schien ihm naturgemäß die Kanzel der geeignetste Ort zu sein. Von hier aus wollte er seine Mitwelt über die tiefsten Gründe des religiösen Lebens belehren und ihr einen ungeahnten Reichtum nie gekannter, seligster Empfindungen und Strebungen erschließen.

Diese Mitwelt schien freilich zunächst so wenig wie die spätere liberale Nachwelt an der geistlichen Tätigkeit Herders Gefallen zu finden. Der erste Professor, dem er sich vorstellte, zuckte zweifelnd und verächtlich die Achseln über den unscheinbaren, ärmlichen Jungen mit dem rot entzündeten Auge und der dürftigen Gestalt. Erst beim zweiten gelang es ihm anzukommen. Er bestand das Examen am 7. bis 9. August 1762 mit großem Lob und wurde am 10. immatrikuliert. Er hatte gerade drei Taler und acht Groschen in der Tasche, als er dieses bedeutsame Ereignis nach Hause meldete und den Eltern gleichzeitig versprach, er würde nie von ihnen Geld zum Studium begehren. Da hat der Vater sein altes Andachts=buch, Arndts „Wahres Christentum" aufgeschlagen und dieses bedeutsame Datum im Lebensgange seines Sohnes eingetragen, dazu die Worte: „O du verborgener Gott, der du ans Licht bringest, was im Dunkeln verborgen, zünde doch an bei ihm das Licht des wahren Glaubens und wirke in ihm durch den Geist der Gnade."

Herder hat wirklich seine Eltern keinen Pfennig mehr gekostet. Aber leicht ist's ihm nicht geworden, das durchzusetzen. Er hat sich namentlich anfangs oft mit ein paar Semmeln als Tageskost behelfen müssen. Schwarzerloh zog begreiflicherweise ganz die Hand von ihm zurück, doch halfen einige Mohrunger Freunde aus und verschafften ihm ein Stipendium. Auch erhielt er eine Stelle am Collegium Fridericianum, einer vom Pietismus gegründeten Pensionsanstalt, in der Studenten die Aufsicht über die Schüler führten und Unterrichts=stunden zu geben hatten. Dafür erhielten sie zunächst nur freie Wohnung, Heizung, Licht, doch auch die Ge=legenheit zu Privat= und Nachhilfestunden, deren Ertrag für das übrige sorgen mußte, was denn etwas kümmerlich zu gelingen pflegte. Dem begabten Schullehrerssohn ward der Unterricht leicht; und seinem hervorragenden Lehrtalent kam eine große Pflichttreue und Gewissenhaftigkeit fruchtbringend zu Hilfe. Sehr bald erhielt er den Unterricht in den oberen Klassen und ward von den Schülern als der beliebteste Lehrer bewundert. Hatte doch kein anderer eine so feurige und beredte Sprache wie er, und keiner verstand es so gut wie er, beim Unterricht in den alten Klassikern die nüchterne Trockenheit pedantischen Grammatikbetriebs durch eine warme, lebhafte Einführung in den dichterischen Geist der antiken Schriftsteller zu ersetzen.

Diese Tätigkeit im Kreise warmherziger und anhänglicher Knaben gab seinem ganzen Leben etwas Freieres. Er verlor das Gedrückte und Eingeschüchterte, seine Sitten wurden feiner und milder, sein Haupt verlor die gesenkte Haltung und ward frei getragen, so frei, daß er sich sogar weigerte, eine Perücke über sich stülpen zu lassen, was denn freilich arg gegen den pietistisch-pedantischen Ton der Anstalt verstieß und als eine höchst gefährliche, umstürzlerische Neuerung angesehen wurde.

Über diesen Aufsichts- und Unterrichtsstunden kam doch das Studium nicht zu kurz. Herder war ein überaus fleißiger Student, wenngleich er über die trockene Gelehrsamkeit seiner Professoren viel zu seufzen hatte. Die meisten von ihnen trugen eine durch den Pietismus gemilderte und durch die Wolffsche Philosophie etwas erweiterte Rechtgläubigkeit vor, ohne ihren wissensdurstigen Hörer irgendwie innerlich warm zu machen. Nur Lilienthal machte einen wirklichen Eindruck auf ihn, wenngleich er durch die von ihm vorgetragenen Grundsätze der Kritik den alten Kirchenglauben in des Jünglings Seele stark erschütterte. Doch lernte er dadurch als Ersatz für diesen

Verluſt die geſchichtliche Betrachtung auch auf die Kritik
und Auslegung der Bibel anzuwenden und ſo dem
wirklichen Sinne der heiligen Schriften noch näher zu
kommen, als er das ſchon in ſeinen jugendlichen Ahnungen
erreicht hatte. Doch blieb ihm dabei das kongeniale Er=
faſſen des Religiöſen als einer Kraft und inneren An=
ſchauung unverſehrt und ging ihm nicht wie ſo vielen
ſeiner Zeit= und Zunftgenoſſen in waſſerklaren Ver=
nünfteleien verloren.

Vor allem erweiterte ihm die Philoſophie, die er
eifrig trieb, den Geſichtskreis weit über das eigentliche
theologiſche Fachſtudium hinaus. Dazu ſaß er ja an der
rechten Quelle in Königsberg, wo Kant als Univerſitäts=
lehrer wirkte und durch die Fülle ſeines Wiſſens, durch
den Reichtum ſeines Geiſtes und durch die feſſelnde
Kraft ſeines Vortrags alle anderen Amtsgenoſſen der
Hochſchule weit überſtrahlte. Am 21. Auguſt 1762 ſaß
Herder zum erſtenmal zu den Füßen des großen Welt=
weiſen und hat von da an alle Kantſchen Vorleſungen,
zum Teil wiederholt, gehört, alſo: Logik, Metaphyſik,
Mathematik und phyſiſche Geographie. Bezeichnender=
weiſe hatte er ſchon damals weniger Freude an den ſpinn=
webfeinen, ſchwindelnd hoch geſpannten und kunſtvoll ver=
knüpften Gedankenfäden des gewaltigen Denkers, als an
den Vorträgen, die ſich mit der ſichtbar wirklichen Welt
befaßten; Aſtronomie und Geographie hörte er von ihm
am liebſten, das andere führte in zu hohe Höhen, in
denen dem phantaſievollen und dichteriſch begabten Jüng=
ling der Lebensatem auszugehen drohte. Aber er iſt doch
ein begeiſterter Schüler dieſer Philoſophie geworden und
hat ſogar verſucht, die Gedanken des „Göttlichen", wie
er den innig verehrten Meiſter zu nennen liebte, in
Verſe zu ſetzen. Denn er lechzte nach Anſchauung und

Poesie. Kein Ruhmeswort war ihm zu hoch und zu heiß, um Kants Lob zu singen. Und noch lange danach, als er in grollender Ungerechtigkeit das System des Philosophen bekämpfte (der doch nie ein eigenes System aufgestellt hatte, weil er ein Feind alles Dogmatismus gewesen und geblieben ist), hat er warme Herzenstöne der Dankbarkeit für den alten Lehrer gefunden. Der aber erkannte mit scharfem Blick in dem lebhaften Jüngling die künftige Mannesgröße und meinte, dieses brausende Genie müsse nur abgären, um dann gewiß mit seinen großen Talenten ein nützlicher Mann zu werden. Freundschaftlich hielt er sich zu dem lernbegierigen Jünger, erließ dem Dürftigen gern das Honorar für seine Vorlesungen und suchte ihn auf jede Weise zu fördern.

Dem eigentlichen Studententreiben mit seinen Bräuchen und Lustbarkeiten blieb Herder fern. Ihm war dies Fechten und Händelsuchen, dies Trinken, Schreien, Kegelschieben nichts als Torheit und Roheit, die der feine Geist zu meiden habe. Auch nahm sein Bildungsstreben und wissenschaftlicher Eifer seine Zeit vollauf in Anspruch. Doch hat er mehrere echte Studentenfreundschaften in aller Jugendkraft geschlossen. Vor allem war ihm Studiosus Kurella enthusiastisch ergeben. Als dieser später als Kriegsrat in Amt und Würden stand, schrieb er darüber in dankbarer Erinnerung: „Unsere verlebten Stunden waren die seligsten. Der gewöhnliche Gegenstand unserer Unterhaltung war die schöne Literatur und die neusten kritischen Journale. Wir waren dann bei einer Tasse Tee (den ich von einigen vermögenden Freunden in vorzüglicher Güte erhielt und für meinen Herder aufsparte) froher, als mancher leere Kopf bei einer Flasche Tokaier. Ich habe Herder immer sich gleich, immer heiter und froh sich mitteilend gefunden, stets strenge sittlich.

Der Geist der Religion und Humanität umwehte ihn überall."

Ähnlich war das Verhältnis zu einem jungen Theologen Fischer, der ihm in der letzten Zeit des Königsberger Aufenthalts nahe stand und ihm in all seiner harmlosen Heiterkeit und seinem goldreinen Gemüt ein anregender Freund ward.

Sind die Spuren dieser und anderer Königsberger Jugendfreundschaften in Herders Leben nur zu bald verschwunden, eine hatte Bestand durch den Wechsel der Zeiten, die mit Hamann, dem Magus des Nordens, der mehr als irgend ein andrer auf Herder eingewirkt hat, wie auch sein Einfluß auf Goethe ein überaus bedeutsamer gewesen ist. Johann Georg Hamann ist häufig als beschränkter Pietist geschmäht oder als zynischer Zelot verdächtigt worden. Doch gibt es heute manchen, der ihn als den Mann und Propheten der Zukunft bewundert. In Wahrheit war er zunächst der streitbarste Gegner der Aufklärung des achtzehnten Jahrhunderts, ein Mann voll frischen Lebens in dieser Zeit der Dürre abgezogener Begriffe. Dabei war er ein wunderliches Original und ein dunkelsinniger Schriftsteller. 1730 in Königsberg geboren, war er nach mancherlei Irrungen und Wirrungen eben wieder dorthin zurückgekehrt. Er hatte einst Theologie studiert, aber wegen eines Fehlers in seinem Sprachorgan nie ein geistliches Amt gesucht. Von Zeit zu Zeit gab er fragmentarische, kleine Schriften mit sonderbaren Titeln heraus, sibyllinische Bücher, wie man sie nannte, die in ihrem ungeordneten, bald orakelhaften, bald humoristischen, nie entwickelnden, nie beweisenden, sondern lediglich abgerissen zerhackten Stile weniger Überzeugungen wecken, als nur Ahnungen aufregen konnten. Er war ein Feind alles Zergliederns und Sonderns, ein Verächter der Vernunft und der Logik, ein Sucher des ganzen Menschen in seiner vollen Kraft. Darum eiferte er gegen jede Verkünstelung in Leben und Poesie. Und durchdrungen vom Tiefsinn des alten Testaments und des alten Luthertums stritt er zürnend gegen die Seichtigkeit und Nüchternheit der neuen Aufklärung. Er fragte die Aufgeklärten, ob sie nicht wüßten, daß Gott ein Genie sei, der wenig danach frage, ob sie ihn für vernünftig oder unvernünftig hielten. Dabei hat er selbst teilgenommen an der höchsten Bildung seiner Zeit. Denn er meinte, die Zeugnisse menschlicher Kunst, Wissenschaft und Geschichte dienten alle nur zum menschlichen Siegel der Offenbarung, und ein Christ habe so wenig Ursache, sie aufzugeben, als Paulus seinen Mantel in Troas im Stich gelassen habe. Dabei war dieser dämonische Mann völlig willensschwach, von sinnlichen Lüsten und heftigen Leidenschaften beherrscht und gequält, sein Leben lang trotzig und verzagt.

In diesem geistvollen Mann und geschmacklosen Schriftsteller fand Herder, was er suchte und bedurfte: ein mitempfindendes, glühendes Herz, das für alles Große und Gute begeistert war. Eng schlossen die beiden, die sich zuerst bei der Vorbereitung zu einer Abendmahlsfeier im Beichtstuhle gesehen und gefunden hatten, aneinander an. Hamann lehrte den jungen Freund die englische Sprache, und sie fingen mit dem Lesen von Shakespeares Hamlet an. Dann kam Ossian an die Reihe, und dabei erwachte in Herder zuerst die voll bewußte Liebe zur einfach rührenden Natursprache des Volksliedes, deren Keime durch die morgenländische Poesie schon in früher Jugend in ihm geweckt worden waren. Auch Miltons Verlorenes Paradies lasen sie zusammen und vertieften sich dann in die Schönheiten der italienischen Sprache. Dabei wurde die Theologie nicht vergessen, und der nach wüster Jugendzeit gewaltsam bekehrte Magus, der tief in die Überreste des Pietismus eingetaucht war, wie er sich in Königsberg von den Zeiten Speners her erhalten hatte, ward dem jüngeren Manne zum neuen Glaubensführer. Waren die Freunde räumlich getrennt, so überbrückte ein reger Briefwechsel die scheidende Kluft. Und noch im späteren Alter war es für Herder ein Festtag, wenn er einen Brief von Hamanns Hand erhielt.

In jener ersten Zeit des Freundschaftsbandes war es von Herders Seite mehr überschwängliche Verehrung, von seiten Hamanns väterliche Zärtlichkeit, aber bald ward es wirklich enge Vertraulichkeit, die sie verband. Immerhin war damals noch Herder wesentlich der Empfangende und Lernende. In Hamanns Sinne las er die Bücher, die er, der Vielleser, auch jetzt noch in Menge verschlang. Dazu gab es die beste Gelegenheit in des trefflichen Buchhändlers Kanter Buchladen. Dort wurden an jedem Posttage die neu angekommenen schriftstellerischen Erzeugnisse auf den großen Tisch des mit guten Bildern erster Künstler, namentlich mit wertvollen Bildnissen berühmter Gelehrten geschmückten Geschäftszimmers niedergelegt, und mehrere Professoren fanden sich dann gegen 11 Uhr zur Besichtigung und Lektüre ein. Unter den wenigen Studenten, denen dabei der Zutritt gestattet war, befand sich auch Herder, der auf Hamanns Empfehlung hin von Kanter freundlich in sein Haus aufgenommen war und nun mancherleich Gutes von ihm empfing. Das Beste war dem Bücherverschlinger aber das Verweilen im Buchladen, in dem er halbe und ganze Tage weilte, sich dabei so an das Lesen roher, d. h. ungefalzter Druckbogen gewöhnend, daß ihm zeitlebens das Lesen ungebundener Bücher lieber blieb, als das eingebundener.

Im Hause des Buchhändlers hielt der zwanzigjährige

Student seine erste geistliche Rede. Kanters Schwester, Manna Margarete, war in blühender Mädchenjugend gestorben, und Herder ward gebeten, ihr im Sterbehause am Sarge die Abschiedsrede zu halten, die dann auf mehrfaches Verlangen gedruckt wurde und uns nun als erste, vielversprechende Blüte seines Rednertalents vorliegt, wenn wir auch ihrer schwulstigen Überschwenglichkeit nicht allzuviel Geschmack abzugewinnen vermögen. Sie beginnt: „Zum ersten Male nahet sich, hochgeneigte Anwesende, meine Rednerstimme in dem Zirkel einiger Zuhörer, und ach! in einem Trauerkreise." Dann überläßt sich der junge Sprecher, der sich selbst einen Jüngling nennt, an dem der Tod nur noch zwei Fasern abzuschneiden habe, um aus dem Leichenredner eine Leiche zu machen, dem wehmütigen Zuge seiner Empfindungen, ohne übrigens in ihnen völlig zu versinken und den erhebenden Trost des Glaubens zu vergessen. Doch mischen sich christliche Bilder und Anklänge an die Kirchensprache des Pietismus mit klassisch-heidnischen Reminiscenzen, und schließlich klingt die ganze Rede in ein wortreiches Gedicht aus, das ebenso unreif ist, wie die Rede selbst, und doch auch wie diese von Talent zeugt.

Natürlich würde man auch diese Zumutung einer Leichenrede nicht an den jungen Herder gestellt haben, wenn man nicht recht wohl gewußt hätte, daß diesem Studiosus eine starke Begabung für Reden und Dichten zu eigen sei. Er hatte ja schon in seinen Knabenjahren Verse geschmiedet und galt auch jetzt in Königsberg als trefflicher Gelegenheitsdichter, von dessen Talent man Nutzen zu ziehen suchte. Doch waren ihm dabei die ernsten Gelegenheiten viel wichtiger als die heitern, und am liebsten bestieg er das Flügelroß, wenn es galt, die hohen Tatsachen der christlichen Feste zu besingen. So erschien

am 20. April 1764 in der von Hamann begründeten
„Königsbergischen Gelehrten= und Politischen Zeitung"
ein Karfreitagsgedicht von ihm, das „Der Frembling
von Golgatha" betitelt ist und ein dramatisches Gemälde
der Kreuzigung und Grablegung Christi bietet, wie es
sich dem als Zeugen anwesenden Frembling darstellt. Und
ein paar Tage darauf wurde die Ode „Ostergesang" eben=
da veröffentlicht. Beides sind sehr überschwengliche und
unreife Redeübungen, deren „hoher Stil" mit all seinem
Wortschwalle dem Dichter selbst bald genug gar nicht
mehr gefallen wollte.

Zwei Jahre lang hatte Herder in Königsberg, wie
er selbst sagt, „studiert, gelehrt und geschwärmt", da
erging an ihn der Ruf nach Riga, wo die Stelle eines
Kollaborators an der Domschule neu zu besetzen war.
Der Anstoß hierzu ging von Hamann aus, der den ihm
befreundeten Rektor Lindner in Riga auf den jungen
Schöngeist als auf einen „liebenswürdigen Jüngling mit
etwas triefenden Augen", mit der „jungfräulichen Seele
eines Vergil" und umfangreichen Kenntnissen in warmer
Empfehlung aufmerksam gemacht hatte. Am 27. Oktober
1764 ward Herder die Vokation des Magistrats aus=
gefertigt, und nun galt es Königsberg zu verlassen.

Der Abschied ist dem Zwanzigjährigen nicht sonder=
lich schwer gefallen; sein Herz hing nicht an der Stadt
„mit dem dicken Nebel einer böotischen Luft", und
auch die „ehrliche, alte sechzigjährige Friederike" (das
Kollegium Fridericianum) mit ihren Runzeln und Falten
hatte seine Seele nicht bezwungen. Und daß er bei seiner
Abmeldung gar noch schwören mußte, daß er zurück=
kehren werde, wenn er als Soldat requiriert werden würde,
hat ihm die Liebe zur preußischen Heimat auch nicht gerade
vermehrt. So wäre er wie ein Jauchzender aus dem

Vaterlande geschieden, wenn nicht kurz vor seinem Scheiden jene große Feuersbrunst in Königsberg gehaust hätte, die in sechstägigem Wüten unsägliches Elend über die Stadt brachte und ein furchtbares Schauspiel darbot, dessen Eindruck Herder nie überwinden konnte. Sein Abschiedslied ward so zur Trauerode „Über die Asche Königsbergs", bei der doch die Schilderung der Schrecken und des Wehs in die prophetische Verkündigung ausklingt, daß bald statt des Greuels der Verwüstung eine neue Stadt entstehen werde.

Am 22. November geleitete Hamann den jungen Freund bis zum Tor, und der fuhr erwartungsvoll der neuen Heimat entgegen.

III
Riga

Riga war durch den nordischen Krieg aus einer schwedischen eine russische Stadt geworden und als Hauptstadt Livlands nach den langen Kriegsnöten soeben in einem lebhaften Aufschwung begriffen. Der Handel erhob sich zu neuer Blüte, der Wohlstand wuchs in erfreulichem Fortschritt, und ein reges geistiges und gesellschaftliches Leben zeugte von eifrigem Bildungsstreben. Lebhaft ergriff man die Ideen der deutsch-französischen Aufklärung und bewahrte doch treu schöne Reste des alten Hansageistes. Ein Mann wie Herder war einer guten Aufnahme hier sicher. Und tatsächlich hat er in Riga die ungebundenste, glücklichste und reichste Zeit seines Lebens durchlebt. Immer hat er sich gern an diese Stadt zurückerinnert, in der er höhere Gedanken von Freiheit und Gemeinsinn erhielt, als er sie vordem gekannt hatte, und von der er fand, daß sie „unter russischem Schatten" beinahe Genf wäre.

Seine äußere Lage war mit einem Male frei von Sorgen, und er atmete erleichtert auf, als nun das Bitten und Darben aufhörte und er an Hamann schreiben konnte, er habe bei sehr mäßiger Arbeit alles, was zur Lebensnotdurft gehöre und Luther in die vierte Bitte fasse — nur Weib und was folgt ausgeschlossen.

Nun durfte er unbedrückt den Pflichten seines Amtes und seiner Liebe zu den Wissenschaften leben und frei über die Zeit verfügen, die die Arbeit an der Domschule ihm reichlich ließ. Als jüngster unter sieben Amtsgenossen wurde Herder im Dezember 1764 an dieser, einer alt=ehrwürdigen Bildungsstätte, die noch aus den Reformationszeiten stammte und gerade jetzt in hoher Blüte stand, eingeführt. Als Kollaborator hatte er in allen Klassen als Vertreter bei vorkommenden Abhaltungen anderer Lehrer einzutreten, aber auch einige Unterrichtsfächer selbständig zu erteilen, namentlich Naturgeschichte und Erdkunde, auch französische Sprache und Stillehre. Seine Einführungsrede hielt er erst im Juni des folgenden Jahres über die Frage: „Wiefern auch in der Schule die Grazie herrschen müsse", wobei er denn mit hinreißender Beredsamkeit und etwas schwülstigem Feuer zuerst einen Schulmeister schilderte, wie er ihn genugsam kannte und wie er doch nicht sein solle, um dann demgegenüber das Bild eines „Lehrers der Grazie" als ein besseres Idealbild entgegenzustellen. Denn nicht den bloß gelehrten und den bloß scharfen, sondern nur den liebenswürdigen Lehrer werde der Schüler schätzen; der Reiz allein sei das Leitband, das die Jugend fessele, darum müsse auch des Lehrers Persönlichkeit von Zutrauen erweckender Grazie umflossen sein. Die aber sei in dem reinen Herzen und in der Sittlichkeit des Lehrers und in jenem edlen Anstand zu suchen, der sehr verschieden von Komplimenten und Tanzmeister=Manieren sei.

Mit diesen hohen Gedanken und Leitzielen begann Herder den Unterricht, und es gelang ihm mit seinem warmen Herzen und seiner feinen Lebensart die Lehre in die Wirklichkeit umzusetzen. Er war bald der beliebteste Lehrer der Anstalt; die Schüler hingen mit voller

Seele an ihm, der sie so lebendig anzuregen verstand und in gewinnender Freundlichkeit auch persönlich mit ihnen verkehrte. Er aber hat sich hier die Grundsätze angeeignet, die ihn zu dem musterhaften Pädagogen machten, der er stets geblieben ist und dessen Tüchtigkeit später den weimarischen Schulregenten so hoch emporhob. Immer ist's seitdem der Leitsatz seiner Lehrmethode gewesen, daß aller Unterricht lebendig und anschaulich sein und daß alles Lernen dem Leben dienen müsse.

In seiner Einführungsrede hatte Herder betont, daß er sich bestreben werde, den Theologen mit dem Schullehrer, den Christen mit dem Philosophen zu verbinden. Denn er war nicht bloß Lehrer, sondern auch Prediger. Er hatte im Februar 1765 vor dem Rigaer Stadtministerium das Examen pro venia concionandi bestanden und hielt am 15. März in der Domkirche seine erste Predigt über einen Abschnitt aus der Leidensgeschichte „von der Unschuld Jesu Christi". Seitdem predigte er öfters, doch ohne eigentliche Anstellung, nur wenn es galt einen verhinderten Geistlichen zu vertreten. Seine Predigten wurden sehr gern gehört. Durch die seelenvolle Beredsamkeit voll jugendlicher Begeisterung, ohne jedes Poltern und Schreien, ergriff er mächtig die Herzen und sammelte sich eine andächtige Gemeinde um die Kanzel. Als er nach zwei Jahren einen Ruf als Lehrer nach Petersburg erhielt, suchte der Magistrat von Riga daher nicht nur den hochgeschätzten Jugendbildner, sondern auch den glänzenden und wertgehaltenen Kanzelredner auf alle Weise zu fesseln und stiftete eigens für ihn eine außerordentliche Predigerstelle, die er nach einem theologischen Examen vor dem Stadtministerium und nach erfolgter Ordination erhielt. Dadurch wurde er Pastor adjunctus an den beiden vorstädtischen Kirchen, der Jesus- und der Gertrudenkirche.

Er stand sich seitdem auf 500 bis 600 Taler Gehalt, was ja für Riga eine ansehnliche Summe war, mit der er anständig hätte auskommen können, wenn er nicht gar so wenig wirtschaftliches Talent gehabt hätte. Dafür mußte er an der einen Kirche alle vierzehn Tage, an der anderen nur an allen Fest=, Buß= und Marientagen predigen. Beide Kirchen lagen ziemlich entfernt in den Vorstädten, und seine Predigtstunden fielen nur auf Nachmittage. Dennoch waren die von ihm geleiteten Gottesdienste bei weitem die besuchtesten der Stadt. Besonders drängten sich die Frauen, aber auch die Jünglinge der Stadt, die jungen Kaufleute in erster Linie, zu seinen Predigten.

Herder war überaus glücklich, auf diese Weise den ersehnten Predigerberuf ausüben zu können. Er nahm es ungemein ernst damit, bereitete sich sorgfältig vor, schrieb alle Predigten wörtlich auf, legte jeder noch besonders die sauber ausgeführte Disposition bei, lernte sie genau auswendig, verbrachte die Stunden vorher in ernster Sammlung, fuhr still und in sich gekehrt zur Kirche und zog sich die nächsten Stunden, nachdem er gepredigt hatte, gern in die Stille zurück, damit seine erregte Seele sich wieder glätte.

Nur wenige der in Riga gehaltenen Predigten sind uns erhalten. Denn es war ihm schon damals ein Grundsatz, den er zeitlebens festgehalten hat, daß man eine Predigt hören, aber nicht lesen müsse. Sie müßten gehalten sein, lebendig erfaßt werden, im Herzen, nicht auf dem Papiere bleiben, sie müßten einen ewigen Eindruck machen — sagte er und widerstand darum tapfer dem Ansinnen seiner Zuhörer, die gehaltenen Vorträge drucken zu lassen.

Drei Predigten sind doch gedruckt worden, eine herrliche, schwungvolle über das Gebet, eine mehr ruhig be=

lehrende über die Bibel und dann die Abschiedspredigt. Alle drei sind klar und übersichtlich, ohne alle schematische Einteilungsweise in der herkömmlichen Form. Denn er sieht es lediglich als die Aufgabe des Predigers an, daß der Grund der Seele weich erhalten, das Gewissen in seiner Sprache unterhalten und der Verstand des Menschen über würdige Sachen in einer edlen, unpöbelhaften Sprache zu denken gewöhnt werde. Darum sei es die alleinige Aufgabe einer rechten biblischen Predigt, erhabene und würdige Begriffe von Gott zu verbreiten, unsere Abhängigkeit von ihm und seiner Vorsehung im rechten Lichte zu zeigen, den großen Zweck, nach seiner Gnade zu trachten, den vortrefflichen Charakter Christi zu entwickeln, ihn in allem, was groß und edel ist, zum Vorbilde zu machen, den Glauben und das Zutrauen auf Gott in Zeit und Ewigkeit zu befestigen.

Was er so in Predigten auszusprechen suchte und worin er das Leitbild eines Predigers fand, faßte er damals in einem köstlichen Aufsatze, den er „Der Redner Gottes" überschrieb, zusammen. Er bekannte darin offenherzig, daß er die in weiten Kreisen vorhandene Geringschätzung der Predigt und die Mißachtung des geistlichen Berufs in der Hauptsache den geistlichen Rednern selbst schuld geben müsse. Auf der Kanzel suche er weder den Dichter, noch den Volksredner, nicht den Schauspieler noch den Philosophen; am wenigsten gefalle ihm der moralische Modeprediger, welcher dem gähnenden Zuhörer den Schlaftrunk der Geschwätzigkeit einflöße. Die Kraft des Redners Gottes ruhe in seinen Gedanken und in dem Vertrauen, das er als Seelsorger in der Gemeinde genieße. Darum brauche er weder Pathos noch Polemik, sondern nur natürlich-menschliche Worte, um seine Zuhörer zu fesseln. Seine Rede sei eine volle Durchdringung von Moral,

Religion und Leben zur Einheit, nicht, wie die Mode=
predigt, im ersten Teil Glaube, im zweiten Moral, im
dritten Nutzanwendung. Ihre Wirkung gehe auf das ganze
Gemüt, ergreife vornehmlich das sittliche Wollen und
langweile nicht das Herz, sondern treffe es, daß es frei
von schwärmerischen Gefühlen klar, heiter und ent=
schlossen werde. Der Prediger müsse auch auf der Kanzel
ein frommer, rechtschaffener und verständiger Mann sein,
der seiner Gemeinde in den wichtigsten Lebenslagen teil=
nehmend nahegetreten ist und darum zu wirkungsvoller
Rede weder fünffache Nutzanwendungen, noch Donnern
auf die Ketzer, noch Schimpfen auf die Freigeister bedürfe.

Dieser Aufsatz ist unveröffentlicht und unbeachtet im
Schreibtisch liegen geblieben und wurde erst nach zwanzig
Jahren von Herders Frau unter vergilbten Papieren ge=
funden. Sie konnte da zu ihm sagen: „Du hast den
Redner Gottes ganz so geschildert, wie du jetzt bist, sodaß
ich das Blatt ansehen muß, wie die Knospe deines ganzen
Wesens, das nun entfaltet ist."

In Riga wurde er doch damals schon als der rechte
Gottesredner gefeiert, obgleich er selbst wußte, daß er
von seinem Leitbilde noch weit entfernt war. Nach langen
Jahren bat ihn ein Faktor der Hoffmannschen Buchhand=
lung in Weimar, der zu gleicher Zeit mit ihm in Riga ge=
wesen war, um einen Band seiner Predigten zum Verlag;
es müßten aber solche sein, die er in Riga gehalten hätte.
Da sagte Herder lächelnd: „Freilich waren meine Pre=
digten damals mit jugendlicher Phantasie und Beredsam=
keit ausgeschmückt; dergleichen Blüten und Blätter fallen
nach und nach ab."

Es waren nicht diese Blätter und Blüten, um derent=
willen damals schon die Amtsgenossen Herders die Ri=
gaischen Predigten mißachteten, sondern es war der ganze

Mann und sein Standpunkt, der ihnen höchlichst mißfiel, sodaß sie wider ihn hetzten, wo sie konnten, dazu auch nach schlechter Pastorensitte sogar die Kanzel mißbrauchend. Die ganze freie, weltförmige Art des Auftretens und Benehmens war ihnen bei diesem jungen Prediger verdrießlich. Er trug ja keine Perücke und kleidete sich auch sonst in modischer Art, was beides höchst anstößig gefunden wurde. Er achtete nicht auf die steifen, althergebrachten Formen geistlicher Würde, sondern verkehrte frei und ungezwungen mit der gebildeten kaufmännischen Welt, gleich ihr in reger, geistiger Vielseitigkeit an der gesamten Bildung der Zeit teilnehmend. Als Freund der Musik besuchte er regelmäßig die zahlreichen Konzerte; als Freund der Literatur und der Kunst guten Redevortrags ging er oft ins Theater; als Freund der Aufklärung und humanen Bildung war er Mitglied der Freimaurerloge geworden. Und vollends auf der Kanzel entsagte er der gezwungenen Gesalbtheit, dem pathetischen Kanzelton und schlug einen frischen, natürlichen Ton an, indem er die welt- und herzbewegenden Fragen offen und frei in der Sprache seiner Zeit behandelte und seine ungebundene Stellung zu Dogmen und Bekenntnissen offen kundgab. Ging es wie ein Gezeter durch die Reihen der geistlichen Herren, es predige da auf den Vorstadtkanzeln ein Rationalist vor vollen Bänken, da sie doch ihren alten Glauben nur einer spärlichen Zuhörerschar vortragen konnten, so war das doch eine einseitige Übertreibung. Herder ging schon damals seinen eigenen Weg und war gleich weit von den beiden theologischen Richtungen der Zeit entfernt. Er war nicht orthodox und nicht Rationalist. Er kennt keine Inspiration der Bibel, aber er weiß zu viel von ihrer lebendigen Kraft, um sich der bloß moralisierenden Betrachtung der Aufklärung anzuschließen. Er flieht die alte Kirchenlehre von der stellvertretenden Genugtuung des Opfertodes Christi; aber Jesus ist ihm doch weit mehr als der weise Lehrer, der der Welt einige neue Lehren gebracht hat. Er haßt die heuchlerische Leerheit der Frömmelei; aber sein tiefes Gefühl bedarf einer Befriedigung und Ausfüllung, die der gesunde Menschenverstand allein nicht gibt. Er glaubt an eine Offenbarung Gottes, aber nicht an jene übernatürliche der alten Kirchenlehrer, sondern an eine innermenschliche und innerweltliche: Gewissen, Natur und Geschichte, besonders die letzteren, sind die Enthüllung der göttlichen Geheimnisse, die Wegweiser zur menschlichen Glückseligkeit. Er hat einen starken Glauben an die Kraft des Menschentums und betont mit allem Nachdruck die sittlichen Zwecke und Mittel der Religion. „Gott gab uns unsere Pflichten — predigte er — und unsere Kenntnisse; er gab uns, da unsere Natur verfallen und elend war, eine Wiederkehr zur Glückseligkeit und seiner Gnade durch die Erlösung Jesu; er gab uns eine göttliche Mitwirkung, um wieder zu der ursprünglichen Hoheit unserer Natur und zur Glückseligkeit in dieser zu gelangen."

So blieb Herder nie bei dem bloßen Aufklären stehen, sondern so lebhaft er auch der kritisch-historischen Bibelauffassung zuneigte, die die Bibel nicht anders ansieht als jedes andere literarische Erzeugnis von Menschenhand, so gab doch stets sein starker religiöser Sinn, sein warmes Gefühl für den Kern des Glaubens, seine für alles Menschliche aufgeschlossene Empfänglichkeit und eine ganz einzige Gabe poetischer Anschauung dieser literaturgeschichtlichen Betrachtungsweise eine positive Wendung.

Aber gerade diese höchst persönliche Art, die Glaubensfragen anzusehen und zu lösen, lockte die Andacht heischenden Leute von Riga unter seine Kanzel, und es war

durchaus nicht Ruhmredigkeit, sondern entsprach der Wirklichkeit, wenn er später seiner Braut diese goldenen Tage
schilderte: „Ich besaß in kurzer Zeit die Liebe der Stadt,
die Freundschaft dreier der würdigsten Männer, die Hochachtung der originellsten Köpfe; auf der anderen Seite
den Haß mehrerer Geistlichen und den scheelen Neid einiger
kriechenden Geschöpfe. Geehrt von Stadt und Gemeinde,
angebetet von meinen Freunden, einer Anzahl Jünglinge,
die mich für ihren Christus hielten, der Günstling des
Gouvernements und der Ritterschaft, die mich zu großen
Absichten und Aussichten bestimmten, habe ich hier so
frei, so ungebunden gelebt, gelehrt, gehandelt, als ich
es vielleicht nie mehr im stande sein werde."

Gewiß waren es goldene Tage, die er hier verlebte.
Hatte er schon in Königsberg zum Teil sein zages, blödes
Wesen verloren, hier in der geistig angeregten, reichen
und geselligen Stadt fand er Gelegenheit, die letzten Reste
des Kleinstädters, des armen Schulmeisters, des mißhandelten Famulus, des verkümmerten Büchermenschen
abzustreifen und den freien Ton und Schnitt der großen
Welt anzunehmen. So wurde er rasch beliebt durch sein
liebenswürdig sich entfaltendes Wesen und durch seine erwachenden Talente, und neben dem beliebten Lehrer und
Prediger fielen auch dem guten Gesellschafter und dem
wackern Freunde viele Herzen zu.

Zuerst öffnete sich ihm das Haus des Ratsherrn
Berens, der mit Lindner, Hamann und Kant befreundet,
ein Wecker und Förderer aller Talente, die er in seiner
Nähe fand, und der Mittelpunkt eines geistig angeregten
Kreises war. Durch ihn kam Herder bald in die patrizisch
abgeschlossenen Kreise des gebildeten und reichen Bürgertums, unter deren tüchtigen Familien er ebensowohl der
Empfangende als der Gebende war. Noch nach Jahren

rühmte er den edlen Anstand und die Anmut der Lebens=
sitten, die er dort gefunden hatte und die ihm selbst
weltmännische Bildung anstatt der früheren Blödigkeit
zuführten. In vollen Zügen genoß er dieses neue, reiche
Leben, folgte mit Freuden den zahlreichen Einladungen
in die Häuser der Kaufleute und Edelleute und war noch
froher, wenn er ihnen auf ihre stattlichen Sommersitze
folgen durfte, um dort in den Gärten und Parkanlagen
in heiterer Gesellschaft zu schwärmen. Als Gastgeschenk
spendete er dafür Lieder zum Preise der Freundschaft
und der Natur, von denen namentlich eins bekannt ge=
worden ist, das er als Gast der Familie Schreivogel
auf deren Landgute Grafenheide schrieb und das er selbst
ein Landlied nennt.

  Zwar ist Grafenheide
  Keine Götterflur —
  Doch auf dieser Unschulds=Weide
  Lacht in Augen und auf Stirnen nichts als du, Natur.

  Wenn im Abendrot der Himmel schwimmet,
  Wähl' ich dich, o See!
  Wenn der Silbertau auf Wiesen glimmet,
  Wähl' ich dich, Allee!
  Wenn die Sonne steiget,
  Suche ich den Wald;
  Und wenn sich der Abend neiget,
  O so bist du, Freundschaftshütte, mir ein Aufenthalt.

  Vor allem heimisch war Herder in dem Hause des
Buchhändlers Hartknoch, mit dem er schon in Königsberg
Freundschaft geschlossen hatte und der jetzt in Riga eine
Buchhandlung gegründet hatte, deren Buchladen für
Herders Lesehunger ebenso angenehm war, wie früher
der Kantersche in der Pregelstadt. Hartknoch ist ihm
stets ein treuer, opferwilliger Freund gewesen, der für

alle seine selbstlose Hingebung nicht immer den Dank
erhielt, den er erwarten durfte, dem Herder aber doch
aus tiefster Seele zugetan war; wie er ihm denn 1778
schrieb: „Und segne es Dir Gott an den Deinen, was Du
in Deiner ersten Jugendliebe mir treuherzig und freund=
und brüderlich getan hast. Du hast mich in die Welt
geschuppt; denn durch Dich kam ich nach Riga und hatte
Mut, Riga zu verlassen."

In den letzten Jahren seines Rigaer Aufenthalts
hatte für ihn das Haus des Kaufmanns Busch die meiste
Anziehungskraft, da er dort mit der geistvollen, in ihrer
Ehe nicht glücklichen Frau, die übrigens um viele Jahre
älter war als er, eine zärtliche Freundschaft schloß. Trotz
der Galanterien nach der freien Sitte des Landes und
dem empfindsamen Tone der Zeit war es ein ganz un=
verfängliches Verhältnis; wenn es uns heute freilich sonder=
bar zumutet, wie er darüber einige Jahre später an
seine Braut schreibt, in deren Seele irgend jemand die
Eifersucht auf die Buschin geweckt hatte: „Zwei runde
Jahre bin ich in ihrem Hause, vor Mittage, Mittag, wo
ich täglich speiste, nach Mittage und Abend bis in die
Nacht gewesen: einerlei Übel unserer Augen machte uns
bekannt, und da ich von Tage zu Tage ihren lebhaften
Geist, ihr gutes Herz und ihren sehr fest ausgebildeten
Charakter immer mehr kennen lernte, so haben wir täglich
als Freunde gelebt, deren es nicht viele in der Welt
und in Riga wohl außer uns gar nicht gab. Da waren
wir täglich zusammen, um zu plaudern, und zu lesen,
und uns zu zanken, und uns zu trösten, und zu tändeln,
uns zu liebkosen und — nichts mehr! Ein Gedanke weiter
hätte die Freundschaft beleidigt. — Die ganze Stadt
wußte unsere Freundschaft, weil ich ihr alle Gesellschaften,
die mich so häufig suchten, aufopferte: und selten bin

ich zu meiner Predigt gefahren, wo sie mich nicht im Wagen begleitete." Diese wahren und beschwichtigenden Worte haben übrigens nicht vermocht, den Stachel aus der Seele der heißempfindenden Braut zu ziehen, und noch viele, viele Jahre danach, als die Witwe ein ausführliches Lebensbild ihres verewigten Gatten schrieb, hat sie der Frau Busch mit keiner Silbe Erwähnung getan.

Der rege Gemeingeist, den Herder in Riga vorfand, erweckte in ihm zum ersten Male den Sinn für politisches Leben, für Staatsangehörigkeit und staatsbürgerliche Tätigkeit: er ward in dieser aristokratisch, auf breiter Grundlage der Selbstverwaltung regierten alten Hansestadt ein Patriot, der seine überschwengliche Loyalität sogar in einem Schmeichelhymnus „Auf Katharinas Thronbesteigung" nicht gerade sehr wohltuend bekundete. Immerhin lag seinem Herzen doch näher als die russische Kaiserin das Wohl der guten freien Stadt Riga, wovon die gelegentlich eines Weihefestes auf dem Rathause gehaltene schöne Rede: „Haben wir noch jetzt das Publikum und Vaterland der Alten?" ein erfreuliches Zeugnis ablegt, denn er weiß darin die Freiheit, die er selbst in seiner neuen Heimat gefunden hat, zu schätzen und zu preisen. Dabei muß beachtet bleiben, daß Livland zwar politisch dem russischen Reiche angehörte, aber doch eigentlich ein völlig deutsches Land geblieben war, in dem deutsche Gesittung und Denkweise bei weitem das Übergewicht hatten. So blieb auch Herder im Herzen ein guter Deutscher, ja er hat gerade mit leidenschaftlichem Patriotismus das Deutschtum verteidigt und gepflegt, nicht das politische, aber das deutscher Eigenart in Sprache und Kunst, Wissenschaft und Dichtung. Gerade dies sein Deutschtum war es ja, das den jungen Geistlichen und Lehrer trieb, als Schriftsteller von diesem entfernten

Winkel deutschen Lebens aus mächtig in die Entwickelung unseres vaterländischen Schrifttums einzugreifen.

In seiner Seele hatten gärende Gedanken die Philosophie der Menschheit geboren. Der edlen Sache der Menschheit wieder emporzuhelfen, ein Wort zu pflanzen, das menschliche Seelen wieder glücklich machen könne, war der leitende Gedanke seiner Lehrtätigkeit und vor allem seines Predigerberufs geworden. In der Welt rühre uns eigentlich nichts, als was wirklich menschlich sei, was aus den Empfindungen unseres Herzens hervorgeschöpft, mit dem inneren Bau unseres Wesens gleichsam verwandt sei. Menschlich sollten daher seine Predigten sein, menschlich ihrem Inhalt und menschlich ihrer Form nach. Mache man es ihm zum Vorwurf, daß er als Weltweiser in schwarzen Kleidern predige, so sei es doch eine Philosophie, die aus gefühlvoller Brust komme, und er ein Philosoph, der für die gute Sache der Menschheit eifre und rede. So will denn Herder die Philosophie der Menschheit amtlich und außeramtlich lehren. Es soll die Weltweisheit ein Werkzeug praktischen Wirkens werden, sie soll Philosophie des gemeinen Volkes, des gesunden Verstandes werden. „Statt Logik und Moral bildet sie mit philosophischem Geiste den Menschen im Selbstdenken und im Gefühl der Tugend; statt unnütze Wissenschaft legt sie ihm wirklich Ergötzendes vor, das Unmittelbare."

Dieser Aufgabe, eine menschliche Philosophie zu finden, die Kultur unter das breite Volk zu verbreiten, will sich Herder nun auch als Schriftsteller zuwenden. Sein Erzieherberuf, seine Kanzelmahnungen genügen ihm nicht. In diesem Sinne wurde er zunächst an den „Gelehrten Beiträgen zu den Rigischen Anzeigen" tätig. Es war ein Beiblatt, das alle vierzehn Tage erschien, und das in der ersten Nummer des Jahrgangs 1765 ausschließlich Beiträge von seiner Hand erhielt, darunter einen Lobgesang zum Neujahrsfeste, eine moralische Neujahrsabhandlung, aber auch jämmerliche Neujahrsreime voll platter Witze. Auch der folgende Jahrgang brachte gelegentliche Aufsätze von ihm, so einen den Ton edler, aufklärender Volkstümlichkeit recht wohl treffenden über die Frage: „Ist die Schönheit des Körpers ein Bote von der Schönheit der Seele?" Aber im ganzen genügte dem jungen Schriftsteller doch dieser örtlich eng begrenzte Raum seines Wirkens nicht, er wollte sich lieber an die weite deutsche Leserwelt wenden, denn in ihm drängte die starke Liebe zur Poesie nach größerer Einwirkung auf ihre Gestaltung und Würdigung.

Am 4. Januar 1759 hatte Lessing das erste Stück der „Briefe, die neuste Literatur betreffend", kurz Literaturbriefe genannt, ausgegeben, die einen fortlaufenden kritischen Bericht über die neuen Erscheinungen auf dem Gebiete des Schrifttums nach beliebiger Auswahl bilden sollten, ihrer Mehrheit nach in den folgenden Jahren aber von Mendelssohn und Nicolai, auch von Thomas Abbt stammten. Zu diesen Literaturbriefen, deren letzter am 4. Juli 1767 erschienen war, wollte jetzt Herder eine eigene Fortsetzung schaffen, um nach dem Schlusse aller ihrer vierundzwanzig Teile sein Urteil über die zeitgenössische Literatur zu geben. Er ließ sie anonym im Herbst 1766 und Ostern 1767 bei Hartknoch in Riga erscheinen, nannte sie „Sammlungen von Fragmenten über die neue deutsche Literatur" und bezeichnete sie dabei selbst auf dem Titelblatt als Beilagen zu den Literaturbriefen, deren Gesamthaltung er im ganzen anerkennend bespricht, wenn er auch allerlei tadelnde Ausstellungen an ihnen zu machen hat. Daß er dieses Erstlingswerk „Fragmente" nannte, war überaus bezeichnend für seine ganze schriftstellerische Art. Man kann wohl sagen, daß er hier nur Bruchstücke von Bruchstücken geliefert hat und daß die ganze Schriftstellerei seines Lebens lediglich Fragmente dargeboten hat. Denn zu einer, Schritt für Schritt einen Gedanken fortentwickelnden Schreibweise, die folgerecht und ausgiebig einen bestimmten Gegenstand erschöpfte, ist er hier nicht und eigentlich auch später nie gekommen. Unerschöpflich sprudelte in seinem Geiste der Strom neuer eigener Gedanken und Gesichtspunkte, aber so hastig entströmten sie ihm, daß sie einander überstürzend in wogender Fülle sich gegenseitig Raum und Platz nahmen. So sind die Anregungen, die er in geistvoller Andeutung fast auf allen Gebieten geistigen Lebens geboten hat, unzählbar geworden, aber selten nur ist es ihm geglückt, einen neuen Gedanken wirklich klar bis zum Ende durchzudenken und ihn in reiner Form zur Darstellung zu bringen. Rasch in einem Guß und Fluß warf er die Gedanken, wie sie ihm in nie versiegender Fülle zuflogen, auf das Papier, ohne sie zuvor sich selbst in voller Klarheit vorzustellen. Las er das Geschriebene oder gar schon Gedruckte durch, dann vermißte er zu seinem Schrecken hier die Fortführung eines hingeworfenen Gedankens und dort einen Zusammenhang zwischen den einzelnen Sätzen, und er fing an, das Gewebe seiner Arbeit wieder aufzuknüpfen, um es noch einmal und oft noch mehrere Male neu zu bilden, und bei dieser neuen Webarbeit fielen ihm wieder neue Farben und Fäden zu, sodaß das umgearbeitete Werk schließlich ein ganz neues wurde. Immer aber war es ein ganz persönliches, in dem des geistsprühenden Arbeiters ganze, überreiche Seele lag.

Herders Schriften lesen sich darum selten mit vollem Vergnügen. Die Überfülle rasch aufeinanderfolgender Gedanken und Andeutungen, auch der gehäufte Reichtum der Worte und Redewendungen bei dem Mangel systematischer Folgerichtigkeit und klarer Durchführung stören zumal anfangs den Leser auf das empfindlichste. Hat man sich aber einmal an diese sprunghafte und doch schwungvolle Schreibweise gewöhnt, dann staunt man immer von neuem über diese Fülle der Gesichte und sammelt aus all den Geistesblitzen für sich selbst unermeßliche Schätze des inneren Lebens.

Daß Herder nicht auf den gewohnten Bahnen ging, verrieten die Fragmente trotz ihrer vielfachen Übereinstimmung mit Lessingschen Urteilen und Gedanken fast auf jeder Seite. Namentlich die beiden aufgeklärten Berliner, Nicolai und Mendelssohn, konnten keine Freude daran haben, wenn er über Hamanns krause Werke anerkennend schrieb und Klopstocks noch unverstandene lyrische Natur mit ihrer Herzensfrömmigkeit zu preisen den Mut hatte. Und dabei kamen allerorten seine eigenen neuen Gedanken zu Tage, wie er sie über die deutsche Muttersprache und über das Verhältnis deutscher Schriftwerke zu den fremden Vorbildern, den morgenländischen und klassischen, auf dem Herzen hatte.

So war das Thema der ersten Sammlung: „Der Genius der Sprache ist auch der Genius von der Literatur einer Nation." Den festen Ausgangspunkt seiner halb wissenschaftlichen, halb phantastischen Abschweifungen über den von ihm gedichteten „Roman von den Lebensaltern der Sprache" nahm er dabei von dem Satze aus: „Poesie ist die Muttersprache des menschlichen Geschlechts". In der zweiten Sammlung beschäftigt er sich mit den Nachahmungen alter und ausländischer Literaturwerke durch die Deutschen. Er bringt dabei auf größere Originalität und volkstümliche Farbe der heimischen Schriftsteller, kämpft gegen die Nachahmung der klassischen Autoren des Altertums und verlangt Nachbildung derselben. Raube den Fremden nicht das Erfundene — sagt er —, sondern die Kunst zu erfinden, zu erdichten und einzukleiden. Auch weist er zum ersten Male auf die Schönheit der alten Volkslieder hin, die das Wesen der Nation auf das beste zum Ausdruck bringen. Mit der Aufgrabung ursprünglicher Volkspoesie müsse ein rechter Rückgang zu den Nationalliedern verbunden sein. Die dritte Sammlung setzt das allgemeine Thema fort und beschäftigt sich wesentlich mit der römischen Literatur, nachdem in der zweiten Sammlung mehr von morgenländischer und griechischer Poesie die Rede gewesen war. Die Grundforderung, daß unsere Literatur sich von dem unheilvollen Einfluß des römischen Joches zu befreien, also eine starke Los-von-Rom-Bewegung durchzuführen habe, nimmt nun hier einen starken deutschnationalen Patriotismus an, und mit dem Eifern für das Nationale mischt sich das Drängen auf das Volksmäßige und allgemein Verständliche.

Als die Fragmente eben ausgegeben waren, kam die Kunde von dem Tode Abbts, dessen Werke Herder besonders sympathisch gewesen waren. Und wie er immer geliebt hat, Denkmale zu errichten und Blumen auf das Grab verdienter Männer zu streuen, so kam ihm auch jetzt sofort der Gedanke, dem verstorbenen Schriftsteller nebst zwei anderen, Baumgarten und Heilmann, eine Denkschrift zu weihen, und er entwarf dazu einen tiefsinnigen Plan. Stücke davon schrieb er nieder, vor allem ein Bild von Abbts Denkart in Umrissen, oder wie er sich ausdrückte „im Torso". Da Abbt ihm selbst sehr geistesverwandt gewesen war, so kam es wie von selbst, daß er seine eigene Weise in diesem schilderte, mit all seiner eigenen Abneigung vor dem Akademischen. Denn es war sein Lieblingssatz: „Vor nichts graut mir mehr, als vor dem Erbfehler der Deutschen, Systeme zu zimmern." 1768 kam dieser Torso heraus, namenlos nach der seltsamen Sitte der Zeit und nach dem besonderen, unheilvollen Geschmacke Herders, und ist ein Torso geblieben.

Denn schon nahm die neue Umschmelzung der Fragmente den jungen Verfasser völlig in Anspruch. Die erste und zweite Sammlung war rasch vergriffen gewesen, und der Verleger plante eine neue Auflage. Da war ja die Gelegenheit geboten, vieles zu streichen, anderes zu ergänzen, was ihm die erste Auflage verleidet hatte. Die erste Sammlung wurde im Sommer 1768 gedruckt, aber veröffentlicht wurde sie nicht, denn dem Autor war manches widerfahren, was ihn veranlaßte, das umgeschaffene Werk für sich zu behalten.

Die Aufnahme seiner Fragmente hatte ihn zwar mit Stolz erfüllen können, denn er erhielt von allen Literaturgrößen seiner Zeit die anerkennendsten Briefe durch den Verleger, und es ging durch die Reihen der Schriftgewaltigen ein ratendes Raunen, wer wohl der geistvolle Verfasser sein möchte. Nur einer, und zwar einer der unfehlbarsten Literaturpäpste, Professor Klotz in Halle, witterte Morgenluft in diesen Fragmenten, und dieser frische, freie Hauch zog dem alten rheumatischen Herrn empfindlich um die Ohren. Er fand, daß dieser neue Mann zu der verpönten Hamannschen Sekte gehöre, deren nebelhaften Phantasmus man mit allen Mitteln klarsten Menschenverstandes schleunigst niederrezensieren müsse, noch ehe sie das aufgeklärte deutsche Volk angesteckt hätte. Und damit das recht gründlich geschehe, hatte der brave Kritiker, wie das so die Weise fanatischer Eiferer zu sein pflegt, so lange gestöbert, bis er den Namen des gefürchteten Autors entdeckt hatte und nun seine vernichtende Tätigkeit mit persönlichen Anspielungen hinreichend würzen konnte.

Herder war empört, denn er hatte mit Vorbedacht beabsichtigt, bei seinem ersten literarischen Auftreten „völlig ohne Namen zu schreiben, bis er die Welt mit einem Buche überraschen könnte, das seinem Namen nicht unwürdig wäre". Aber er war schließlich selbst gelegentlich geständig gewesen, der Verfasser zu sein, wenn es gegolten hatte, Lobsprüche einzuheimsen. So war's doch nicht nur des Buchhändlers Kanter Unvorsichtigkeit gewesen, daß seine Autorschaft bekannt geworden war. Darüber aber hatte er allen Grund empört zu sein, daß die edle Sippe seiner Gegner es fertig brachte, ein Stück der gedruckten Neubearbeitung der Fragmente vor ihrer Veröffentlichung zu entwenden und eine scharfe Kritik darüber ausgehen zu lassen, noch ehe das Büchlein überhaupt erschienen war. Immerhin hätte er klüger getan, zu seiner Rechtfertigung die Sammlung neu ausgeben zu lassen, als wie er tat, jene gereizte Erklärung zu veröffentlichen, die Herrn Klotz und Genossen doch nur zeigte, wie ihre Nadelstiche scharf empfunden worden waren.

Aber er war verblendet, und anstatt, wie etwa Lessing in seinem Streite mit Goetze, mannhaft und gründlich die Waffen zu führen, entschloß er sich aus falsch berechneter Rücksicht für sein Amt und seine Stellung, noch einmal anonym vor das Publikum zu treten, um den verhaßten Gegner zu vernichten.

„Kritische Wälder" nannte er die neue Schrift, in dem Sinne, welchen Quintilian mit dem Worte sylvae verbindet: es waren also planlos und aus dem Stegreif, am Leitfaden der jeweiligen Lektüre niedergeschriebene Gedanken.

Das erste Wäldchen handelte über die Kunstgeschichte und rühmte und kritisierte zugleich den berühmten deutschen Kunsthistoriker Winkelmann, von dem Herder meinte, er habe mehr ein Lehrgebäude als eine Geschichte geschrieben.

Das zweite Wäldchen knüpfte an Lessings Laokoon an und stellte sich voll Rühmens an die Seite dieses Schriftstellers, obgleich es ihm mit Geschick einige schwache Seiten nachwies, wobei den Verfasser zumal bei der Erörterung homerischer Fragen sein eignes poetisches Gefühl tatsächlich richtiger leitete, als Lessing sein zergliedernder Scharfsinn. Und auch der heutige Leser wird gerade aus dieser Schrift für das Verständnis Homers viel Gewinn zu ziehen vermögen.

Schon in diesem zweiten Wäldchen setzte es manchen scharfen Hieb gegen Klotz; das dritte war von dieser Polemik völlig überwuchert. Vieles, was Herder da schrieb, hatte Hand und Fuß, oft aber ging ihm das Gefühl mit der Logik durch, der Zorn wurde von der Gerechtigkeit, die Leidenschaft von der Klarheit verlassen. Er schimpfte anstatt zu überzeugen und erregte durch die Unmenge der verwendeten Frage= und Ausrufungszeichen, der Selbstunterbrechungen und Gedankenstriche im Leser eine nervöse Unruhe, die in der eigenen aufwallenden Stimmung des Schriftstellers seinen Grund hatte. Das war kein Meisterstück, sondern eine Schmähschrift voll polterndem und keifendem Zorn.

Er empfand das selbst schmerzlich, denn als er die Arbeit vollendet hatte, beklagte er seine Zeit, die er damit verloren, und schwelgte in Zukunftsplänen, wie er künftig diese literarischen Fehden sein lassen wolle und große, ausschließlich positive Leistungen vollbringen werde. Da aber hatte er doch in unverständlicher Blindheit seine Gegner falsch berechnet. Als ob die ihn so leichten Kaufes ziehen lassen würden, nachdem er sie selbst so hart angegriffen und sich dabei selbst oft genug so arg bloß=

gestellt hatte. Dabei häufte er selbst Torheit auf Torheit. Er hatte geleugnet, der Verfasser der Fragmente gewesen zu sein, jetzt leugnete er weiter, die kritischen Wälder geschrieben zu haben; da es doch für einen so hart Angreifenden eine Ehrenpflicht gewesen wäre, mit offenem Visir zu kämpfen! Klotz Taktlosigkeit mit der Schmähschrift über eine noch nicht ausgegebene Schrift Herders, wie wir sie oben hörten, hätte ihm ja bei einiger besonnener Klugheit eine vortreffliche Waffe in die Hand drücken können, wenn er mit diesen Enthüllungen offen vor das Publikum getreten wäre. Alle ehrlichen Leute hätten sich ohne weiteres auf Herders Seite gestellt, auch wenn sie sachlich seine Gegner gewesen wären. Statt dessen spielte er die alte Komödie fort und leugnete wiederholt öffentlich die Verfasserschaft der Wälder, mit deren Ton — wie er zweizüngig hinzusetzte — er ebensowenig zufrieden sei wie Herr Klotz.

Da erhob Hamann mit rücksichtsloser Offenheit die Stimme des unbestochenen Gewissens und sagte dem jungen Heißsporn kräftig die Wahrheit. Er schrieb: „Ich wünschte Ihnen wirklich ein wenig mehr wahre Liebe und wahren Ehrgeiz auf Ihre Talente. Letzterer allein würde Sie abgehalten haben, sich mit einem so kleinen Geist und offenbaren Marktschreier, wie Klotz ist, gemein zu machen und dem Publikum en détail Ihre Autorempfindlichkeit und eine mehr eitle als gründliche Rache zu verraten, oder sich wenigstens den Verdacht davon zuzuziehen . . . Ihre öffentliche Entsagung der Wälder hat alle Ihre Freunde geärgert . . . Stillschweigen, aus der Erfahrung lernen, ein ander Feld sich wählen, mit Treue und ohne Leidenschaft noch Heftigkeit, sondern mit Furcht und Zittern für die Unsterblichkeit — ist der einzige logogryphische Rat, den ich Ihnen geben kann, wenn Sie Ihre Ruhe und

Zufriedenheit und den Genuß Ihres Leben lieben und allen Scheingütern und Projekten vorziehen."

Der treue, treffliche Freundesrat ging also darauf hinaus, Herder solle von Riga scheiden. Man sollte meinen, dem müsse es bei diesem Gedanken angst und bange geworden sein, denn er hatte hier viel Liebe und Bewunderung, Brot und Heimat gefunden. Aber wie denn diese empfindliche Natur nicht auf dauernde Zufriedenheit angelegt war, hatte er schon mitten in diesen glücklichen rigischen Zeiten zu klagen angefangen. Er fand es ein elend jämmerlich Ding für einen Literaten, in einer Kaufmannsstadt zu leben, wo man alles, selbst die Wissenschaften mit Maß, Zahlen und Gewicht zu messen gewohnt sei. Bei diesen Klagen und Zornergüssen, die wir zu unserem Erstaunen selbst gelegentlich in seinen äußerlich frohesten Tagen vernehmen, war allerdings viel krankhafte Reizbarkeit dabei. Er hatte eine schwere Lungenentzündung durchgemacht, die ihn dem Tode nahe brachte. Dann hatte er sich einer Augenkur unterwerfen müssen, die ihn zwei Monate einkerkerte und ihm Lesen und Schreiben wehrte. Aber auch, nachdem er wieder gesund geworden war, verstummten die Seufzer nicht. „Ich schnappe nach nichts als nach Veränderung — schrieb er — und verzehre bei dieser Unzufriedenheit mich selbst. Der erste Ruf von hier aus, es sei wohin und wozu es auch wolle, gefällt mir schon im voraus, und nichts soll mich hindern, jede Gelegenheit zu ergreifen, um mehr Menschen und Länder kennen zu lernen." Auch das Schulamt drückte ihn; der Schriftsteller in ihm seufzte nach Freiheit. Er fühlte, daß das große deutsche Publikum begierig war, von dem so schnell bekannt und berühmt gewordenen jungen Autor Neues, Größeres zu lesen, wie gern hätte er zu ihm geredet, aber die drückenden Pflichten und die kleinlichen Rücksichten hielten ihn angekettet, und zudem war sein neuer Rektor, Schlegel, ein schaler Kopf und eigensinniger Tyrann.

Dennoch war es so vieles, was ihn an dieses arme und enge Riga fesselte, sodaß es sicherlich nicht zum raschen Abschied gekommen wäre, wenn ihm nicht die Klotzschen Händel den Boden unter den Füßen weggenommen hätten. Er fühlte, daß er sich dort unmöglich gemacht hatte, und wenn auch das große Publikum treu zu ihm hielt und er eine Minderung des öffentlichen Vertrauens nicht wahrnehmen konnte, so fehlte ihm doch im Innern die alte Sicherheit, und bei manchem der Besten las er im Auge etwas leise Anklagendes, was ihn schmerzte. Dabei ärgerten ihn die Klotzianer innerhalb und außerhalb der Stadt, wo sie nur konnten. Sie spotteten in triumphierender Bosheit über die „ausgehauenen" Wälder' und stachen ihm jeden Ausdruck auf, den er in der Hitze des Kampfes gebraucht hatte und der ihnen für einen Geistlichen unanständig schien.

So gab es doch schließlich nur ein Mittel, der unerquicklichen Sachlage, in die er sich durch eigene Unklugheit selbst versetzt hatte, ein Ende zu machen; er mußte Hamanns Freundesrat folgen, das Inkognito durchsetzen und sich selbst den Blicken des Publikums entziehen. Rasch entschloß er sich Riga zu verlassen. Und als das erst in ihm feststand, fand er schnell seinen frischen Mut wieder. Es war nicht die ganze Wahrheit, sondern eine etwas retouchierte, aber doch eine Wahrheit, als er seiner treuen Gemeinde das plötzliche Scheiden mit den Worten ankündigte, daß es seine einzige Absicht sei, die Welt seines Gottes von mehr Seiten kennen zu lernen, und von mehr Seiten seinem Stande brauchbar zu werden, als er bisher Gelegenheit gehabt hätte es zu werden.

In Riga gab man sich alle Mühe, den verehrten Mann festzuhalten. Man bot ihm neue, ehrenvolle und bedeutendere Stellen. Auch nach Petersburg winkte allerlei, was ihn hätte halten oder ziehen können. Aber er war gewitzigt genug und blieb fest. Im Mai 1769 erbat er seine Entlassung und erhielt sie nach mehreren vergeblichen Versuchen, ihn von seinem Vorhaben abzubringen, vom Rate der Stadt unter den ehrenvollsten Ausdrücken. Es war viel Wehmut und Klage unter den Leuten. Er aber sah hinter den Abschiedstränen die Freiheit winken, die volle, goldene Freiheit. Übermütige Abschiedszeilen schrieb er: „Ich muß meine Möbels und Bücher verkaufen, um meine Schulden zu bezahlen und ehrlich wegzukommen. Und so

 Frei von Mantel und Kragen

 Will's Gott! übermorgen nach Kopenhagen!

Ohne Geld, ohne Unterstützung, unbesorgt, wie Apostel und Propheten, so gehe ich in die Welt, um sie zu sehen, von mehreren Seiten kennen zu lernen und nutzbar zu werden." Er hatte leicht, so froh und sorgenlos in die Zukunft zu schauen; dem wirtschaftlich Unfähigen hatten die treuen Rigaer Freunde auf das freigebigste die Wege gebahnt und ihn mit Geld und Gut trefflich ausgestattet. Namentlich sein wackerer Freund und Verleger Hartknoch hatte in rührender Selbstlosigkeit und wahrhaft erstaunlicher Großmut dem Reisenden seinen Beutel zur Verfügung gestellt, und der hat ohne Ziererei mit wirklich naiver Selbstverständlichkeit ein tiefes Loch darin gegraben.

Am 17. Mai 1769 hielt Herder seine Abschiedspredigt über den Spruch aus dem Jakobusbrief, Kapitel 1, Vers 21: „Nehmt das Wort an mit Sanftmut, das in euch gepflanzet ist, welches kann eure Seelen selig machen."

Ohne alle Rührseligkeit unterdrückte er dabei soviel als möglich die Empfindung der Wehmut und sprach in seiner herzlichen Weise schlicht darüber, was er an der Gemeinde und sie an ihm gehabt, was Gott von ihm und der Gemeinde zu fordern habe und was sie beide ihm antworten könnten. Herrliche Worte weiß er dabei zu finden, wenn er den Prediger als den Lehrer reinen Menschentums und damit göttlicher Weisheit schildert. Und er schließt: „Betet auch für mich, meine Freunde, daß es auch mir wohl gehe, und daß Gott mit mir mache, was er nach seinen weisen Absichten für mich als das beste erkennt."

Am 23. Mai 1769 verließ Herder nach viereinhalbjähriger Wirksamkeit Riga. Seine Freunde geleiteten ihn zum Schiff. Unter Donner und Blitz nahmen sie von ihm Abschied. Dann ging das Fahrzeug unter Segel. Er aber brachte Trennungsweh und Zukunftshoffnung in die Verse, die uns ergreifend aus der schönen Ode entgegenklingen: „Als ich von Livland zu Schiffe ging" und die mit den Worten austönen:

"Nicht zweifle, Freund! Sieh! über uns hängt Himmel,
  Auch dann hängt Himmel über dir,
Wenn alles rückbleibt! Hoffnung nicht! Ich trete
  Aufs schwarze Todesschiff
Mit Hoffnung. Zittre, Charon, nicht! Du fährest,
  O Charon, einen Göttersohn!
Ein Menschenwesen! Mehr als Teucer führt uns!
  Da ruft schon Stimme „Land."

IV

Reiseleben

1. Frankreich

Sechzig Jahre nach Herder hat ein anderer unserer Geisteshelden die Fahrt aus Rigaer Enge über das weite Meer nach Frankreichs Gestaden unternommen: Richard Wagner, auf dessen Phantasie die Seereise mächtig wirkte und dessen Fliegender Holländer in seiner wundervollen Verbindung von Sage und Wirklichkeit hier seine Seelenkraft und Lebenswahrheit schöpfte. Auch Herders Phantasie arbeitete mächtig auf den wogenden Wellen. Er fühlte sich frei von jeder drückenden Fessel, weit spannte seine Seele ihre Flügel aus und träumte einen großen, seligen Traum. Er schrieb: „Was gibt ein Schiff, das zwischen Himmel und Erde schwebt, nicht für eine weite Sphäre zu denken! Alles gibt hier den Gedanken Flügel und Bewegung und weiten Luftkreis! .. Wo ist das feste Land, auf dem ich so fest stand, und die kleine Kanzel und der Lehrstuhl und das Katheder, worauf ich mich brüstete? Wo sind die, vor denen ich mich fürchtete und die ich liebte? — O Seele, der enge, feste, eingeschränkte Mittelpunkt ist verschwunden; du flatterst in den Lüften, oder schwimmst auf dem Meere — die Welt verschwindet dir — ist unter dir verschwunden."

Verschwand vor seinem Auge die Welt, wie sie war,
so entstand sie vor seiner Seele neu, wie sie werden sollte.
An Kurland schiffte er vorbei, und ihm dünkte es wie
eine moralische und literarische Wüste; er schmiedete Pläne,
wie diesem russischen Volke eine neue, wahre Kultur er=
stehen und er ein Gesetzgeber für seine Fürsten werden
könne. In blauer Ferne lagen die Gestade der Preußen. Er
sah im Geist, wie eine gewaltige Persönlichkeit ihr großer
König sei, der groß geworden allein durch sich selbst
und doch so klein gegenüber deutscher Wesensart und
Literatur. Die Klippen des schwedischen Gestades tauchten
auf, ein armes Land gegen seine frühere Größe, da Goten,
Wikinger und Normänner segelten und die Lieder ihrer
Skalden erklangen. Die Hansestädte zeigten von fern ihre
Türme, die doch nur von vergangener Freiheit und Herr=
lichkeit zeugten. Holland erschien, dies Wunder der Re=
publik, jetzt nur von einer Triebfeder bewegt, vom Handels=
geiste. Auch dem seegewaltigen England, dessen Ufer auf=
leuchteten, droht durch seinen Handel der Verfall. Und
Frankreich, dessen Hafen der Reisende nahte, ist nur ein
Land literarischer Vergangenheit, die große Ernte ist
vorbei, nur Stoppeln und sprossende Herbstnachkömmlinge
sind dort zu finden. Die Geschichte aller dieser Staaten,
an denen er vorüberfährt, will der tatendurstige Jüngling
studieren, ihnen allen weiß er einen guten Rat für ihr
Heil. Aber am liebsten träumt sich sein sinnender Geist
zurück nach Livland, das ihm zur Heimat geworden war
und in das er nach beendeter Reise wieder zurückzukehren
gedachte als der rechte Erzieher seines Volkes. Da wollte
er eine Schule gründen, die wirklich das Ideal einer
Erziehungsanstalt sein sollte, realistisch in erster Linie
der Lehrstoff, realistisch die Lehrmethode. „Sachen statt
Worte, lebendige Anschauung statt toter Begriffe," ist

sein Schlagwort, und daß die Jugend für die Menschheit
und fürs ganze Leben herangebildet werde. Und wie
er das überdenkt, fliegen ihm neue, große Gedanken zu,
die er zu Werken verdichten will, die der Menschheit nützen
sollen und die bei allem Reichtum der Literatur noch
fehlen. Ein Jahrbuch des deutschen Schrifttums für
das Studium der Menschheit will er schreiben. Theo=
logie und Philosophie, Politik und Moral, Poesie und
Historie müssen dazu zu Hilfe genommen werden, damit
in Deutschland eine Zeit der Bildung geschaffen werde
und zugleich die Hauptaussicht einer zu bildenden Mensch=
heit. Noch anderes ist zu schreiben: eine Schrift über
die Jugend und Verwaltung menschlicher Seelen, eine
Kirchengeschichte, eine Bibelübersetzung, ein Leben Jesu,
eine Kunstlehre und aus allen diesen und anderen Büchern
das letzte große Werk: eine Geschichte der menschlichen
Seele überhaupt und eine Universalgeschichte der Bildung
der Welt — wie sie denn später, wenn auch mit ver=
ringertem Umfange, als Ideen zur Philosophie der
Menschheit wirklich von ihm geschrieben worden ist.

„Und solange ich dies nicht kann, so sollen meine
Predigten und Reden und Abhandlungen, und was ich
künftig gebe, menschlich sein! und wenn ich's kann, ein
Buch zur menschlichen und christlichen Bildung liefern...
Noch ist alles Theorie; es werde Praxis, und dazu diene die
Seelsorge meines Amts. Hier ist ein Feld, sich Liebe,
Zutrauen und Kenntnisse zu erwerben: ein Feld, zu
bilden und Nutzen zu schaffen. Und hier ist ein Feld
besonders für mich. Sich vor einer Gewohnheits= und
Kanzelsprache in acht zu nehmen, immer auf die Zu=
hörer sehen, für die man redet, immer in die Situation
sich einpassen, in der man die Religion sehen will, immer
für den Geist und das Herz reden: das muß Gewalt

über die Seelen geben! . . Hier ist die vornehmste Stelle, wo sich ein Prediger würdig zeigt; hier ruhen die Stäbe seiner Macht."

So ziehen die Seeträume des Reisenden in ferne Weiten und umfassen alles, was der ganzen Menschheit zugeteilt ist, in ringendem, erziehungshungrigem Streben. Nur teilweise hat er, was so durch seine sinnende Seele ging, auf dem Schiffe selbst niedergeschrieben, größten= teils stammen die Aufzeichnungen aus den ersten Wochen nach der Seefahrt. Immer aber wird unter Herders Schriften das „Journal meiner Reise im Jahre 1769" als eine der bedeutendsten geachtet werden müssen. Denn kaum in einer anderen liegt der ganze überschäumende Reichtum seines großen, allumfassenden Geistes so bloß wie hier. Im ungleichsten, sorglosesten Stile sind die bunt durcheinandergeworfenen Sätze geschrieben, aber immer in der klaren, festen, zierlich gedrängten, stets gleichen Handschrift, mit der zweiundsiebzig engbeschriebene Quartseiten bedeckt sind. Da drängen sich in hastendem Geschiebe Gesichtspunkte und Gedanken, in lebendigem Ge= triebe heißer Arbeit zeigt sich die Seele des Schreibenden; hier schweift er weit in ausführlichen Betrachtungen, dort sind's nur kurze Andeutungen, die er gibt, aber alles zeigt uns sein ganzes inneres Leben. Vieles, sehr vieles von dem, was die Seeträume enthalten, ist Traum ge= blieben und nicht zur Ausführung gekommen, anderes hat die Wirklichkeit in anderer Art erblickt, als es hier ge= träumt wurde: immer aber erschließt uns dieses Reise= tagebuch Herders eigenpersönliches Empfinden und Denken, wie kaum ein anderes seiner Werke.

Seeluft und Seefahrt wirkten überaus wohltätig auf den Reisenden. Er war beständig auf dem Verdeck und in freier Luft. Die Seekrankheit verschonte ihn. Und noch viel später sagte er oft, er habe sich nie gesunder gefühlt, als auf dem Meere. Von strotzendem Kraftgefühl und innerer Gesundheit sind die Träume seines Tagebuches der zwingendste Beweis.

Am 15. Juli stieg Herder in Painboeuf ans Land und fuhr noch am gleichen Tage landeinwärts bis Nantes, wo er im Hause eines Herrn Babut (eines Geschäfts= freundes seines Rigischen Vertrauten Berens) eine mehr= monatliche Rast hielt. Er machte sich hier mit französischem Wesen, auch mit der französischen Sprache vertraut, genoß die heitere Geselligkeit des Hauses mit herzlicher Freude und genoß zugleich zu nicht minderer Lebenserhöhung das ehrenvolle Ansehen eines nicht unberühmten Schrift= stellers, von dem der Ruf schon bis hierher gedrungen war. Und da er bei allem Studium des Französischen das deutsche Schrifttum nicht außer acht ließ, konnte er aus der Ferne mit Genugtuung wahrnehmen, wie Klotzens Ansehen immer mehr auf die Neige ging und Raum wurde für seine eigenen Gedanken.

Dem wackeren Hartknoch währte dieser Aufenthalt zu lang, er hätte lieber Manuskripte von Herders Hand empfangen, als die oft wiederholte Bitte um neue Geld= sendung. Aber er gab willig her, was er hatte, und ließ sich auf spätere Zeiten vertrösten, in denen einige noch ganz unfertige schriftstellerische Pläne ausgeführt werden würden. Doch war er froh, als er endlich vernahm, Herder sei weitergezogen.

Der war am 4. November von Nantes abgereist und am 8. in Paris angelangt. Das großstädtische Leben, in das er hier alsbald geriet, hat dem deutschen Ge= lehrten nicht sonderlich behagt. Doch hat er seine Zeit sorgfältig ausgenutzt und unter Führung seines Lands= manns Wille, der als berühmter Kupferstecher seit langen

Jahren in Paris ansässig war, alles gesehen und genossen, was die Weltstadt an Sehenswürdigkeiten und Vergnügungen zu bieten hatte. Auch stand er in einem lebhaften Verkehr mit den literarischen Größen des damaligen Frankreich und hat namentlich mit Diderot fruchtbringende Unterredungen gehabt. Er faßte den Gesamteindruck zusammen in die Worte: „Alles was Gout und Pracht ist in Künsten und Anstalten, ist in Paris im Mittelpunkt: sowie aber der Geschmack nur der leichteste Begriff der Schönheit, und Pracht nichts als ein Schein und oft eine Ersetzung des Mangels derselben ist, so kann Frankreich nie völlig sättigen, und ich bin seiner auch herzlich müde." Tatsächlich regte sich gerade hier stärker als je zuvor die deutsche Natur des Mannes, dem die Franzosen als ein gealtertes Volk erschienen, das im Begriffe sei, an übertriebener Verfeinerung und an der zum Selbstzweck gewordenen Aufklärung zu Grunde zu gehen wie im Altertum die Griechen. Dabei bewahrte er sich doch ein offenes Auge für die glänzenden Seiten des französischen Geistes und hat den jetzt und später gerechter zu beurteilen verstanden, als das Lessing gelungen ist. Bei allen Verschiedenheiten, die ihn von Rousseau trennten, hat er sich doch in vielen seiner grundlegenden Anschauungen gerade von diesem großen Erzieher abhängig gewußt und das dankbar zugestanden.

Das Pariser Leben war kostspielig, häufig klang der gewohnte Notschrei um Geld an Hartknochs Ohr. Dabei lag die Zukunft sehr unklar vor den Augen des Reisenden. Da erhielt Herder gegen Ende November durch Nicolai die Nachricht, daß der Prediger Resewitz in Kopenhagen ihm den Vorschlag zu machen habe, mit einem deutschen Prinzen auf Reisen zu gehen. Der Fürstbischof Friedrich August von Holstein und Lübeck wollte seinen sechzehnjährigen einzigen Sohn, den Erbprinzen Peter Friedrich Wilhelm, der sich zur Zeit mit seinem Hofmeister auf der Universität Kiel aufhielt, von Ostern nächsten Jahres an „die große Tour" unternehmen lassen. Zur Unterstützung des Oberhofmeisters des Prinzen, v. Cappelmann, sollte Herder als Instruktor und Reiseprediger mitziehen. Man erwartete dabei von ihm, daß er an Orten, wo keine evangelische Kirche sei, predige, die philosophischen Lektionen, die der Prinz etwa noch hören könnte, mit ihm wiederhole, lateinische Autoren mit ihm lese und seinen deutschen Stil bilde. Dafür solle er freie Reise, 300 Taler Gehalt und nach drei Jahren Anwartschaft auf eine Prediger= oder Professorenstelle in Kiel erhalten.

Herder, unschlüssig wie stets an den Wendepunkten seines Lebens, fragte die Freunde um Rat. Er war ja eigentlich durch eine feste Zusage an Riga gebunden und wäre auch gern dahin zurückgekehrt. Aber es reizte ihn doch auch gewaltig, reisen, viel und weit, bequem und mit eigener Barschaft reisen zu können, was ja immer sein sehnender Wunsch gewesen war. Die Freunde rieten zur Annahme der Stelle, aber auch noch zu weiteren Verhandlungen, um noch günstige äußere Bedingungen herauszuschlagen. So geschah es, und man kam ihm von Eutin aus, wo der Herzog=Bischof residierte, freundlich entgegen. Er erhielt 400 Taler Gehalt und 100 Taler zur Reiseausstattung zugesagt, und zudem versprach der Fürstbischof, einem nach Verlauf von drei Jahren an ihn erfolgenden Rufe nach Riga nicht im Wege sein, sondern ihn sogar noch in Petersburg empfehlen zu wollen.

So wurde die Verhandlung abgeschlossen. Doch war der verwöhnte Herder weit davon entfernt, diese Lösung der Zukunftsfrage mit Zuversicht und Befriedigung zu begrüßen; ihm graute trotz aller Reiselust vor dieser un=

freien Stellung und nur zaghaft ging er seinem neuen
Berufe entgegen.

2. Eutin und Darmstadt.

Im Dezember 1769 verließ Herder Frankreichs
Hauptstadt und verlebte die Weihnachtstage in Brüssel.
Hier und in Antwerpen besah er sich die Sehenswürdig=
keiten niederländischer Kunst und bestieg am Scheldeufer
ein Schiff zur Fahrt nach Amsterdam. Heftiger Sturm
trieb das Fahrzeug an der holländischen Küste gegen eine
Sandbank, auf der es sich festfuhr. Durch das Leck strömte
das Wasser, es war Gefahr im Verzuge. Doch haben
die Schiffbrüchigen eine ganze, lange Winternacht aus=
harren müssen, bis endlich die Notsignale Fischer herbei=
gelockt hatten, die morgens mit Booten zur Rettung
heraneilten. Bei strömendem Regen und durch schäumende
Meereswellen kamen die Reisenden mit der Schiffsmann=
schaft an Land und konnten alsbald vom Ufer aus sehen,
wie ihr Schiff in die Tiefe versank.

Durch Holland und Friesland ging die Weiterreise
nach Hamburg, wo Herder einen zweiwöchentlichen Auf=
enthalt nahm. Hier lernte er zu seiner besonderen Freude
Lessing kennen, der eben im Begriff war, als Bibliothekar
nach Wolfenbüttel überzusiedeln. Vierzehn vergnügte
Tage — berichtete Herder an Hartknoch — habe er mit
Lessing gehabt und wacker mit ihm herumgeschwärmt.
Der aber schrieb über den neuen Bekannten an Ebert:
„Es hat mir notwendig sehr angenehm sein müssen, diesen
Mann von Person kennen zu lernen; und ich kann Ihnen
jetzt nur so viel sagen, daß ich sehr wohl mit ihm zu=
frieden bin."

Auch die anderen literarischen Größen Hamburgs
lernte Herder kennen: Bode, Alberti und den Hauptpastor

Goetze, der in Sachen Klotzens auf Seite der kritischen Wälder stand. Vor allem aber war die Bekanntschaft mit Matthias Claudius von nachhaltiger Bedeutung. Ihm wandte sich Herder geradezu mit schwärmerischer Liebe zu und fühlte sich deshalb schon zu ihm hingezogen, weil der junge Mann ein begeistertes Verständnis für Hamann hatte. Mit hohen Worten pries er darum „den edelsten Jüngling" als das größte Genie, das er in Hamburg gefunden habe, nannte ihn „einen Freund von sonderbarem Geiste und von einem Herzen, das wie Steinkohlen glüht — still, stark und dampfigt" und „einen Knaben der Unschuld, voll Mondlicht und Lilienduft der Unsterblichkeit in seiner Seele". Die hier geschlossene Freundschaft hat sich durch die ganze spätere Lebenszeit der beiden Männer bewährt. Wenn Herders Gläubigkeit auch später eine andere wurde, als die des frommen, etwas unklaren Wandsbecker Boten, so hat er ihn doch immer hoch verehrt. „Vergesse Deutschland nie des biedern Dichters, aus dem, wie aus wenigen, die unsträfliche, echte Natur sprach!" rief er später aus.

Im März traf Herder in Kiel den Prinzen, dessen Reisebegleiter er werden sollte, und begab sich sofort mit ihm nach Eutin, der kleinen Stadt, deren Hauptschmuck das fürstliche Schloß mit seinem baumreichen Garten und dem See war. Besonders lieb war Herdern der Wald. Mochte er doch nirgends leben, wo der fehlte. Und so hat die schöne Natur dieses Erdenfleckchens ihn rasch gefesselt, und lange noch dachte er mit den angenehmsten Erinnerungen an das „schöne grüne Holstein" zurück.

Auch das Leben am Hofe sagte ihm zu. „Ich genieße, gottlob, bisher die ganze Gnade und die außerordentlichste Unterscheidung des Hofes — bei den Größten versteht sich's, und die kleine Herde, zumal an kleinen Höfen, folgt — und bückt sich noch dreimal tiefer." Freilich war es kein Wunder, daß sich dieser junge Mann rasch alle Herzen eroberte, kam er doch mit dem ganzen hinreißenden Zauber seiner Persönlichkeit, mit dem übersprudelnden Reichtum seines lebhaften Geistes wie aus einer anderen Welt in diesen kleinen, von Zeremoniell und Langeweile regierten Kreis hinein. Auch als Kanzelredner gewann er sich die Seelen, die Hofgemeinde hing mit lauschender Andacht tiefergriffen an seinen Lippen; nur den Herren Amtsbrüdern war dieser Feuerkopf ohne Amtsmiene und Kanzelton ein Stein des Anstoßes, und der Hofprediger Wolf klagte ihn bei Serenissimus als einen Ketzer und Socinianer an, ohne indessen damit Eindruck zu machen.

So schien sich alles ganz gut anzulassen, nur bei der Hauptsache mangelte es leider. Herder sah rasch ein, daß er eine ersprießliche Erziehertätigkeit nicht würde ausüben können. Der Prinz war ihm schriftlich als gutherzig geschildert worden und daß er zudem für sein Alter und seinen Stand Wissenschaft genug besitze. Da war doch etwas Schönfärberei dabei gewesen; denn der junge Herr war etwas geistesschwach und ist auch später deshalb der Regierung für unfähig erklärt worden. Hier lag also eine große Schwierigkeit; und doch hätte Herder sie mildern können, denn seiner blühenden Lebendigkeit und seinem bezaubernden Lehrtalente gelang es bald, sich die vertraute Liebe des Prinzen zu gewinnen, der bisher nur von Hofleuten und Pedanten erzogen worden war. Sein Einfluß wurde jedoch durch den Hofmeister von Cappelmann unleidlich gekreuzt, und dem stand im Grunde die Verantwortung und die Oberleitung zu. Ein so stolzer Hofherr ertrug es schwer, daß der junge, bürgerliche Kabinettprediger eine so hervorragende

Stellung einnehmen solle, und er suchte ihn auf jede
Weise in die Schranken seines gesellschaftlichen Nichts
zurückzuweisen. Herder war klug genug, sich die Er=
laubnis bei Hofe auszubitten, daß er nicht erst nach
Ablauf von den drei Jahren, sondern auch während der
Reise um seinen Abschied nachsuchen dürfe, sobald er
sähe, daß seine Gegenwart nicht mehr von entschieden
nützlicher Einwirkung auf den Prinzen sein würde. Nach=
dem ihm dies gewährt wurde, hielt er am 15. Juli die
Abschiedspredigt, und die Reise begann. Die Hamburger
Zeitungen meldeten am 17. Juli, daß „Prinz Peter
Friedrich Wilhelm in Begleitung des Geheimen Rats
von Cappelmann, Herrn Herders und einer ansehnlichen
Suite" von Eutin nach Straßburg abgereist sei.

An den Höfen von Hannover und Cassel wurden
kurze Besuche gemacht, zu längerem Aufenthalt weilten
die Reisenden bei den Verwandten des Prinzen in Darm=
stadt, wohin man gegen Mitte August kam. Für Herders
Leben wurde diese Rast von höchster Bedeutung. Sehr
bald schon schrieb er an Hartknoch, er habe in Darmstadt
einen Mann gefunden, dergleichen in einem Lande
vielleicht nur drei, und ein Frauenzimmer, desgleichen
es vielleicht in ganz Deutschland nur drei gebe. Dieser
Mann war der bekannte Kriegsrat Johann Heinrich
Merck und ward sein Freund auf Lebenszeit, und das
„Frauenzimmer" hieß Karoline Flachsland und wurde
seine Frau.

Herder speiste als Kabinettprediger natürlich nicht
mit den höchsten Herrschaften zusammen, sondern an der
Tafel der zweiten Menschengarnitur, mit der Gouvernante
der Prinzessin, einem Fräulein Ravanell. Durch sie kam
er mit Merck zusammen, und der wiederum führte ihn
in das Haus des Ministers Hesse ein. Bei dessen Gattin

hielt sich deren jüngere Schwester Karoline dauernd auf.
Es waren die Töchter des verstorbenen herzoglich württem=
bergischen Amtsschaffners Johann Friedrich Flachsland
zu Reichenweier im Elsaß. Als der gestorben war, hatte
er seine Witwe mit acht unerzogenen Kindern in Dürftig=
keit zurückgelassen. Eine der Töchter hatte sich mit dem
Geheimrat Hesse in Darmstadt vermählt, und bei ihr
fand die jüngste Tochter Zuflucht. Karoline war am
28. Januar 1750 geboren, war also jetzt zwanzig Jahre
alt, ein schlankes, blondes Mädchen mit kleiner Stirn
und offenen blauen Augen, nicht eigentlich schön, aber
mit geistig belebten Zügen, dazu eine poetische Natur
und den Künsten des Klavierspiels und des Gesanges zu=
getan. Wenn ihre Rede als „Elsässer Sprachschwall"
bezeichnet wird, so haben wir uns darunter den behag=
lichen alemannischen Dialekt vorzustellen, das südlichste
Süddeutsch, während der Ostpreuße Herder das nörd=
lichste Norddeutsch sprach. Das Schwabenmädchen hat
nachmals aufgezeichnet: „Am 19. August (10. Trinitatis=
sonntag) predigte Herder in der Schloßkirche. Ich hörte
die Stimme eines Engels und Seelenworte, wie ich sie
nie gehört! . . Zu diesem großen, einzigen, nie empfunde=
nen Eindruck habe ich keine Worte — ein Himmlischer
in Menschengestalt stand er vor mir. — Den Nachmittag sah
ich ihn, stammelte ihm meinen Dank . . . von dieser Zeit
an waren unsere Seelen nur Eins und sind Eins: unser
Zusammenfinden war Gottes Werk." Und so geschah es,
daß eine alte Prophezeiung: Herder werde sich einst ein
Mädchen erpredigen, zur Wahrheit wurde.

Auch der Herr Kabinettprediger stand rasch in Feuer=
flammen, und so entwickelte sich schnell und anmutig die
Liebe in den beiden jungen Herzen. Ein reger geselliger
Verkehr bot dazu die erwünschte Gelegenheit, man traf

sich bald im Hause, bald auf Spaziergängen, bald bei einem Mondscheinausflug, bald bei einer Kahnpartie. Zum ersten Male ergriff den sechsundzwanzigjährigen Mann die Liebe, eine starke und reine, auf hohen Wogen der Empfindung gehende Liebe. Und das Mädchen hatte ein nicht minder empfindsames, liebevolles Herz. Als am 25. August Herders Geburtstag gefeiert wurde, drückte er der Geliebten heimlich den ersten Brief in die Hand, der ihr erzählte, was er für sie empfinde, ohne daß er doch ein entscheidendes Werbewort ausgesprochen hätte. Auf etwas Entscheidendes hatten die Freunde doch wohl gerechnet; da das aber nicht einzutreffen schien und die Abschiedsstunde nahte, wußte der zu freundschaftlichen Schelmenstreichen allezeit geneigte Merck in der letzten Viertelstunde ein ungestörtes, flüchtiges Beisammensein der Liebenden klug zu veranstalten. In seiner Wohnung, als draußen schon die Reisegesellschaft des Hofmeisters harrte, kam es unter Lachen und Weinen zur Erklärung. Nur mit Mühe riß sich Herder aus den ungestümen Umarmungen des Mädchens los und stürzte dem Reisewagen nach.

Eine förmliche Verlobung war das ja nun nicht gewesen. Das hätte schon nicht der unentschlossenen Zauderart Herders entsprochen, wenn er in rascher Tat hier ein bindendes Wort gesprochen hätte. So blieb es ein geheimes Herzensbündnis, und Merck mußte weiter den Vermittler spielen. Durch ihn gingen die Briefe der Liebenden, er war der Vertraute beider. Der Schwager Hesse, der ein eigensinniger, schwieriger Mann war, in dessen Hause die einsame Waise ein recht gedrücktes Leben führte, durfte von diesem heimlichen Verhältnis nichts wissen.

Aber umso reger war der Briefwechsel, der sich zwischen den beiden Liebenden entspann. In einem stattlichen Bande liegt er jetzt gedruckt vor uns. Will man ihn mit Genuß lesen, muß man sich doch zunächst vergegenwärtigen, daß es immer ein mißliches Ding ist, wenn andere, Unbeteiligte Kenntnis von Briefen erhalten, die in der Brautstandszeit geschrieben sind, also in Tagen höchster seelischer Erregung und hochgespanntester Empfindungen. Die sich so ihr Herz ausschütten, haben nie daran gedacht, daß nach hundert und mehr Jahren spähende Augen diese unmittelbaren Herzensergüsse, wie sie die Stimmung des Augenblicks gebar, wiederlesen würden, um aus ihnen ein Charakterbild der Liebenden herauszudestillieren. Und wenn nun gar Brautleute in einer so überschwenglich empfindsamen Zeit lebten, wie damals Herder und Karoline, und wenn vollends beide sehr schwärmerische, heiß fühlende, reizbare Naturen waren wie sie: dann kann es den billig Urteilenden nicht befremden, wenn dieser Band des Briefwechsels im Grunde eine etwas schwere, schwülstige Lektüre ist. Die kleinen Sticheleien und Klatschgeschichten, die zwischen die glühenden Liebeserklärungen gestreut den Briefen die rechte Lokalfarbe verleihen, sind auch just nicht dazu angetan, den Genuß sehr zu erhöhen. Wer aber sich das alles klar macht und diese Schreiben liest als die Offenbarungen des innersten Seelenzustandes zweier großer und guter Seelen, der wird sie nicht mehr missen mögen, zumal sie die Hauptquelle für die inneren und äußeren Erlebnisse unseres Helden während jener Reise- und Lehrjahre darstellen.

Über Mannheim und Heidelberg gelangten die Reisenden am 29. August nach Karlsruhe, wo des Hofes wegen abermals ein achttägiger Aufenthalt genommen wurde. Herder wurde auch hier mit Gunstbezeugungen überhäuft und schrieb sehr zufrieden an Karoline: „Der Markgraf

(Karl Friedrich), mit dem ich die erste Viertelstunde sprach, ohne ihn zu kennen, suchte mich Mittag und Abend auf eine sehr gute Art recht auf mit seiner Unterhaltung, und da er der erste Fürst ist, den ich ganz ohne Fürstenmiene kenne, so fallen unsere Gespräche meistens auf Dinge, die zur Einrichtung und Freiheit des menschlichen Geschlechts gehören, und über die ich mich so frei ausdrücke, als ob ich mit keinem Fürsten spräche." Ein andermal nennt Herder den Markgrafen den besten Fürsten, der vielleicht in Deutschland lebe. Und auch an der Markgräfin, einer bedeutenden Frau, fand er viel Gefallen, das sie lebhaft und gnädig erwiderte.

3. Straßburg.

Am 4. September 1770 fuhr die Reisegesellschaft in Straßburg ein. Hier kamen für Herder alsbald schwere Tage voll Unruhe und Kampf. Zunächst war ihm klar, daß er das Verhältnis als Reisebegleiter des Prinzen werde aufgeben müssen. Der Jüngling selbst hing zwar aufrichtig ergeben an ihm und war ihm so herzlich zugetan, wie das sein armer Geist erlaubte. Aber unleidlich war Herders Verhältnis zu dem adeligen Reiseführer geworden, der nachdrücklich auf strenge Einhaltung höfischer Etikette hielt und den Kabinettprediger die untergeordnete Stellung fortwährend empfinden ließ. Herder fühlte sich nicht als selbständiger Reisebegleiter, sondern lediglich als notwendiges Anhängsel, das man wohl oder übel von Hof zu Hof mit fortschleppen müsse. Nach etlicher gereizter Unschlüssigkeit kündigte er am 20. September dem tief bestürzten Prinzen seinen Entschluß an, sich von ihm zu trennen, und teilte das zugleich schriftlich Herrn von Cappelmann mit. Er schrieb dabei: „Ich habe nie um meine gegenwärtige Stellung gesucht; ich habe aber auch nie geglaubt, mit ihr in Umstände zu kommen, wo ich, wie z. B. heut zum Mittagbrot, ohne Tischtuch und Bedienten, mir selbst unten Salz erbetteln müßte. Eine nichtswürdige Null oder ein Gespött der Leute zu sein, habe ich weder Lust noch Bedürfnis." Auch nach Eutin richtete Herder sein Entlassungsgesuch. Anfang Oktober war alles in Ordnung, der erbetene Abschied ward ihm von dorther erteilt worden, „vom Bischof mit viel Hoch= achtung und Höflichkeit, von der Herzogin mit Empfind= lichkeit und von beiden mit Befremdung". „Und so ist wieder ein Traum zu Ende! Unser Leben ist wie eine Nachtwache."

Es ist doch fraglich, ob Herder die Flinte so rasch ins Korn geworfen haben würde, wenn ihm nicht andere Zukunftspläne gewinkt hätten. Aber schon in den letzten Eutiner Tagen hatte er den Antrag des Grafen Wilhelm von Schaumburg=Lippe erhalten, in Bückeburg Kon= sistorialrat und Oberpfarrer zu werden. Das hatte ihn sehr unruhig gestimmt: wie die Dinge lagen, mußte er sich zu einem festen Entschluß aufraffen, was ihm so schwer fiel. Es lag, wie wir wissen, vielmehr in seiner Seele, es in wichtigen Krisen seines Schicksals auf eine unvorher= gesehene höhere Leitung und Entscheidung ankommen zu lassen. Da diese zunächst ausblieb, hatte er etwas ge= wunden seine bedingungsweise Bereitwilligkeit erklärt, in Bückeburg anzunehmen, falls ihn der Eutiner Hof entlassen würde. Das war ja nun geschehen, und da von Schaum= burg aus schon wiederholt zur Annahme gedrängt worden war, faßte er mit einem Mal einen raschen und ver= ständigen Entschluß und schrieb am 16. Oktober nach Bückeburg, er nehme an und werde kommen, sobald ihm seine Verhältnisse das gestatteten.

Aber sauer genug war ihm diese Entscheidung ge=

worden; die Unruhe und Aufregung hatte den reizbaren Mann völlig gebrochen, und da er sonst niemand hatte, den er das entgelten lassen konnte, mußte die arme Karoline den Zorn des Erregten auf sich nehmen." Die aber war durch die fieberhafte Hast und die launenhafte Unsicherheit seiner Briefe verstimmt, wurde überdies gegen Herder durch den Einfluß anderer eingenommen, die ihn als einen exzentrischen Menschen und unzuverlässigen Charakter schilderten. So machte sie ein schnelles Ende und schrieb dem Bestürzten einen regelrechten Abschiedsbrief. In feurigster Beredsamkeit und mit unwiderstehlicher Gewalt antwortete Herder. Sein ganzes Liebesbedürfnis, seine ganze Liebesfähigkeit kam zum Durchbruch, wie er sich um der begangenen Schuld willen rechtfertigte und entschuldigte und von neuem mit leidenschaftlichen Beteuerungen um sie warb. Wenn er das bindende Wort noch nicht gesprochen hätte, so habe er's deshalb nicht getan, weil er das Leben der Geliebten noch nicht an sein unsicheres Dasein habe knüpfen wollen; wüßte er doch selbst nicht, was ihm die Zukunft bringen und ob er im stande sein werde, das gegebene Wort einzulösen. So beseitigte er alle Mißverständnisse, offenbarte und schenkte ihr seine ganze, reiche Seele. Sie aber nahm den Freund von neuem an und sie verbanden sich mit neuen Schwüren. Diese Schwüre haben sie dann fest und treu durchs Leben gehalten; aber noch oft hat ihre starke Liebe durch die Qualen mancherlei Verstimmungen und Mißverständnisse hindurch gemußt.

Ehe Herder sich seinem Mädchen wieder zeigen, ehe er sein Amt in Bückeburg antreten wollte, sollte die günstige Gelegenheit des Aufenthaltes in einer Universitätsstadt nicht ungenützt vorübergehen: er wollte sich von den berühmten Straßburger Ärzten sein krankes Auge

operieren lassen. Der Feuchtigkeit des Tränensäckchens
sollte ihr natürlicher Abfluß durch die Nase verschafft
werden. Mit bester Zuversicht ging der Professor Lobstein
an die Operation; aber sie mißlang und mußte dann
noch zweimal wiederholt werden, ohne doch Erfolg zu
bringen. Die Kur wurde so zur schmerzhaftesten Ge=
duldsprobe für den Ärmsten. Ein volles halbes Jahr, vom
Oktober 1770 bis April 1771, mußte er das Zimmer
hüten und war am vollen Gebrauch seiner Augen ver=
hindert. Wie verzweifelt schrieb er am Ende der qual=
vollen Zeit: „Aus (den angekündigten) drei Wochen
sind nicht bloß zweimal drei Monate, sondern aus einem
Schnitt und einer Nasenbohrung sind wohl zwanzig
Schnitte und zweihundert Sondierungen usw. geworden,
und endlich nach allen Schmerzen, Kosten, Unruhen, Ver=
drießlichkeiten ist mein Auge ärger, als es war."

Nach der Trennung vom Prinzen hatte Herder im
Gasthof zum Louvre (jetzt Salzmanngasse 7) eine eigene
Wohnung bezogen, und hier war das Krankenzimmer auf=
geschlagen, in dem er so vieles Leid erdulden und doch
auch so manches Frohe erleben sollte. Wohl suchte er
in seiner tiefen Verstimmung die Einsamkeit und riegelte
sich in seine Schmerzenshöhle ein, so fest er konnte. Doch
mußten einige teilnehmende Seelen den Zugang zu ihm
zu finden. Ein paar Deutschrussen verkehrten bei ihm,
so oft er sie einließ, wie bei einem Landsmann; und noch
einen Krankenbesucher hatte er: Goethe.

Der einundzwanzigjährige Student der Rechte aus
Frankfurt hatte im Kreise seiner Tischgenossenschaft ge=
hört, daß der berühmte Verfasser der Fragmente und kriti=
schen Wälder in Straßburg angekommen sei, und brannte
darauf, ihn kennen zu lernen. Es war noch zu der Zeit,
als Herder mit dem Prinzen im Gasthof zum Geist

wohnte, als Goethe dort einmal einen anderen Fremden besuchen wollte. Gleich unten an der Treppe fand er einen Mann, der eben auch hinaufzusteigen im Begriff war, und dem man sofort den Geistlichen ansah, wenn seine elegante Tracht auch etwas auffallend und mehr die eines französischen Abbé war als die eines protestantischen Predigers. Sein gepudertes Haar war in eine runde Locke aufgesteckt, das schwarze Kleid bezeichnete ihn gleichfalls, mehr aber noch ein schwarzer seidner Mantel, dessen Ende er zusammengenommen und in die Tasche gesteckt hatte. Goethe erkannte sofort, daß das der berühmte Ankömmling sein müsse, und redete ihn bei seinem Namen an. Herder antwortete höflich, sie gingen miteinander in lebhaftem Gespräche die Treppe hinauf, und der junge Student erbat und erhielt beim Scheiden die Erlaubnis, den Herrn Hofmeister besuchen zu dürfen. Von dieser Erlaubnis hat er bald und ausgiebig Gebrauch gemacht, und so entstand jene Freundschaft der beiden Großen, die ihnen beiden zum unermeßlichen Gewinn werden sollte und eine gute Weile standgehalten hat, bis sie schließlich sich abkühlte und endlich nach manchen schmerzlichen Aufzuckungen ganz entschlief.

Für Goethe war nach seinem eigenen Geständnis die Bekanntschaft mit Herder das bedeutendste Ereignis seines Straßburger Aufenthalts. Er erzählt, Herder habe etwas Weiches in seinem Betragen gehabt, das sehr schicklich und anständig gewesen sei, ohne daß er eigentlich adrett gewesen wäre. „Ein rundes Gesicht, eine bedeutende Stirn, eine etwas stumpfe Nase, einen etwas aufgeworfenen, aber höchst individuell angenehmen, liebenswürdigen Mund. Unter schwarzen Augenbrauen ein Paar kohlschwarze Augen, die ihre Wirkung nicht verfehlten, obgleich das eine rot und entzündet zu sein pflegte."

Wie mit Zaubergewalt fühlte sich Goethe zu dem um fünf Jahre älteren Theologen hingezogen, eine Welt voll neuer Gedanken tat sich ihm auf, wenn er die Geistesblitze funkeln sah, die in unerschöpflicher Menge aus den Augen dieses Mannes leuchteten. Und als Herder während der langen Schmerzensmonate seiner Kur an das Krankenzimmer gefesselt war, verging kein Tag, an dem er nicht morgens und abends den Besuch Goethes erhielt, und oft blieb der vom Morgen bis zum Abend bei ihm.

Es war für Goethe durchaus nicht leicht, so treulich auszuhalten. Denn er erfuhr rasch genug, daß in dem verehrten Manne ein Widerspruchsgeist lebendig sei, der fast alle bisher von ihm hochgehaltenen Heiligtümer der Seele in kritischer Verneinungslust von ihren Piedestalen herunter in den Staub zu ziehen sich bemühte. Öffnete der zutrauliche Jüngling sein Herz und ließ Herdern in die geheimen Tiefen seines schönheitsdurstigen Geistes sehen, so fiel dieser erbarmungslos über all die zarten Gefühle und Schwärmereien her, zerpflückte sie mit rauher Hand und goß die volle Schale seines Hohns noch darüber aus. Und zum ersten Male hören wir dabei, daß in unserem Helden ein beißender Witz und bitterer Spott schlummerte, der von nun an sich oft genug und häufig zur Unzeit in die Öffentlichkeit wagte und viel daran schuld war, daß Herder später innerlich so einsam wurde. Er konnte sich's nun einmal nicht versagen, einen bissigen Sarkasmus auszusprechen, wenn der ihm auf der Zunge lag, und er hat viele Leute damit tief und unheilbar gekränkt. Goethe nahm vorerst diese Launen und Neckereien in leidlicher Geduld hin, denn er sah für sich in dem freundschaftlichen Verkehr mit diesem reichen Geiste einen viel zu großen Genuß und Gewinn, um nicht durch die Fülle von Anregung sich für die erlittene Pein des Unbehagens reichlich entschädigt zu fühlen. Zudem nahm er diese abstoßenden Seiten des verehrten Mannes mit verständigem Sinn als einen Ausfluß von körperlichen Leiden und der durch diese Kränklichkeit erregten Verstimmung. So ließ er sich alles gefallen und duldete sogar einen häßlichen Mißbrauch seines Namens durch Herder. Später ist ihm die bittere Witzweise seines Freundes doch nicht immer angenehm gewesen, und in einer beißenden, ja cynischen Bemerkung Herders klang nach zweiunddreißig Jahren ihre Freundschaft aus.

Jetzt ertrug der junge Student das alles wochen-, monatelang um des Goldes willen, das er aus diesem wunderbaren, wenn auch schwer zugänglichen Schachte emporhob. „Jakob" — so schreibt Goethe einmal an Herder — „rang mit dem Engel des Herrn. Ich lasse Sie nicht los, ich lasse Sie nicht, und sollte ich lahm darüber werden."

Er ist nicht lahm dabei geworden, sondern hat einen festen, natürlichen Gang dadurch gelernt. Er lernte von Herder den einen Gedanken fassen, der gleichsam der Jungbrunnen unseres ganzen modernen Geisteslebens geworden ist: die Forderung einer Kunst auf nationaler Grundlage und die Pflege des Nationalen und Individuellen. Daraus entsprang zunächst die Abwendung von der bisher als unübertreffliches Muster geltenden französischen Literatur, weil die Franzosen der nationalen Grundlage entbehrten und bei ihren Tragödien einem fremden, dem griechischen Volke nachahmten. Statt dessen wurde Shakespeare auf den Schild erhoben, denn seine Werke sind auf natürlichem, nationalem Boden erwachsen. Er folgt den Forderungen des eigenen Volkes und der eigenen Zeitanschauungen. Denn jedes Volk — so lehrte Herder — habe seinen eigenen Charakter und seine eigene Sprache, müsse also auch seine eigene Poesie haben. Die aber sei nicht Privatbesitz einiger hervorragender, gebildeter Männer, sondern sie müsse Welt- und Völkergabe sein. Damit war das größte Ergebnis Herderschen Denkens ausgesprochen, die Entdeckung der Volkspoesie. Er sammelte selbst Volkslieder, Provinziallieder, Bauernlieder auf Straßen und Gassen, auf den Fischmärkten und im ungelehrten Rundgesange des Landvolkes; und er trieb den jungen Freund an, auf seinen Streifereien durch das Elsaß Volkslieder aus dem Munde der Leute zu erhaschen und die kostbaren Schätze der Nachwelt zu erhalten. Denn die Kunstpoesie könne selbst nur gesunden, wenn sie auf die Volkspoesie zurückgehe. Jede wahre Poesie müsse Volkspoesie sein, wie das Ilias und Odyssee, Shakespeares Dramen und die Bibel seien, echte und wahre Volksdichtungen. Gewiß auch die Bibel, und sie vor allem; man müsse sie nur als ein zusammengetragenes, nach und nach entstandenes, zu verschiedenen Zeiten überarbeitetes Buch ansehen; wissenschaftlich, literarisch und ästhetisch solle man sie auf ihre Eigenart und Entstehung prüfen, dann würden von selbst die mystischen Nebel zerrinnen, die bisher die heilige Schrift umgaben, und an Stelle abergläubischer Verehrung würde bewundernde Betrachtung und eifriges Studium treten.

In solcher Weise redete Herder mit Goethe, und der wurde dadurch aus einem süßlichen Anakreontiker ein deutscher Mann und ein deutscher Dichter. Ein bedeutsames Denkmal dieser Straßburger Freundschaft sind zwei Aufsätze aus Herders Hand über Ossian und Shakespeare, die ein Heft eröffneten „Von deutscher Art und Kunst. Einige fliegende Blätter", das zwar erst 1773 ausgegeben wurde, aber jetzt schon entstand. Es ist dasselbe Heft, in dem neben diesen beiden Aufsätzen eine

Mösersche Abhandlung über deutsche Geschichte und Goethes Schriftchen „Von deutscher Baukunst" stand. Die Urteile über Shakespeare sind noch heute maßgebend, die über Ossian freilich veraltet, weil wir wissen, daß diese Lieder eine mit viel Talent und Geschick betriebene Täuschung, ein Fabrikat des Schotten Macpherson sind, während sie damals als uralte Schottengesänge angesehen wurden.

Herder selbst war kein geborener Dichter, er war zuerst ein Dolmetscher und ein Wegweiser. Er deckte den Schacht auf, in dem die Schätze echter, ursprünglicher Poesie verschüttet lagen. Er zeigte in die Tiefe, Goethe ging in die Tiefe, er ein geborener Dichter, ein schöpferischer Erneurer des echten Liedergeistes. Herder hat damals den Genius in Goethe kaum erkannt, er fühlte sich zu sehr als der Gebende und Ältere; aber der Jüngere versteckte auch trotz all seiner Vertraulichkeit die tiefsten Schätze seines Herzens vor den Augen des Freundes aus Furcht vor dessen zerstörendem Spott; von seinen Plänen über Götz und Faust hat er Herder nichts verraten. Der hat Goethen wohlwollend gehofmeistert und herzlich geliebt, aber das Genialische in ihm blieb ihm verborgen; er hielt noch Klopstock für den ersten Poeten Deutschlands und für den schon erreichten Gipfel echter deutscher Lyrik, als neben ihm schon einer wanderte, der dieses Ruhmeskranzes weit, weit würdiger war.

Goethe hat, bei allem Ärger über die tadelnden Nörgeleien und scheltenden Neckereien des kranken, mißmutigen Mannes, der Standhaftigkeit, mit der er die Schmerzen erduldete, seine volle Bewunderung zollen müssen. Er fand sogar in der melancholischen, ja grimmigen Resignation, mit der Herder den Gedanken trug, zeitlebens einen solchen Makel tragen und mit diesem entstellten

Angesicht wieder vor die Geliebte treten zu müssen, etwas wahrhaft Erhabenes, „wodurch er sich die Verehrung derer, die ihn schätzten und liebten, für immer zu eigen machte".

Tatsächlich hat sich damals eine Wandlung in Herders Charakter vollzogen. Er selbst gesteht, daß er vordem nichts als Schaum, Eitelkeit, Sprung und Laune gewesen sei, „voll unendlicher Flüchtigkeit, Leichtsinn und Feuer der Jugend, genannt Koketterie", und findet, daß er jetzt männlicher, reifer, entwickelter, welterfahrener, „brittischer" und vielleicht dreimal wärmer, statt leicht, unbeständig und französisch geworden sei. „Meinen Charakter zu bilden ist mein Werk auf der Reise ... Meine eigenen Mängel und Fehler, an denen ich selbst schuld bin, könnten mich bis zur Tollheit melancholisch machen, wenn nicht mein zweiter Gedanke immer der wäre: Hole nach!" Und so kommen in seinen Briefen neben den Klagen und Seufzern auch immer die Worte der Ergebung wieder: „Wer weiß, wozu das gut ist?" und in der gefaßten Zuversicht klingen sie aus: „In der Höhle der Einsamkeit werden Seelen geprägt und Charaktere bewährt."

Die Kurzeit war zu Ende. Erfolg hatte sie nicht gehabt. Aber da er seit der Trennung vom Prinzen auf seine eigene Tasche angewiesen gewesen war, so hatte sie seine „Ökonomie" in gründliche Unordnung gebracht. Ans Zusammenhalten war er nun einmal nicht gewöhnt, Ersparnisse größerer Art hatte er in der kurzen Prinzenführerzeit nicht machen können, die Kosten der Kur und des Aufenthalts waren bedeutend, zumal er sich auch nicht gern etwas abgehen ließ, und so mußte denn erst Geld beschafft werden, ehe er sich lösen und nach Bückeburg, wo sie ihn schon längst sehnlichst erwarteten, weiterreisen konnte. Goethe schaffte Rat und erborgte die Summe für ihn. Anfangs April 1771 verließ Herder Straßburg.

Auf Wunsch der Markgräfin von Baden predigte er unterwegs in Karlsruhe, was ihm die Dankbarkeit des Hofes, aber den Zorn seiner dortigen orthodoxen Amtsbrüder eintrug; dann kam er nach Darmstadt. Das Wiedersehen mit Karoline war ergreifend und froh. Doch kam's immer noch nicht zur eigentlichen Verlobung. Er hatte ja nichts und war der Schuldner aller seiner Freunde. Karoline war arm und konnte ihm nichts zubringen. Da wollten sie lieber noch warten, zumal der immer mit Hoffnungen und Plänen spielende Mann noch gar nicht sicher war, ob er wohl in Bückeburg wirklich bleiben werde; er träumte ja sein Leben lang immer von anderen Orten, an denen sich's wie im Paradiese leben ließe, während der, an dem er weilte, ihm stets wie eine Hölle vorkam. Bei all der Unsicherheit, zu der noch die überzarte Empfindsamkeit der Halbverlobten hinzukam, war das Beisammensein eigentlich nicht so erfreulich, wie es hätte sein müssen. Herder schied innerlich unbefriedigt von Darmstadt und kam mit seiner Geliebten erst wieder ins rechte Gleise, als sie anfingen, in Briefen ihre Gefühle auszuschütten. „Unsere Briefe sollen die Geschichte unseres Herzens, unserer Gedanken und unseres Bestimmungskreises enthalten" — schreibt er — „und das wird dann eine süßere Gesellschaft sein, als wenn wir beieinander wären." Und die rührende Karoline ist damit zufrieden und erklärt, glückselig zu sein, daß er ihr Engel sein wolle, und findet als gelehrige Schülerin dieses übersinnlichen Freiers natürlich auch, daß es sehr süß sei, in der Entfernung zu lieben, und daß das die Seele zu einer Höhe und Stärke erhebe, die man vielleicht nicht im beständigen Umgang fühle. Und so werden denn von neuem viele empfindungsvolle Briefe gewechselt.

V
Bückeburg

1. Der Einsame.

Die guten Bückeburger machten große Augen, als am 28. April 1771 gegen Abend der Eilpost ihr neuer Oberpfarrer entstieg, gänzlich ungeistlich in ein himmelblaues, mit Gold besetztes Gewand gekleidet, dazu mit einer weißen Weste und einem weißen Hute geschmückt. So sah doch im Leben kein Prediger aus! Dem Ankömmling wurde sofort der Befehl des regierenden Grafen übermittelt, stehenden Fußes zur Vorstellung in das Schloß zu kommen. Dazu bedurfte es einer neuen Toilette; und da Herder in jenem starken Gefühl für äußere Schicklichkeit und Nettigkeit, das ihn nie verlassen hat, um keinen Preis unrasiert und unfrisiert zum Grafen gegangen wäre, aber ebensowenig je zu bewegen war, in einen Spiegel zu sehen und dadurch sich diese Verschönerung selbst herzustellen, so mußte nach Bartscherer und Haarkünstler geschickt werden. Beide Herren Verschönerungsräte waren aber bereits zum Bier gegangen und es dauerte lange, bis sie endlich von ihren Stammtischen den Weg zu des neuen Oberpredigers Haupt gefunden hatten. So vergingen ein paar Stunden mit dem Ankleiden. Als dann der neue Herr das Haus verließ, war er zwar schwarz in Tuch und Seide gekleidet, aber auch diese Tracht als Abbé kam den Bückeburgern nicht recht geheuer, sondern „schnakisch" vor. Der Graf aber stieß sich nicht an dem auffallenden Kleide, sondern an dem späten Besuche Herders. Er verlangte als alter Soldat von seiner „Dienerschaft" in erster Linie militärische Pünktlichkeit. Nun hatte er warten müssen, war darüber verdrießlich geworden und empfing den neuen geistlichen Herrn mit großer Kälte.

Das war ganz bezeichnend für die Zukunft. Denn recht warm sind die beiden Männer nie miteinander geworden. Graf Wilhelm zur Lippe war ein geistvoller, etwas sonderlicher Mann, der sein Ländchen in der Art des Großen Friedrich zu regieren suchte, ein aufgeklärter, aber selbstbewußter und gravitätischer Herr mit starken, zum Teil etwas komischen militärischen Neigungen und mit dem Streben, rings um sich Aufklärung und Fortschritt zu verbreiten. Von geistlicher Tätigkeit dachte er nicht groß, und mehr als der tüchtigste Prediger und Seelsorger stand ihm ein Pfarrer nahe, der wie der Pastor Eisen in Livland ein Mittel erfand, den Blaukohl zu trocknen, um ihn auf Seereisen mitführen und gebrauchen zu können. Für diese nützliche Erfindung wurde dem geistlichen Manne eine goldene Ehrenmedaille zuteil, die der Graf eigens für ihn prägen ließ. Herder war also nicht um seiner theologischen Kenntnisse und seelsorgerlichen Fähigkeiten willen nach Bückeburg berufen worden, sondern weil der Graf hoffte, von seiner Philosophie und Literaturkenntnis Nutzen zu ziehen. Vor ihm war Thomas Abbt als philosophischer Berater des Grafen dagewesen, und dessen Stelle sollte er vor allem einnehmen. Nun kam es dem regierenden Herrn wiederum weniger darauf an, einen Mann neben sich zu sehen, mit dem er ein angeregtes Gespräch führen könnte, sondern einen, der geduldig und gescheit genug wäre, stundenlang still und aufmerksam zuzuhören, wenn auf langen gemeinsamen Spaziergängen der Graf ausführliche Vorträge über Gott und die Welt und sonst noch einiges andere hielt. Das war ja nun freilich Herders Art nicht, immer nur zuhören zu sollen, ohne widersprechen und die eigene Meinung begründen zu können; zudem waren ihm die Meinungen und Grundsätze seines Gebieters im Grunde höchst unsympathisch und kamen ihm sehr veraltet vor. Er haßte darum diese sogenannten Unterredungen, in denen von elf Uhr morgens bis sechs Uhr abends „von keiner wahren Sache, sondern von lauter Spekulation und Metaphysik" gesprochen wurde, und war dabei nicht immer der liebenswürdigste Gesellschafter. Auch eine andere Inanspruchnahme durch den Grafen war ihm unangenehm. Der Graf war reformiert, sein Land lutherisch. Er hielt sich für den Hof einen besonderen reformierten Hofprediger. Herder hatte in der lutherischen Stadtkirche zu predigen. Um aber auch diesem Lutheraner gelegentlich eine Gnade zu erweisen, ließ der Graf den Oberpfarrer alle Monate einmal hinaus auf seinen Landsitz zum Bauern kutschieren, damit der ihm privatissime in seinem Zimmer eine Predigt halte. Und geruhte er mit der Leistung des Mannes zufrieden zu sein, so erwies er ihm die Ehre, eine Abschrift von der Predigt für sich zu befehlen.

Übrigens wußte Graf Wilhelm die geistigen Eigenschaften Herders wohl zu schätzen, ja es schmeichelte ihm, einen Mann von solchen Fähigkeiten und solchem Ruhme in seinen Diensten zu sehen. Herder hatte sich in der dumpfen Straßburger Krankenstube nur zu einer Arbeit aufraffen können und eine Preisschrift für die Berliner Akademie „über den Ursprung der Sprache" verfaßt. Jetzt wurde er dafür in Berlin mit dem Preise gekrönt und die Nachricht davon fiel ziemlich mit seinem Bückeburger Einzuge zusammen. Der Graf war darüber sehr stolz und ließ seine Freude sichtbar merken. Auch fand er sonst Gefallen an Herders dichterischer und schriftstellerischer Tätigkeit, und er wunderte sich in der Folge, daß man ihm einen solchen Mann so lange lasse. Aber wirkliche Zuneigung gewann er nicht zu ihm, und auch Herder faßte kein Herz zu dem Grafen, obwohl er ihn in seiner geistvollen Eigenart voll würdigte. Talent zum Hofmann hatte er überdies nicht. Und eigensinnig waren sie beide. So faßte Herder noch im August 1772 in einem Briefe alles zusammen: „Meine Situation gegen den Grafen ist noch immer dieselbe: unkenntlich, entfernt, nicht füreinander."

Freilich war Herder gleich anfangs an den falschen Mann gekommen, wenn er am Hofe zu Bückeburg wirklich heimisch werden wollte. Die gesamten Verhandlungen waren durch den Kammerrat Westfeld gegangen, der Herders Berufung vermittelt hatte. Bei ihm stieg er darum anfangs ab und hat auch zumeist bei ihm gegessen, als er selbst sein eigenes einsames Pfarrhaus bezogen hatte. Westfeld gehörte aber damals zu den Mißvergnügten und strebte von Bückeburg fortzukommen. Da war er natürlich nicht geeignet, einen Fremdling wohlwollend in die von ihm selbst gehaßten Verhältnisse einzuführen. Zudem war die Bückeburger Gesellschaft wirklich recht dürftig. Kleinstaatliche Beamte von engem Horizont, und Militärs, die für etwas anderes als für ihr Waffenhandwerk keinen Sinn hatten, sollten den geselligen Umgang Herders bilden, dem eine solche geistige Enge doch bisher ein völlig fremdes Ding gewesen war.

Kein Wunder, daß sich Herder sehr unglücklich fühlte und daß seine Briefe voller Klagen waren. Und die minderten sich auch nicht, als er mit seiner amtlichen Tätigkeit begonnen hatte.

Die Stadtkirche in Bückeburg, deren Oberpfarrer er geworden war, gehört zufolge der reichen Durchbildung ihrer Hauptschauseite und ihres Innern zu den hervorragendsten Baudenkmälern der deutschen Spätrenaissance, wenngleich sie die bescheidene Inschrift trägt: Exemplum religionis non structurae. Sie gehört zu den lehrreichen Versuchen, eine wirkliche protestantische Predigtkirche herzustellen, die in ihrer Gestaltung doch auch nicht ganz den Zusammenhang mit der mittelalterlichen Bauweise verleugnen sollte. In ihr hielt Herder am 5. Mai seine Antrittspredigt, in der er seinen Zuhörern ankündigte, er wolle unter ihnen nicht den toten Formel= und Bekenntnisglauben pflegen, sondern gegen die träge, gedankenlose Maschinenandacht ankämpfen und als ein rechter Lehrer der Menschheit, im echten Geiste der Religion Jesu, ein Führer zu menschlicher Tugend und Glückseligkeit sein. Die Bückeburger aber saßen staunend zu den Füßen des kleinen, schmächtigen Mannes mit der ruhigen Kanzelhaltung, dem schlichten Vortrag und der fremdartigen Aussprache. Diese vorgetragenen Empfindungen eines vollen Herzens ohne allen Predigtwust und Zwang kamen ihnen doch gar zu ungeistlich vor, sie vermißten das gewohnte Dröhnen und Gestikulieren, den salbungsvollen Ton ihrer anderen Prediger, sie verstanden seine Sprache nicht und noch weniger den Sinn seiner Worte, es war ihnen alles zu fremd und zu hoch. So war der Predigterfolg anfangs ein recht geringer. Dazu kam, daß die Hauptpastorenstelle sehr lange Zeit unbesetzt geblieben war und daß sich während dieser Zeit die Gemeindeglieder gewöhnt hatten, bei dem zweiten Geistlichen zu Predigt und Abendmahl zu gehen. So waren anfangs Herders Kirchen leer, obwohl er regelmäßig jeden Sonntag abwechselnd vor= und nachmittags predigte. Erst allmählich besserte sich das, als er selbst ein lebhafteres Verhältnis zur Gemeinde gewann, als die Leute seine Weise nach und nach verstanden und zu schätzen lernten, und vor allem, nachdem er Ostern 1772 die ersten Kinder unterrichtet und konfirmiert hatte. Damals schrieb er, der sich bisher als Prediger ohne Gemeinde vorgekommen war: „Es ist die erste Grundlage zu meiner Gemeinde, und unbeschreiblich, wie mich die Kinder liebten und mir anhingen: das gibt doch wenigstens süße Viertelstunden." Herder war nicht nur Oberprediger der Stadtkirche. Er war auch Konsistorialrat, aber er fand, er sei es ohne Konsistorium. Die wenigen Konsistorialgeschäfte lagen in den Händen zweier juristischer Räte, die das Mechanische dieser Obliegenheiten auch ohne ihn im gewohnten Schlendrian verrichten konnten und gar nicht zufrieden waren, wenn er in seiner frischen Weise eine Neuerung durchsetzen wollte. Nur mit äußerster Anstrengung gelang es ihm, den alten Jacobischen Katechismus abzuschaffen und einige andere kleine Verbesserungen im Kirchenwesen vorzunehmen. Nicht nur die zwei Amtsgenossen im Konsistorium, sondern auch die achtzehn bis zwanzig Amtsbrüder des Landeskirchleins setzten ihm wo sie konnten Widerstand entgegen. Die würdige Geistlichkeit hatte ja schon vor seiner Ankunft beschlossen, daß Herder ein Ketzer sei, der nicht Christus, sondern Belial predige, und dies Verdammungsurteil war in ihnen nur verstärkt worden, als er persönlich unter sie trat und ebensowohl als ein Gelehrter von Kenntnissen und ein Hofmann von guten Manieren gelten konnte, ohne doch die übliche gespreizte Haltung zu zeigen, die allein zum guten Ton des geistlichen Amtes zu gehören schien.

Auch auf die Schulen sollte Herder seinen Einfluß ausdehnen. Er fand das Gymnasium überaus verfallen und die Volksschulen in schlechtester Verfassung. Der Graf, dem er das vorstellte, sah es ein und hätte gern durch ihn gebessert, aber er hatte dazu kein Geld verfügbar, weil alle Mittel von seinem Steckenpferde, dem schaumburgischen Heere, verzehrt wurden. Und namentlich die berühmte Festung mitten im Steinhuder Meer, die immer kriegsbereit sein mußte, obwohl niemand daran dachte, das Lippesche Reich mit Krieg zu überziehen, verschlang enorme Summen, sodaß für Schule und Unterricht nichts übrig blieb.

Trotz der äußerlich glänzenden Stellung, die Herder einnahm, da er sich selbst als den „glücklichsten Bedienten in ganz Bückeburg" bezeichnet und einen „unabhängigen Prälaten" heißt, der in dem „besten Hause" der Stadt mit zwölf Zimmern und zwei Gärten wohne, war seine innere Lage doch völlig unbefriedigend. Er gab sich alle Mühe, zufrieden zu werden, aber er mußte doch immer wieder sagen, er schicke sich in seine Situation wie das Storchnest auf den Altar, und er kam sich in seinem Patmos Bückeburg vor wie Lazarus im Grabe, Prometheus am Felsen und Theseus auf dem traurigen Stein. Nur die schöne Natur der Bückeburger Gegend vermochte ihm einigermaßen Gefallen an seinem jetzt öden Dasein zu verleihen. In seinen Gärten legte er sich Lauben und Rasenbänke an; da lag er lange und lauschte dem Gesange der Nachtigallen bis in die Nacht. Was die Gärten an Rosen und Erdbeeren brachten, war ihm ein besonderes Labsal. Er wanderte mit munterem Schritt durch den köstlich bewaldeten Harlberg nahe der Stadt, oder er setzte sich aufs Pferd und durchstreifte in langen, wilden Ritten die Landschaft bis nach Pyrmont hin, dessen Umgebung ihm als „die schönste, kühnste, deutscheste, romantischste Gegend der Welt" erschien. Kurz, er lebte ganz

„als Einsiedler, Philosoph und Schäfer" der freien Natur und vergaß darüber sogar die Schriftstellerei und den Ruhm des Gelehrten.

Nur einiges schrieb Herder auch damals für den Hof eine Art Singspiel „Brutus", das Johann Christoph Friedrich Bach, Sohn des großen Johann Sebastian und zur Zeit Konzertmeister in Bückeburg, in Musik setzte. Die Dichtung gefiel dem Grafen, der heroische Tugend liebte, und er schrieb dem Dichter, er habe sie mit dem lebhaftesten Vergnügen empfangen, da sie römisches Gefühl, Shakespeares Geist und deutsche Stärke des Ausdrucks vereint enthalte. Und der gefühlsweiche Dichter meldete dabei der Braut: „Sie wissen, daß dieser edle Römer, der auch für nichts und wider nichts umkam, einer meiner Lieblingshelden ist, und wenigstens habe ich über ihn etwas von meiner Lieblingsphilosophie ausgeschüttet."

Dann begann eine rege Rezensententätigkeit für Nicolai und seine „Allgemeine deutsche Bibliothek". Es lag Herder daran, mit der Berliner Literaturschule und mit einer einflußreichen Rezensieranstalt Fühlung zu behalten; und so hat sich der genialste Rezensent zwei Jahre lang mit dem nüchternsten und ledernsten aller Herausgeber in gemeinsamer Tätigkeit verbündet und vertragen. Man stand zusammen gegen die Gottsched=Gellertsche und die Klotzsche Schule. Doch war's dem braven Nicolai oft unheimlich zu Mute, wenn sein jugendlicher Mitarbeiter gar so hochfliegend und genialisch schrieb, und er hat sich dann wenigstens erlaubt, die schwungvollen, geistblitzenden Rezensionen sprachlich zu korrigieren und, wo es anging, sie ihrer Kühnheit zu berauben. Der aber ließ sich's knirschend gefallen.

Bei Nicolai gab's nur schönwissenschaftliche Schriften zu besprechen; daher nahm Herder gern das Anerbieten

Schlossers an, auch für seine „Frankfurter gelehrten Anzeigen" zu schreiben. Da gingen ihm in rascher Folge historische, theologische, pädagogische, philosophische und philologische Werke zur Durchsicht und Kritik zu. Aber diese Rezensionen mit ihrem rücksichtslosen Ton, in dem der Referent etwas von oben herab und unnötig scharf zu schreiben liebte, machten das Publikum aufsässig, und Herder verschwand darum bald aus der Mitarbeiterreihe.

Eine Reise nach Göttingen, die Herder im Februar 1772 unternahm, um dort Vorarbeiten für ein Werk über hebräische Altertumskunde zu machen, vermittelte ihm die Freundschaft mit dem dortigen Professor Heyne und dessen Gattin, und er genoß so dort, was ihm im eigenen Heim versagt geblieben war. Diese Freundschaft ist von beiden Seiten treu gehalten worden, und verlor zwar an Zauber, doch nicht an Stärke, als Frau Heyne gestorben war, eine jener zahlreichen zarten und schwärmerischen Frauenseelen, die sich unwiderstehlich zu Herders Persönlichkeit hingezogen fühlten.

Herder hatte in der erwähnten Preisschrift über den Ursprung der Sprache, die einen entscheidenden und nachhaltigen Einfluß auf die Entwicklung der Sprachwissenschaft ausübte, die menschliche Entstehung der Sprache behauptet und war mit feinem Gefühle den Regungen des Seelenlebens nachgegangen, die im Menschen zuerst das Mitteilungsbedürfnis durch Worte hervorgerufen und ermöglicht hatten. Darin hatte der fromme Hamann einen unerhörten Abfall von dem lebendigen Gott gesehen, der doch allein der Geber und Schöpfer der Sprache sei, und hatte in drei besonderen Schriften und Rezensionen den armen Preisgekrönten mächtig zerzaust. Der war außer sich über diesen Tadel, da er nicht im entferntesten daran gedacht hatte, die göttliche Einwirkung in der

Sprachschöpfung zu leugnen; aber noch viel mehr erregte
es ihn, daß der schwärmerisch verehrte Freund so seine
Gläubigkeit verdächtigen konnte. Durch Hartknochs Ver=
mittelung wurde der endgültige Bruch zwischen dem wunder=
lichen Hamann und dem reizbaren Herder vermieden. Und
wie das so seine schwankende bewegliche Seele mit sich
brachte, ließ sich der Bückeburger Oberprediger aus Freude
darüber, den alten Freund nicht verloren zu haben, mit
wahrer Wollust von den mystischen Theorien des nordi=
schen Magus neu umgarnen, allem entsagend, was ihn bis
dahin an Nicolai und dessen Genossen gefesselt hatte.
Hamann aber nahm den reuig heimkehrenden Sünder
mit lebhafter Freude auf und bemächtigte sich seiner
Seele mit Leidenschaftlichkeit. Triumphierend schrieb er
einem Bekannten: „Er hat mir alle seine Sünden ins
Ohr gebeichtet, und der Hierophant wird ihn öffentlich
absolvieren."

Die bedingungslose Rückkehr zu Hamann, die mit
einer bis dahin unerhörten Gegnerschaft gegen alle ein=
seitige Verstandesphilosophie, Kritik und Aufklärung ver=
bunden war und in einer überschwenglichen Glaubens=
philosophie den Abschluß fand, war das epochemachende
Ereignis jener ersten Bückeburger Jahre. Daß in dieser
Richtung damals ein Umschwung in Herders Seele statt=
gefunden hat, ist unbestreitbar. Nur muß man sich
ebenso sehr davor hüten, diese Veränderung in seiner
Geistesrichtung wie einen völligen Bruch mit der Ver=
gangenheit und als ein Überlaufen mit fliegenden Fahnen
ins Lager der Orthodoxie anzusehen, wie man sich davor
in acht nehmen soll, zur größeren Ehre des Liberalismus
diese Schwenkung einfach wegleugnen zu wollen. Ein
Wechsel der Meinungen ist sicherlich insofern da, als
Herder jetzt weniger Freude an verstandesmäßiger Kritik

und nüchterner Aufklärung hatte als früher, dagegen das geheimnisvolle Element der Religion, die Poesie und Mystik des Glaubens, das Unerforschliche und Unbegreifliche des religiösen Vorgangs in der Menschenseele weit schärfer in den Vordergrund rückte als vordem. Ein Orthodoxer nach kirchlicher Observanz ist er aber dadurch längst nicht geworden, die strengen Kirchenleute haben auch damals nichts von ihm wissen wollen. Der Grund seiner Seele ist durchaus rational geblieben, nur hat ihn das Gestrüpp religiöser Schwarmgefühle und positiver Liebhabereien weit dichter überwuchert, als früher und später. Er fühlt sich jetzt als „mystischer Begeisterer", während er sich vorher und nachher doch wesentlich als Lehrer der Religion bezeichnete. Diese mystische Begeisterung hatte naturgemäß manche nebelhafte Unklarheit und auch manchen Überschwang der Empfindungen und Worte zur Folge, und nie waren die Schriften und Briefe Herders widerspruchsvoller als jetzt. Es pulsierte aber doch damals eine starke Religiosität in seiner Seele, und diese Zeit der positiven Gläubigkeit war ihm Veranlassung, Luthers Werke mit besonderer Freude und mit reichem Gewinn zu studieren. Jedenfalls fühlte er es selbst, wie eine neue Epoche seines innern Lebens angebrochen sei. „Der Jüngling in Jugend, in Leidenschaft denkt sich alles so leicht, alles so lebhaft! Dichtet sich mögliche Situationen! . . Ich träume mir jetzt einen zweiten Teil von meinem Leben! Etwas davon muß wahr werden! Groß und gut und still." Genug, wenn es ihm gelänge, der beste Landpastor in Deutschland zu werden; dann wollte er „Landpastor-Idyllen schreiben und alle Gelehrsamkeit und Weltgeschäfte in den Archipelagus bei die russische Flotte wünschen. Himmel und Einsiedlerzelle sind immer zusammen." Diese Worte deuten zugleich darauf hin, daß es auch viel Entsagung war, die ihn zu dieser Art Religionspflege trieb. Er hatte im stillen westfälischen Winkel seine weltfrohen und ehrgeizigen Pläne aufgegeben und suchte sich nun in der aufgezwungenen Weltferne heimisch zu machen. Anfangs hatte er über Bückeburg als über ein „herrnhutisches" Nest gespottet; jetzt war er selbst ein herrnhutischer Pietist geworden. Darüber schüttelten die alten Freunde Merck und Goethe freilich spöttisch die Köpfe; aber nicht nur Hamann lobte ihn deswegen, auch andere hochvermögende Leute stellten ihm nun befriedigt ein Zeugnis seines Wohlverhaltens aus. Eine fürstliche Dame, die von Bückeburg nach Darmstadt kam, rühmte vor Karoline, Herder predige jetzt den rechten Glauben; als er gekommen sei, wäre er ein Freigeist gewesen.

Wo so viel fromme Schwärmerei und so wenig klare Vernunft war, durfte natürlich der gläubige Allerweltsmann jener Zeit nicht fehlen. Herder schrieb also einen langen Brief an Lavater in Zürich und eröffnete ihm sein Herz mit all dem Sturm und Drang seines reichen Gefühlslebens. Mit wendender Post kam die Antwort des Schweizer Apostels: in überschwenglicher, jubelnder Freude trug der dem neuen Jünger die Freundschaft an und nannte den Gewonnenen sofort mit dem brüderlichen Du. Ein reger Briefwechsel begann, der sieben Jahre lang fortgesetzt wurde, dann aber aufhörte, als bei Herder die Zeit anbrach, in der er den mystischen Begeisterer mit dem klaren Lehrer zu schönster Einheit verbunden hatte und so auch wieder das rationale Element in ihm mächtiger ward. Da zog sich Lavater von ihm zurück; denn der wollte von Troß und Mann und Weib bewundert sein und konnte die Leute nicht leiden, die ihm nicht bedingungslos huldigten. Und zudem war er

in all seinem halb unbewußten Schauspielergebaren nicht
ehrlich genug, um einen wahrhaften Freund durch den
Wechsel der Zeiten und Stimmungen abzugeben.

Nicht Hamann noch Lavater dürften übrigens allein
die Urheber und Förderer von Herders Bückeburger Fröm=
migkeit gewesen sein. Er hätte ihren Einfluß rasch wieder
abgeschüttelt, wenn ihn nicht in der Nähe ein Wesen
durch den stillen Zauber ihrer engelhaft frommen Per=
sönlichkeit in den beglückenden Fesseln innigster Gläubig=
keit gehalten hätte. Der Einsame, dessen Herz nach Frieden
dürstete, sah auf einmal zu seiner Verwunderung dicht
neben sich eine Seele, die diesen Frieden besaß, den
Frieden, den sie sich in mancherlei Entsagung als Ersatz
für vielerlei äußeres Glück kampfesmutig und siegesfroh
errungen hatte. Und das überwältigte den unruhigen
Geist. Die Persönlichkeit, die ihm so lehrend und lernend
zugleich den Lebensweg kreuzte, war die Gemahlin seines
regierenden Herrn, die Gräfin Maria.

Maria Gräfin von Lippe=Biesterfeld, gleichaltrig mit
Herder, war mutterlos in Schlesien aufgewachsen und
in der Brüdergemeinde erzogen worden. Zweiundzwanzig
Jahre alt vermählte sie sich auf das Drängen der Ihrigen
mit dem Grafen Wilhelm von Schaumburg=Lippe, der
sie aus einem Brief hatte kennen lernen, vor allem aber
von ihrer ungewöhnlichen Schönheit entzückt war, die
ihm aus ihrem Bildnis entgegengeleuchtet hatte. Bei der
völligen Verschiedenheit der Charaktere konnte es keine
wirklich glückliche Ehe werden. Er war ernst und einsilbig,
steif und feierlich, dazu um viele Jahre älter als sie, die
von Jugend auf schüchtern und zart voll sanfter Fügsam=
keit war. Mehr als ein Verhältnis gegenseitiger Achtung
erwuchs aus diesem Ehebunde nicht, und die Gräfin trug
still und geduldig an manchem, was sie am Hofe verletzte.

Am Neujahrstage 1772 erhielt Herder einen Brief von der Gräfin: „Ew. Hochehrwürden bei diesem Jahreswechsel und in diesen Zeilen ein geringes Merkmal meiner Hochachtung, Erkenntlichkeit und Zutrauen zu geben, daraus mache ich mir eine angenehme Schuldigkeit, umsomehr, da ich von Ihrer Gemeinde bin und Sie mein Lehrer sind." Als „sogenannte Neujahrsgewohnheit" legte sie „eine Kleinigkeit" bei, die durch ein beigelegtes Bildnis ihres Gemahls noch einen besonderen über den Geldwert hinaus gehenden Wert erhielt. Außerdem entdeckte sie sich ihm als eine begeisterte Zuhörerin seiner Predigten, erbat sich die Hilfe des verehrten Lehrers in zartester Weise für die Zukunft und sprach ihm selbst Mut und Geduld zu.

Herder war bestürzt und auf das freudigste überrascht. An die Halbverlobte schrieb er: „Ich fange seit vierzehn Tagen in Bückeburg zu leben an und alles scheint sich mir zu verändern durch die Veränderung einer Seele. Nehmen Sie an meiner Freude teil! Die hiesige regierende Gräfin — wollen Sie sich ein Bild der Carita, der Sanftmut, Liebe und Engelsdemut in einer Person denken, so denken Sie sich sie ... Oft mit ihr zu sprechen, geht nicht an; es bleibt mir also nur übrig, von der Kanzel mit ihr zu reden."

Fortan sprach er vor allen zu ihr in seinen Predigten. Sie wurde seine fleißigste Hörerin. Seine schriftlich für sie aufgesetzten Predigten begleiteten sie, wenn sie von Bückeburg abwesend oder durch Krankheit zurückgehalten war. Nebenher wechselten die beiden ununterbrochen schriftliche Mitteilungen. Leider hat die Gräfin Maria in ihrer letzten Krankheit alle Briefe vernichtet, die Herder an sie gerichtet hatte. Er selbst hat die ihrigen als einen köstlichen Schatz bewahrt. 105 Briefe von ihr sind uns erhalten. Sie bieten das Bild einer Heiligen, die mit holdseliger Sanftmut an der Vervollkommnung der eigenen Seele ringt, und indem sie die ganze Fülle ihres kindlich festen Glaubens und ihrer starken Geduld offen= bart, dabei unbewußt vorbildlich und erweckend an dem Herzen ihres Seelsorgers arbeitet, der seinen Glauben an dem ihrigen stärkte und von ihr Geduld für das eigene ungeduldige Gemüt erlernte. Der Mann, der ihr in all ihrer Not Hilfe und Trost, Rat und Anweisung spen= dete, wurde selbst überwältigt von der Seelengröße dieser Frau und hat von ihrer zarten Frömmigkeit Unermeßliches für sich gewonnen. Er aber zeigte sich dabei als Meister der Erziehung, leitete das schwache, anlehnungsbedürftige Herz mit starker Hand an den Abgründen der Willen= losigkeit und Verzagtheit vorbei und wußte für sie in jeder Stunde ein treffendes, aufrichtiges Wort. Von allzu weichlicher Grübelei hielt er sie fern und riet ihr die verstandesklaren Bücher der neuen Theologen zu lesen, er scheute sich nicht, mit ihr die verschlungensten Pfade ernstester Denktätigkeit zu wandern, damit sie nicht ganz im stumpfen Gefühl der Todesahnung versänke; aber er selbst richtete sich immer wieder an ihrer religiösen Sicher= heit und Innigkeit auf. Er sah zu seiner „sanften, lieben, himmlischen Gräfin" wie zu einer Heiligen auf. Sie war ihm „wahrhaftig Klopstocks Maria", „eine Maria von Antlitz, Name und dreifach von Seele". Sie aber in ihrer schwärmerischen Verehrung für den geliebten Lehrer kam sich vor wie eine Biene, „die aus allem, was ihr von Ihnen wurde, nur Honig saugen konnte; auch habe ich durch Gottes Gnade was eingesammelt und will davon in meinem Winter zehren."

Das zarte und doch so feste Freundschaftsverhältnis zwischen beiden wurde wie ein Geheimnis behandelt;

keiner am Hofe konnte davon eine Ahnung haben. Nur seine Karoline erfuhr von Herder alles, wie er denn mit ihr ununterbrochen im brieflichen Verkehr vertrautester Art stehen blieb.

Hatte er ihr eigentlich nur von der Gräfin Gutes zu erzählen, sonst aber Anlaß zu viel Seufzern und Klagen, so berichtete sie ihm treulich von dem lebhaften Treiben eines kleinen Kreises schöngeistiger Seelen, der sich damals in Darmstadt gebildet hatte und bei gesellschaftlichen Zusammenkünften und Waldpartien nach Herzenslust in schwärmerischen Stimmungen und dichterischen Herzensergüssen schwelgte. Oft kam der junge Goethe von Frankfurt herüber und wurde dann rasch als der geniale Herzensbezwinger zum Mittelpunkte dieser heiteren Gemeinschaft, sodaß der einsame Konsistorialrat, der ohnehin etwas neidisch auf dieses frische Treiben sah, fast eifersüchtig wurde und den guten Jungen, wie er Goethe etwas von oben herab titulierte, manchmal recht wo anders hin wünschte als an die Seite der Geliebten. Diese mit raschem Entschluß aus der bedrängten Lage in des Schwagers Haus zu befreien und als Lebensgefährtin sicher an seine eigene Seite zu fesseln, hatte der Schwankende immer noch nicht den Mut. So hieß er sie weiter seine geliebte „Schwester" und sie erwiderte ihm als ihrem „süßesten" Bruder. Hier und da wurde der immer gelehrter, klassischer und empfindungsreicher werdende Briefwechsel einmal durch eine selige Träumerei durchbrochen, im ganzen aber bot er in den persönlichsten Stellen eine gegenseitige Quälerei, da jedes von sich zu behaupten liebte, es sei des anderen nicht würdig. So schrieb er zum Beispiel: „O Gott, ich bin Ihrer Güte nicht wert; ich bin ... ein verstudierter Mensch, ein gelehrtes Untier, Ihrer edlen Seele unwürdig." Und von ihr lesen wir die Worte:

„Ich sehe und fühle, daß ich Ihres Herzens nicht wert bin, und dies, ich versichere Ihnen, macht mir zuweilen trübe Stunden."

Es blieb dabei, der gute Herder stand auch hier wie so oft den Wirklichkeiten und Tatsachen unsicher gegenüber und scheute vor dem verantwortlichen Schritte zurück, den er doch selbst hätte tun müssen. Und wie so der Zustand immer unleiblicher und für beide Teile qualvoller wurde, geschah es, daß sie das erste bindende Wort fand. In rührender Bescheidenheit, aber doch sehr liebevoll und verständig plauderte sie ihm von festen Zukunftsplänen, und wie er da immer noch zauderte, spielte sie ihren letzten Trumpf aus: wie man ihr so oft vorgeschwatzt habe, daß ihm das Verhältnis zu dem blut= armen Mädchen wieder leid sei und wie sie nun wirklich nicht wisse, ob an dieser bösen Nachrede doch etwas wahr sei.

Da ging er in sich, schämte sich und erzählte ihr von all den Skrupeln, die ihn so scheu zurückhaltend gemacht hätten, und wie er nicht gewagt hätte, sie in sein ungeordnetes Haus zu führen. Aber gleichzeitig fühlte er mit dieser Beichte seine Bedenken schwinden, und nun endlich zur Freiheit des Entschließens erlöst, jubelte er sie an: „Du mein liebstes Weib, oder ich ewig allein! — Unsere Herzen sind entsiegelt! Keine Hand, die sie je wieder verstopfe!"

Am Johannistag war der entscheidende Brief von ihr geschrieben worden; nun triumphierten sie, St. Johann sei die Zauberzeit geworden, die ihre Arme und Herzen auf ewig ineinander verschlungen hätte. Und so hatte denn endlich zu Johanni der Glühwurm nach mancherlei Wahn sein Weibchen gefunden!

Als im August der Geheimrat Hesse seiner Schwägerin wieder einmal eine Scene machte, platzte die mit dem Bekenntnis heraus, daß sie mit Herder verlobt sei. Damit änderte sich natürlich ihre Stellung, und Herder selbst mußte nun wohl oder übel die nötigen Schritte tun, zu denen ihm das Gelöbnis von St. Johannes Recht und Pflicht gegeben hatte. Er schrieb den formellen Werbebrief, das Verlöbnis wurde öffentlich bekannt gegeben und die Vorbereitungen zur Verheiratung wurden getroffen. Die Braut sorgte für das Nötige, was sie mitzubringen gedachte, und der Bräutigam schwelgte zunächst — nun endlich einmal auf dem Boden der Tatsachen, nicht nur der Träume — in Zukunftsplänen für sein Pfarrhaus. Er schreibt die schönen Worte: „Der Stand eines edlen, treuen Weibes und Priesterweibes ist, ohne Eigenheit und Selbstheit gesprochen, der würdigste und schönste auf der Welt, und mit guten Kindern muß er ein himmlischer Stand werden können. Aber auch ohne sie (ob es gleich für mich ein böser Gedanke wäre) noch immer himmlisch, wenn er wirksam ist, wenn er zwei Menschen zusammenknüpft, die ohne einander ermattet wären, aber sich so stärken und tausendfachen Beruf Gottes voneinander lernen. Luther heiratete eben in den mißlichsten Umständen seines Lebens: da der Kurfürst starb und der Herzog von Sachsen ihn verfolgte und der König von England gegen ihn schrieb und Papst und Kaiser wüteten und der Bauernkrieg: da heiratete er und lernte säen und drechseln. Verzeihen Sie die Vergleichung. Ich habe noch in der Welt nichts getan, diesem großen Manne seine Schuhriemen aufzulösen, — aber ich hoffe es zu werden."

Nun mußte auch Herder an den Haushalt denken. Karoline sorgte und riet, die Gräfin half. Aber die Geldklemme war durch diese weibliche Fürsorge noch lange nicht aus der Welt geschafft. Herder hatte, wie immer, verwöhnt, unpraktisch, großartig gewirtschaftet und zu den alten Schulden neue gemacht, namentlich waren die vielen neu beschafften Bücher nicht bezahlt. Da mußte Freund Hartknoch wieder herhalten; er hatte die Reise von Riga aus ermöglicht, er sollte nun auch zur Heirat helfen. Und der Wackere half ausgiebig, schrieb aber dazu: „Heiraten Sie nun in Gottes Namen Ihr Mädchen! Schränken Sie sich aber immer etwas ein! Nach dem zu schließen, wie ich Sie hier kannte, sind Sie gar zu groß zu leben gewöhnt, und das taugt nicht viel. Nehmen Sie mir diese Lehre nicht übel. Das müssen Sie selbst gestehen, daß Sie kein Wirt sind."

Als alles eingerichtet war, rüstete sich Herder zur Brautfahrt. Kurz ehe er sie antrat, ward ihm auf Betreiben der Gräfin die hohe Ehre zuteil, daß der ganze Hof ihm einen feierlichen Gratulationsbesuch machte.

Ende April, nach einer arbeitsvollen Osterwoche, brach Herder auf. Am 26. April war er in Darmstadt. Die Festlichkeiten begannen. Den Polterabendscherz hatte Goethe, der auch mit zur Hochzeit geladen war, gedichtet: „Ein Fastnachtsspiel, auch wohl zu tragieren nach Ostern, vom Pater Brey, dem falschen Propheten." Sonntag den 2. Mai 1773 war der Hochzeitstag. In späteren Jahren schilderte ihn Karoline: „Ein ehrwürdiger, alter Geistlicher kopulierte uns im Kreise meiner Verwandten bei einer schönen Abendröte. Es war Gottes Segen, den er über uns aussprach. Die Liebe meiner Geschwister, die heitersten Maitage und Mondnächte bekräftigten und segneten gleichsam als Gottes Stimmen unser Bündnis." Und sie fügte hinzu: „Mit etwas Schulden fingen wir unsere Ehe an und vertrauten fröhlich auf Gott. Wir eilten*) in unsere stille, glückliche Hütte zu Bückeburg: wo reine, liebe Teilnahme und Freundschaft edler, seltener Menschen unser Glück vollendete. Die dreiundeinhalb Jahre, die wir da zusammen verlebten, waren die paradiesischen Jahre unseres häuslichen Glücks, die goldene Zeit meiner Ehe."

2. Ehemann und Schriftsteller.

In der rechten Flitterwochenweise klingt ein fröhlicher Brief Herders vom Juli an seinen "alten lieben Pan" Hamann.

"Blauäugig wie das Himmelszelt,
Ein schwebender Engel auf der Welt …

und wie das so weiter heißen müßte: aber Sie wissen, hintennach macht man keine Verse; da singt man die vorigen ab; und also lebe ich, wenn alles um uns wäre, wie es sein sollte, engelfroh und fröhlich. Haben auch vom Anfange unserer Bekanntschaft so viel liebes Kreuz gleich beide gemeinschaftlich erduldet, daß, wie ich glaube und hoffe, der liebe Gott uns herzlich lieb haben wird."

Wenn alles um uns wäre, wie es sein sollte — da klingt doch noch durch alles Glück etwas wie Unzufriedenheit. Nun gewiß, Bückeburg blieb Bückeburg auch für den jungen Ehemann; aber gerade durch die Gefährtin an seiner Seite wob sich ein enges Band zwischen dem Pfarrhause und der Gemeinde, so wie es der Junggeselle nicht zu stande gebracht hätte. Dazu kam der Wegzug Westfelds nach Hannover, und gerade er, der verbitterte Nörgler, hatte dem Frieden zwischen Herder und der Bevölkerung hindernd entgegengestanden. So sagte eine auf=

---

*) Die Hochzeitsreise ging über Frankfurt (Besuch von Goethes Eltern), Cassel und Göttingen, wo Heynes besucht wurden.

richtige Person unverhohlen zum Oberprediger: „Wenn Sie nicht geheiratet hätten und von Westfeld fortgekommen wären, so hätten wir Bückeburger Sie niemals ganz kennen lernen, und Sie auch uns nicht."

Sehr erfreulich gestaltete sich das Verhältnis der jungen Pfarrfrau zum Hofe: Gräfin Maria war rasch ganz hingenommen von ihr und wandte der Gattin ihres verehrten Seelsorgers ihre ganze starke Freundschaft in anmutigster Weise zu; und auch der Graf behandelte die Frau Konsistorialrat so freundlich, wie er das mit seiner steifen Würde nur fertig brachte.

Liebe Gäste kamen in das Pfarrhaus, vor allem der treue Hartknoch auf der Reise zur Leipziger Ostermesse 1774. Und als liebster Gast stellte sich pünktlich nach Jahresfrist der Storch ein und bescherte an Goethes Geburtstage dem jungen Paare den ersten Sohn, der den Namen Gottfried erhielt und von der Gräfin Maria als Frau Gevatterin über die Taufe gehalten wurde. Der überglückliche Vater aber schrieb an den Buchhändlerfreund in Riga: „Mein Weib hat einen braven, schwarzköpfigen, starken, ruhigen Jungen — Herder von Haut und Haar, Vaters Ebenbild . . . Den 28. August drängte er sich in zwei glücklichen Stunden fast unmerklich ans Licht der Welt. Die Mutter war Heldin und Männin, immer und jetzt äußerst gesund."

Die Gemeinschaftsbande, die sich um Herder und seine Gemeinde in dem neuen Leben zu zweien geschlungen hatten, waren nun auch in seiner amtlichen Wirksamkeit erfreulich spürbar. Hatte er selbst den hohen, gedankenreichen Ton seiner Predigten etwas herabgestimmt; hatten sich die Leute allmählich an seine ruhige und eindringliche Art des Vortrags mehr gewöhnt; war beides der Fall: kurz, die Gemeinde erbaute sich jetzt von Herzen an den Kanzelreden ihres Oberpfarrers, und auch die einfachsten Zuhörer lauschten seinem Worte mit gespanntester Aufmerksamkeit. Er hatte damals angefangen, eine zusammenhängende Reihe von Predigten über das Leben Jesu zu halten. Zehn sind uns davon erhalten, köstliche Zeugnisse seiner gedankenvollen Beredsamkeit und seiner Jesusliebe zugleich, darunter vornehmlich die beiden geistesgewaltigen über den Lebenssegen und über die stille Größe Jesu. Das war ein ganz neues Unterfangen, und die Leute wurden zuerst stutzig, als Herder nicht über die gewohnten, alljährlich in regelmäßiger Folge wiederkehrenden Bibelworte predigte. Aber er fand rasch ihren Beifall, und die Bauern, die aus dem eingepfarrten Filialdorfe in ihren weißen Kitteln regelmäßig zum Gottesdienst nach Bückeburg wanderten, brachten ihre Bibeln mit, damit sie die ungewohnten Texte gleich nachschlagen und so besser für die Heimkehr merken könnten.

Kurz, es ließ sich alles zunächst gut an. Doch nagten mancherlei Lebenssorgen an dem jungen häuslichen Glücke. Zunächst die ganz gemeine um das tägliche Brot. Das Gehalt Herders war zwar nicht gering, aber Karoline war auch nicht gerade die wirtschaftlichste Hausfrau, wenngleich sie weit besser zu rechnen und zu sparen verstand, als ihr verwöhnter, unpraktischer Ehegatte. Und vor allem: es waren 600 Taler Schulden da, von der häuslichen Einrichtung und von Herders borgreicher Vergangenheit her. Die mußten verzinst und getilgt werden, und eine Vergrößerung des Einkommens war auch sonst erwünscht. Also galt es zu schriftstellern, damit Geld beschafft würde. Und dazu trieb auch eine innere Veranlassung. Daß Bückeburg in seiner weltfernen Stille nicht seine dauernde Heimat bleiben könnte, war Herder sicher. Er konnte aber vor allen Dingen dann darauf rechnen, einmal wegberufen zu werden, wenn sein Name als theologischer und philosophischer Schriftsteller immer mehr bekannt wurde.

Und wie ihn nun jetzt in diesem häuslichen Frieden eine ruhige und gehobene Stimmung erfüllte, da war die rechte gemütliche Verfassung zum Schreiben da. Eine wahrhaft staunenswerte Tätigkeit und Fruchtbarkeit entfaltete mit einem Male der junge Ehemann. Es war, als hätte ein Wehr den Fluß seiner Gedanken zwei Jahre hindurch gestaut: nun aber brach er los, unaufhaltsam flutend. „Ich sitze hier und arbeite wie ein Pferd," schrieb er, und seine Gattin hat erzählt, daß er sich in der frühesten Morgenstunde, oft schon um vier Uhr früh zur Arbeit geschlichen habe. Sie aber war dabei nicht nur seine Muse, der er in Verehrung seine Werke widmete, sondern die getreue Mithelferin und die „große Handlangerin an Gottes Wort", die verständnisinnig auf seine Gedanken einzugehen wußte und auch getrost wagte, hie und da einen eigenen guten Rat zu erteilen.

Bei Hartknoch erschien zunächst ein Büchlein, 190 Seiten stark: „Auch eine Philosophie der Geschichte zur Bildung der Menschheit. Beitrag zu vielen Beiträgen des Jahrhunderts". Der Name des Verfassers und der Ort des Verlags waren nicht genannt. Noch immer meinte Herder das unselige Versteckspielen beibehalten zu müssen. „Unterdrücken Sie ja meinen Namen! Lügen, trügen, fingieren Sie lieber einen Namen in Livland, Rußland, Samogetien et cetera" — lautete die Weisung an den Verleger. Und dabei konnte er's doch wieder selbst nicht unterlassen, vertrauten Freunden „unter heiliger Rose" auszuplaudern, daß er der Verfasser sei. Zudem verriet ihn allzudeutlich der Stil seines Büchleins.

Es ist eine bittere Streitschrift gegen den Geist

des Jahrhunderts, den Herder als Philosophie bezeichnet. Denn das ist sein grimmigster Vorwurf gegen dieses lichte Jahrhundert mit dem Maulwurfsauge, daß es sich den Namen Philosophie mit Scheidewasser vor die Stirn gezeichnet habe, das nun tief im Kopf seine Kraft zu äußern scheine. Es sei ein Unsinn, wenn man meine, man habe es durch eigenen steten Fortschritt in der Welt so herrlich weit gebracht, daß man nun die kalte Gegenwart über alles loben dürfe. Dieser zum Roman gemachten Geschichte, diesem blinden, hoffärtigen Optimismus gegenüber betont Herder, daß es wohl einen planvollen Fortschritt in der Weltgeschichte gebe, daß wir aber dessen letzte Gänge und Ziele nicht zu sehen, sondern nur fromm zu ahnen und zu glauben vermögen: nicht Zweck, nur Mittel zum Zweck seien die einzelnen Erscheinungen in der Geschichte. Entwickelung, nicht Vervollkommnung herrsche wie in der Natur, so auch in der Geschichte. Nirgends sei Vollkommenheit ohne begleitende Mängel. Nirgends gebe es ganz unabhängige und unwandelbare Glückseligkeit. Jede Nation, jede Zeit habe den Mittelpunkt ihrer Glückseligkeit in sich selbst; jedes Volk, jede Zeit sei aus seinem, aus ihrem Geist zu verstehen und zu würdigen. Darum sei die gewohnte einseitige, abschätzige Beurteilung der orientalischen Despotenzeit zu verwerfen. Und ebenso sei das Mittelalter nicht in der hergebrachten Weise zu verkleinern und zu verlästern. Gerade im Mittelalter fand Herder seine Ideale verwirklicht: Empfindung, Bewegung, Handlung; mit Neigungen und Trieben alles gebunden, nicht mit kränkelnden Gedanken; überall Andacht und Ritterehre, Liebeskühnheit und Bürgerstärke! Selbst das Papsttum mit all seiner Gewaltsamkeit ist ihm in der Hand des Schicksals eine Maschine zu einer noch höheren Verbinbung, zur allgemeinen Erkennung sein sollender Christen, Brüder, Menschen.

So geistreich, herzhaft und beredt diese bis dahin unerhörte Verteidigung des Mittelalters war, ebenso leicht machte sie den stürmischen Schriftsteller ungerecht gegen die ganze, mit der Renaissance und Reformation beginnende neue Zeit und Kultur, und maßlos hart wird vor allem seine Anklage gegen das eigene Zeitalter, in dem er namentlich den großen Preußenkönig mit seiner „philosophisch regierten Herde" nicht schont. Zum Schluß geht die höhnende Anklage gegen seine Mitkämpfer doch noch in begeisterte Zukunftshoffnungen und Weissagungen über. Auf die Zeit der Aufklärung würde ein Zeitalter der Religion kommen mit den Zielen und Kräften: Wahrheit, Bewußtsein des Wohlwollens, Glückseligkeit der Menschheit.

Das Büchlein ist damals viel gerühmt und auch viel gelesen worden. Schubart pries: „Wohlgewählter Standpunkt, Engelblick, der viel Gegenstände auf einmal wie mit goldenen Linien umschreibt, freies Raussstürmen großer, kühner, heilsamer Wahrheiten, Ideendrang, unerreichbare Sprachgewalt, reiche Welt- und Bücherkenntnis charakterisieren dies vortreffliche Buch." Und Hartknoch erfuhr endlich einmal, daß Herder ihm die Kasse nicht nur zu leeren, sondern auch zu füllen verstand.

Umfangreicher wie diese Geschichtsphilosophie, aber namenlos wie sie war das ziemlich gleichzeitig erscheinende Buch „Älteste Urkunde des Menschengeschlechts. Erster Band, welcher den ersten, zweiten und dritten Teil enthält." Riga bei Hartknoch 1774. 383 Seiten. Es war hauptsächlich gegen den Göttinger Orientalisten Michaelis und seine matte Übersetzung und flache Auslegung des Alten Testaments gerichtet, aber es wandte sich überhaupt gegen

die beliebte Art der bisherigen Theologie, die Schöpfungs=
geschichte aus dem ersten Buche Mose zu einem Sammel=
platz wunderlicher Träumereien und Hirngespinste zu
machen und auf Grund jener Sage die abgeschmacktesten
Märchen über die Unbegreiflichkeiten der Weltschöpfung
aufzutischen. Herder hatte nun schon vor Jahren eine, wie
er meinte ungeheuer wichtige, Entdeckung gemacht und
beeilte sich jetzt, sie triumphierend zu verkündigen. Er
findet den Schlüssel zu dem ganzen Schöpfungsberichte
in dem Aufgang der Morgenröte, in dem Tagesanbruch.
Jeden Morgen erscheint die urälteste, herrlichste Gottes=
offenbarung als Tatsache allen Menschen. Jeden Morgen
sieht man das große Werk Gottes in der Natur, ein Bild
davon, wie die Welt wurde, wie sie gewissermaßen neu
geschaffen wird. Aus diesem Anblicke sind die Motive
zu jenem biblischen Gemälde von der Erdschöpfung ge=
nommen. Aber das ist nun nicht mehr ein altmorgen=
ländisches Nationallied, wie Herder selbst früher behauptet
hatte, sondern ein Denkmal Gottes selbst. „So dichtet,
so erzählt nur Gott." Darum ist die Schöpfungsgeschichte
auch nicht von Moses verfaßt, sondern weit älter, so alt als
die Welt, und erst auf dem Wege ägyptischer Hieroglyphen
dem Gesetzgeber der Israeliten bekannt geworden.

Vielleicht mehr wie jedem anderen Buche Herders er=
mangelt diesem die echte wissenschaftliche Unterlage, das
stete, folgerechte Fortschreiten der Gedankenarbeit, die ge=
naue Erforschung grundlegender Einzelheiten. Und doch
ist kaum eins genialer als dieses. Mit feinstem Sinn
für das Wesentliche in Religion und Poesie, namentlich
für die Eigentümlichkeit und Herrlichkeit morgenländischer
Poesie, erschloß er hier den tiefen Ewigkeitsgehalt des
ersten Bibelbuches, und Geistesblitze, die überraschend ein
ganzes bisher in Nacht getauchtes Gebiet erhellen, leuchten

faſt auf jeder Seite. Man merkt dem Buche wohl an, daß der Verfaſſer es in der „ſchönſten Stimmung, heiter, ernſt, ſtill, erhaben" gearbeitet habe. Und doch ſpürt man ihm auch das andere an, daß es überaus haſtig und raſtlos geſchrieben iſt. Wohl keine der Herderſchen Schriften iſt krauſer und überſchwenglicher wie dieſes, keine iſt ſchwerer zu leſen, als dieſer Gefühlserguß des myſtiſchen Begeiſterers. Gewaltig iſt darin ſein Feuereifer für die Ehre Gottes, übermütig ſein Selbſtgefühl, faſt kindlich der laute Entdeckerſtolz, gallig böſe ſein Angriff auf die Zunftgenoſſen.

Es war kein Wunder, daß dieſes formloſe Buch im hohen Tone des Propheten eine ſehr verſchiedene Beurteilung fand. Kant, der dieſen Überſchwang der Sprache nicht leiden mochte und dem die rechte Methode des gediegenen Arbeitens in ihm fehlte, bat, man möge ihm doch den Sinn der Schrift in gewöhnliche Menſchenſprache überſetzen, und urteilte, Herder habe wohl triumphiert, aber nicht geſiegt. Merck fand, daß es das abſcheulichſte Buch ſei, das je geſchrieben worden wäre, und meint, Herder ſei ein Menſch geworden, der ſich im Schlafrock zu Pferde ſetze, durch die Gaſſen reite und noch obendrein verlange, daß es jedermann gutheißen ſolle. Und er tadelt hart dieſes Lärmſchlagen über eine lumpige Hypotheſe, den Stolz der Überſchriften, die bettelhafte Prahlerei der Citate.

Umſo lauter klingt das Loblied des Wandsbecker Boten: „Dieſe Schrift betrifft die Schöpfungsgeſchichte Moſes, die unſer Verfaſſer auf Adlerflügeln von einem neuen und äußerſt ſimpeln Mechanismo aus allem Bedruck der tauſend und tauſend Ehren-Schändungen und Ehren-Rettungen und Kommentations- und Ehren-Erklärungen allerlei gelehrter Zünften und Handwerker

heimholen, oder vielmehr auf ihren eigenen Flügeln, die
ihr bisher niemand angesehen hat, selbst heimfliegen lassen
will." Aber auch Wieland, der kühle Mann ohne jeden
religiösen Sturm und Drang, nannte sich, vom Geiste
dieses Buches überwältigt, den wärmsten Bewunderer
Herders in der Welt. Und Goethe rühmte es als ein
mystisch weitstrahlsinniges Ganzes, eine in der Fülle ver=
schlungener Geäste lebende und rollende Welt, daß weder
eine Zeichnung nach verjüngtem Maßstab einigen Ausdruck
der Riesengestalt nachäffen, oder eine treue Silhouette
einzelner Teile melodisch=sympathischen Klang in der
Seele anschlagen könne. Herder sei in die Tiefen seiner
Empfindung hinabgestiegen, habe drin alle die hohe,
heilige Kraft der simpeln Natur aufgewühlt und führe sie
nun in dämmerndem, wetterleuchtendem, hier und da
morgenfreundlich lächelndem, orphischem Gesang vom
Aufgang herauf über die weite Welt. Aber das Magistervolk
würde freilich rufen: er ist voll süßen Weins, und der
Landpfleger wiege sich auf seinem Stuhle und würde
sprechen: „Du rasest."

Ein weiteres echtes Geisteskind der Bückeburger Zeit
Herders mit all ihrem aufgeregten, religiösen Eifer und
der stürmischen Kampfeslust gegen den Rationalismus,
dabei voll Sturmes und Dranges dem Gedanken und der
Form nach, waren die verhängnisvollen „15 Provinzial=
blätter an Prediger", Leipzig 1774, 118 Seiten. Hatte
Herder in der ältesten Urkunde sich als Vertreter des
Rationalismus in der alttestamentlichen Forschung den
Göttinger Professor Michaelis erkoren, um ihn mit
„Skorpionen zu töten", so wählte er sich jetzt als den
klassischen Vertreter der Aufklärung im praktischen geist=
lichen Amte den Berliner Prediger Spalding. Der war
ein Mann von einer hohen Klarheit, Sanftmut und

Billigkeit, doch lag es in der Natur dieser theologischen
Schule, die das Christentum wesentlich als Lehre und
seinen Zweck als Moralität ansah, daß ihre Meister nicht
geniale, hochstrebende Geister waren, sondern helle, haus=
verständige Leute. In diesem verständigen, aber etwas
nüchternen Sinn hatte Spalding eine Schrift ausgehen
lassen „Von der Nutzbarkeit des Predigtamtes". Er wendet
sich darin gegen alles pfäffische Wesen und nennt die
evangelischen Geistlichen die verordneten Ausleger und
Erklärer des göttlichen Gesetzes und die Lehrer der
Weisheit und Tugend. Herder mit seinem eigenen kräftigen,
religiösen Gefühl und dem heißblütigen Temperamente
ärgerte sich schwer über den kalten, nervenlosen Ton dieser
Schrift und wie in ihr kein Wort enthalten sei, was
ein Prediger vor Gott und Menschen sein solle, sondern
alles nur sage, was er in den Staaten Seiner glor=
würdigsten Majestät des Königs von Preußen höchst=
privilegiertermaßen sein dürfe und sein möchte, um doch
auch etwas zu sein. Viel nötiger als über die Nutzbarkeit
des Predigtamts sei von seiner Würde zu reden; und er
machte sich nun daran, als Prediger für Prediger zu
schreiben, nicht als ein Vermittler, sondern als ein Refor=
mator, nicht als ein aufgeklärter Pfaffe, sondern als
Prophet. Religion, wahre Religion müsse zurückkehren,
oder ein Prediger bleibe das unbestimmteste, mäßigste
Mittelding auf Erden. Wie könne sie aber zurückkommen,
wenn's nicht Prediger, die eben mehr sein wollten, als
wöchentliche verordnete Philosophen, mit allen Kräften
schafften und förderten! Lehrer der Religion, wahre
Diener des Wortes Gottes, nicht nur Lehrer der Weisheit
und Tugend, müßten die Prediger sein; als Christuslehrer
müßten sie an der Person Jesu zeigen, was wirklich
Religion sei. Ihn müßten sie der Gemeinde vormalen,

nicht als ein höheres Blendwesen und einen superficiellen Gott, sondern als ganzen Menschen und unseren Bruder. Denn eben darin und dadurch, daß der wahre Mensch Jesus Christus handelte, litt und fühlte, bildete und schattete sich in ihm die Gottheit ab. Nur allein also war Gott in Christo, die Menschheit mit sich zu vereinigen und zu versöhnen. Nicht bloß als Lehrer, sondern als Bote Gottes war Jesus unter den Menschen mit Wort und Tat und Empfindung auf die simpelste, stärkste Weise tätig. Und so soll er als ganzes Vorbild, in all seinem Sinn und Tun in der Gemeinde lebendig erhalten und gemacht werden.

Das waren denn freilich vollere Töne, als sie Spalding angeschlagen hatte. Nicht ruhig abwägend in geschmackvoller Nüchternheit, sondern mit heftig stürmender Genialität beschrieb Herder das Wesen der Religion, die Bedeutung Jesu, die Würde des Predigtamtes. Aber freilich war auch diese Schrift in übereilter Hast hingeworfen; die Gedanken fluteten wieder einmal dem Schreiber in ungebändigter Fülle zu, der aber nahm sich nicht Zeit, sie zu ordnen und zu regeln; so ward's denn wieder ein formloses Buch, in einer zweifelhaften Sprache mit ungezügelter, rhetorischer Lebhaftigkeit geschrieben, und der wackere Spalding wurde darin ganz ungebührlich zerzaust.

Als Herder die gedruckte Schrift wieder durchlas, erschrak er über ihren bitterbösen Ton: so hatte er schließlich Spalding nicht kränken wollen, der Sturmgeist war im Rausch des Schreibens mit ihm durchgegangen. Er schrieb also einen Brief an den Gekränkten, zur Erklärung und Entschuldigung. Spalding selbst blieb würdig und gelinde. Er erkannte in Herder den stürmenden Genius, aber auch seine unbesonnene Überschwenglichkeit, und meinte nur: „Wenigen ist es gegeben, die Wahrheit zu erfliegen, wenn sie sich überhaupt erfliegen läßt." Aber begreiflicherweise blieben die Berliner Freunde des Angegriffenen nicht so milde und leidenschaftslos, sondern verdächtigten Herder vor der Öffentlichkeit des Briefes wegen als hinterhaltig und doppelzüngig und vernichteten ihn in scharfen Rezensionen. Auch aus Göttingen klang das Echo lebhaft zurück. Schlözer, ein Schüler von Michaelis, nahm sich seines geschmähten Meisters an und schrieb ein zwölf Bogen starkes Buch gegen den Bückeburger Konsistorialrat, und seine giftigen Pfeile trafen nur allzu oft. So sah sich Herder wie einst in Riga wieder von den bösen Geistern seiner Schriften umringt. All sein Geist und seine Genialität, die ganze Kraft und Fülle seiner Ideen hatten ihn zum zweitenmal nicht vor einer bösen Niederlage geschützt, denn es fehlte ihm an der Klarheit und Besonnenheit seiner Gegner, und auch all seine Belesenheit konnte gegen gründliche und genaue Gelehrsamkeit nicht bestehen. Später hat seine Witwe einmal über diese heftigen Angriffe seiner Jugendzeit geschrieben: „Dergleichen Étourderies beging er in jüngeren Jahren nicht selten, und sie zogen ihm manches Unangenehme zu, woran sein Herz durchaus schuldlos war."

Vorläufig mußte er es wieder büßen, daß er in leidenschaftlicher Heftigkeit sein ganzes Jahrhundert in die Schranken gerufen hatte, ohne doch hinreichend zum Kampf gerüstet zu sein. Alle Welt schrie ihr Wehe über ihn, viele guten Köpfe wurden an ihm irre, und das Lob der Hamann, Claudius und Lavater konnte ihn doch nicht völlig über den grimmen Mißerfolg mit all seinem Spott und Schaden trösten.

Während eines Kuraufenthaltes in Pyrmont, wohin Herder im Sommer 1774 gegangen war, um sich dort von einer hämorrhoidalen Kolik zu befreien, und wohin

ihm doch auch die Quälgeister seiner Schriftstellerei gefolgt
waren, ging er in sich. An Hamann schrieb er: „Solange
Atem Gottes in meiner Nase weht, will und werde ich
streben, daß aus Rauch Feuer, aus hinfälliger Blüte
Frucht werde; ich fühl's jeden Tag mit halber Ver=
zweiflung, daß ich unreif wie ein Herling bin — nur aber
kein toter Dornbusch .. Lieber Mann, höre nicht auf,
mich zu warnen, aber auch zu hoffen und lieber zu
stärken, denn ich fühl's gewiß voraus, daß das letzte
not sein wird." Und sein Wahlspruch für das neue Jahr
1775 soll heißen: „Sünde büßen, verstummen und fest
werden in der Wahrheit."

Nun, verstummt ist Herder nicht. Aber der ärgste
Polterer in ihm schwieg doch hinfort, und wenn er auch
scharfen Kampf und Spott in seinen Schriften nie
ganz missen mochte: was nun aus seiner Feder floß,
war doch im Tone milder und in der Form geregelter.

Freilich hörte er zunächst noch nicht auf, als Prophet
und mystischer Begeisterer zu reden, und seine nächsten
Schriften sind noch immer voll jener wunderlichen
Gläubigkeit, die die vorhandenen rationalen Grundlagen
seiner Denkart aus lauter Freude am Mystischen und
Wunderbaren völlig zu verlassen droht.

Diese hochgespannte Schwarmgeisterei tritt uns im
stärksten Maße an einer kleinen Schrift von 144 Seiten
entgegen, die bei Hartknoch erschien und „Erläuterungen
zum Neuen Testamente aus einer neueröffneten Quelle"
benannt wurde. Diese neuentdeckte Quelle war die Zenda=
vesta, die damals in der französischen Übersetzung von
Anguetil du Perron vorlag. Die alte Chaldäerweisheit
sei dann von den Juden aus dem Exil mit heimgebracht
worden und sie sei, mit Griechischem vermischt, das Ele=
ment gewesen, in dem Christus und die Apostel dachten

und sprachen, nur einen geistigeren Gehalt hineinlegend.
Die Worte, die im Zendavesta noch ganz ungeistig wären,
seien im ganzen Neuen Testamente geistig geworden; dessen
Sprache sei dem Land und der Zeit gemäß, erhalte daher
ihre ursprüngliche Würde und könne deßhalb aus der
uralten Schrift erläutert werden. Hiervon machte Herder
namentlich Proben beim Evangelium des Johannes, das
ihm mit seinen mystisch=poetischen Bilderreden ganz be=
sonders sympathisch war und geblieben ist. Da zeigt
er, wie das Neue Testament nicht zum Wissen, zum
Zergliedern und Beweisen dasei, sondern zum Anschauen,
zum Empfinden, zum Sein. Dabei fehlt es nicht an heftigen
Angriffen gegen die seichte, aufklärerische Umdeutung neu=
testamentlicher Ideen und gegen den Zweifel und Un=
glauben des philosophischen Zeitbewußtseins. Aber nicht
minder scharf wendet sich Herder gegen die geistlose, roh
äußerliche orthodoxe Dogmatik mit ihrer juristischen und
„opferischen" Vorstellung von der Erlösung, und gegen
den engherzigen Pietismus mit seinen Wiedergeburts=
gefühlen in dunkler, untätiger Kluft des Todes. Mit
enthusiastischem Drange sinnt er sich viel mehr in die
spekulative Mystik des Johannesevangeliums hinein, wie
dieses dabei ganz auf das Sittliche als Endzweck des
Glaubens gerichtet. „Nicht äußerlich sollen wir einzelne
Dinge Jesu nachtun, sondern in ihm sein, Reben seines
Saftes, Glieder seines Geistes, Quellen aus seiner Quelle."

Eine weitere Schrift theologischen Inhalts erschien
1775 nicht bei Hartknoch, sondern in Lemgo bei Meyer,
„um eine Bücherrechnung zu tilgen". Sie ist betitelt
„Briefe zweener Brüder Jesu in unserem Kanon" und
hat den Zweck, gegenüber allen theologischen Kunststücken
die unbequemen Tatsachen durch spitzfindige Auslegung
der Bibelworte aus der Welt zu schaffen, darzutun, daß

Jesus wirklich Brüder und Schwestern gehabt hätte, und daß der Jakobusbrief von dem Herrnbruder dieses Namens und der Judasbrief des Neuen Testaments von dem Judas geschrieben sei, der unter den Brüdern Jesu (vergleiche Marcus 6, 3) mit aufgeführt ist. Das Büchlein ist anziehend um der unbefangenen Besonnenheit willen, mit der der gläubige Prophet immerhin die Wirklichkeit biblischer Schilderungen auf sich wirken ließ; aber die Folgerungen, die es zieht, können vor unserer heutigen Forschung nicht bestehen.

Daß in dem Oberprediger die Theologie nicht völlig die anderen Interessen verdrängt hatte, bewies seine Preisschrift, die er der Berliner Akademie über das von dieser gestellte Thema einreichte: „Quelles sont les causes de la décadence du gout chez les différents peuples?" Es war dem Verlästerten eine große Genugtuung, daß er in der preußischen Hauptstadt, von der aus man ihn am bittersten als über einen Abgefallenen verklagt und geschmäht hatte, nun abermals (am 1. Juni 1775) mit einem Preise gekrönt wurde. Zudem war diese Schrift über die „Ursachen des gesunkenen Geschmacks bei den verschiedenen Völkern, da er geblühet" ein Sieg des deutschen Geistes über den französischen. Der Verfasser hatte sich über die literarischen und künstlerischen Zustände im goldenen Zeitalter Ludwigs XIV. so tadelnd und über die Förderung des deutschen Geschmacks von oben so wegwerfend ausgesprochen, daß die französischen Mitglieder der Akademie förmlich, wenn auch erfolglos, gegen die Krönung einer solchen Arbeit protestierten. Den Verfall des Geschmacks schob Herder in erster Linie auf das Versiegen genialischer Schöpferkraft, an deren Stelle die nüchterne und methodisch geschulte Mittelmäßigkeit getreten sei.

Eine kleine Arbeit, „Wie die Alten den Tod ge-

bildet", ließ Herder namenlos im „Hannoverschen
Magazin" erscheinen und führte damit die bekannten
Lessingschen Gedanken weiter aus. Dabei zeigte sich, daß
der Theologe, den die Lehre von der Auferstehung damals
durchaus im Lavaterschen Sinne beschäftigte, bei all seiner
christlichen Gläubigkeit nicht aufgehört hatte, der fein=
fühlende Verehrer der Griechen und ihrer Schönheit zu
sein. Er meinte, die christliche Kunst dürfe getrost ihr
„Gotentum" abwerfen und sich an die edlen Bilder der
Griechen halten; sie wiche damit keineswegs „vom Fußtritt
der Offenbarung". Als er später diese Abhandlung voller
ausführte und erweiterte, kam er zu dem Ergebnis: daß
der Genius mit der Fackel nicht der ausschließende, nicht
der personifizierte Begriff des Todes mit allem, was
dieser Name in sich fasse, sondern der personifizierte Begriff
der Ruhe des Körpers im Grabe gewesen sei, der keine
anderen Ideen von dem, was vorherging oder folgte,
ausschließe. Diese Auffassung wird auch heute noch,
trotz der seit Herder wesentlich bereicherten Denkmalskunde
des Altertums, ohne weiteres festzuhalten sein.

3. Zukunftspläne.

Im Februar 1775 wurde die oberste geistliche Stelle
des Schaumburger Ländchens durch den Tod des alten
Superintendenten Meyer in Stadthagen erledigt. Der
Graf, durch die ausgleichende und vermittelnde Sorge der
Gräfin Maria seinem Konsistorialrat jetzt günstiger als
je zuvor gesinnt, ließ Herder die Superintendentur an=
tragen. Der sträubte sich dagegen, da ihm die ganze
Geschäftsplackerei dieses Amtes mit seinen Kandidaten=
prüfungen, Ordinationen, Einführungen von Geistlichen
u. a. m. in tiefster Seele unsympathisch war. Da aber
Graf Wilhelm ernstlich darauf bestand, sah Herder sich

schließlich genötigt, dem Drängen nachzugeben, und erhielt am 2. April seine Bestallung als Superintendent der Landesgeistlichkeit.

Damit waren sofort allerlei Verdrießlichkeiten verknüpft. Zunächst zog der gräfliche Selbstherrscher schlankweg die bisherigen Einkünfte der Superintendentur ein, sodaß Herder wohl vermehrte Arbeit, aber kein erhöhtes Einkommen erhielt. Herder erhob auf das lebhafteste Einsprache, und man gab ihm scheinbar nach: man gewährte ihm die Einkünfte der Superintendentur, ließ sie aber auf Herders bisherigen Gehalt anrechnen, sodaß dieser trotz der Übernahme der neuen Geschäfte nichts weiter als die ihm seinerzeit bei der Berufung zugesagten 600 Taler nebst etwa 50 Talern Gebühren erhielt. Das war denn allerdings eine kleinstaatliche Sparsamkeit, die nicht anders als unanständig zu nennen ist und die begreiflicherweise Herders Freude an seinem Bückeburger Dasein nicht vermehrte.

Auch mit der ihm nun unterstellten Pfarrgeistlichkeit der Schaumburger Landeskirche hatte Herder kein Glück. Er hatte sich bisher wenig um seine zwanzig Amtsbrüder bekümmert und kannte von ihnen die wenigsten persönlich. So glaubte er, er müsse sich ihnen allen in einem amtlichen Rundschreiben vorstellen. Und weil grade damals zwischen etlichen Pastoren und ihren Gemeinden allerlei Zerwürfnisse bestanden, meinte er, zugleich als Friedensstifter auftreten und zu Besonnenheit und Nachgiebigkeit raten zu sollen. Er tat das, bat die Brüder um ihr brüderliches Zutrauen, gütige Beihilfe, Liebe und Fürbitte, und fügte hinzu: „Lassen Sie uns bedenken, meine Brüder, daß auch in einer gerechten Sache nachzugeben Ehre ist, zumal wenn es gegen eine ganze Herde wäre, wo wir über dem Leiblichen den Weg an sie in unserem höheren Berufe ganz verlieren könnten." Damit aber kam er schön an! Die Herren fühlten sich dadurch auf das empfindlichste bei ihrer schwachen Seite getroffen und nahmen ihrem neuen Oberhaupte diese Mahnung sehr übel, sodaß Herder wirklich in einem zweiten Amtsbriefe sich rechtfertigen und betonen mußte, daß er die friedfertige Gesinnung der Pfarrer im allgemeinen gar nicht in Zweifel gezogen habe.

Neuen Ärger zog sich Herder zu, als er auf Wunsch des Eutiner Herzogs nach Darmstadt gereist war, um dort seinem ehemaligen Zögling, dem Prinzen Peter, den Kopf zurecht zu setzen. Der weigerte sich nämlich der ihm vorgeschlagenen Heirat und drohte damit, katholisch werden zu wollen. Und weil man am Lübecker Hof wußte, daß allein Herder etwas über diesen verwirrten und schwachen Geist auszurichten verstände, so bat man ihn dringend, sich der ärgerlichen Sache anzunehmen. Herder hatte allen Grund, dem Herzoge, dem er einst so rasch entlaufen war, gefällig zu sein, und fuhr unter dem Vorwande, Verwandte besuchen zu wollen, nach Darmstadt, wo der unselige Fürstensohn gerade weilte. Die Reise war von gutem Erfolge begleitet; die Heirat ging zwar zurück, aber der Übertritt des Prinzen, der nun wieder nach Eutin zurückging, wurde verhindert. Mehrere Wochen weilte Herder in der hessischen Residenz, bestieg dort auch die Kanzel, auf der er sich vor fünf Jahren die Braut erpredigt hatte, und genoß die Freude, neben anderen guten Gefährten auch Goethe wiederzusehen, der gerade aus der Schweiz zurückgekehrt war und sich anschickte, dem Rufe nach Weimar Folge zu leisten. Als er im Juli nach Bückeburg zurückkehrte, war natürlich der wahre Zweck seiner Hessenfahrt ruchbar geworden, und der Herr Graf war tief verstimmt, daß ein anderer Hof gewagt habe, seinen Superintendenten geschäftlich in Anspruch zu nehmen.

Und zu allen diesen Verdrießlichkeiten kam nun noch der Stocksche Handel. Stock, ein nichtsnutziger Kandidat der Theologie mit einer höchst anrüchigen Vergangenheit, ersuchte um Anstellung in der Schaumburgischen Landeskirche und zuvor um Ordination als Geistlicher. Und weil er wußte, daß er ohne weiteres nicht angenommen werden würde, bot er der gräflichen Rentkammer, die immer in Geldklemme steckte, ein Darlehen von 4000 Taler an. Dieses „Darlehen" wurde gnädigst angenommen, und der Graf befahl die Ordination des Herrn Stock. Da fuhr Herder auf. Er fand in diesem Verfahren die elendeste Simonie und widersetzte sich der Ordination. Daraufhin hob der Graf zunächst den dafür angesetzten Termin auf und ordnete zur Untersuchung der Sache eine besondere Kommission an. Herder aber fand darin mit gutem Grunde eine Beeinträchtigung des Konsistoriums, das doch für solche Geschäfte von Rechts wegen da sei. So richtete er denn eine nachdrückliche Vorstellung bei Serenissimus ein und bat um Urlaub. Herders amtliche Schreiben haben zeitlebens den Vorzug gehabt, nicht im trockenen Aktenstil, sondern in lebendig frischer Sprache geschrieben zu sein, und wer ein Aktenstück aus jenen Zeiten in die Hände bekommt, atmet immer erleichtert auf, wenn er nach soviel krausem Schnörkelwesen auf die schöne, klare Handschrift Herders und auf seine lichte, einfache Sprache stößt. So war denn auch in diesem Falle seine Eingabe nicht im gewohnten Amtsstil geschrieben. Aber so voll war ihm das Herz von der erlittenen Schmach, daß er sich leidenschaftlicher Ausdrücke bediente, die sonst wohl noch nie in Schreiben zu finden waren, die an regierende Fürsten gerichtet wurden. Er schreibt: „Fließe aller Un=

flat, den fremde Länder ausschäumen, wohin und um welche Prozente er wolle: nur werde ich nicht Kanal, wodurch er fließe! Nur werde von mir nicht gefordert, daß ich den beschrieenen Unflat vor Gottes Altar und Gemeinde ununtersucht und ungereinigt als Kirchengold darstelle und preise!" Dem alten gräflichen Haudegen, der sich einst so tapfer in Portugal mit allerlei Gesindel herumgeschlagen hatte, imponierte die mutige Sprache seines erzürnten Superintendenten: er hob die Kommission auf und bewilligte in einem eigenhändigen beschwichtigenden Schreiben den erbetenen Urlaub; er schrieb: „Vielleicht habe ich geirrt, ich bin von Unvollkommenheiten nicht frei." Aber Herder war noch nicht beruhigt, sondern reichte eine ausführliche Denkschrift ein, die sachlich vollauf berechtigt, in der Form etwas überflüssig bitter, die ganze Angelegenheit noch einmal gründlich und grundsätzlich erörterte: ein schönes Denkmal seines Freimuts und seines Feuereifers für die ihm anvertraute Pflege der Religion und der Seelsorge.

Das war denn selbst der zarten Gräfin Maria zu viel; sie erschrak über diese offenherzige Leidenschaftlichkeit. An Frau Herder schrieb sie: „Ach, wenn lieber Herder sich nur mancher harter Ausdrücke, von stinkender Sache, Unflat, Höllenbrand und dergleichen enthalten hätte und könnte, so glaube ich, wäre alles besserer Wirkung gewesen; bloß solche Worte sind manchmal allein schuld, daß was Feuer der Liebe und Wahrheit schmelzen und läutern soll, nur verzehrend und tötend Feuer wird... Sonst können Sie glauben, daß ich mich gewiß freue über Wahrheit, die ja nie das Licht scheuen darf." Der Graf aber war von der Wahrheit der Herderschen Worte tief getroffen. Er machte das ganze Geschäft rückgängig, ließ dem elenden Stock das Geld zurückzahlen

und ihm dabei die Weisung zugehen, binnen vierund=
zwanzig Stunden das Land zu verlassen.

Über das alles brannte Herder der Boden unter den
Füßen. An Heyne schrieb er: „Wenn Sie etwas frei,
ehrlich und menschlich mit mir fühlen wollen, bleibt genug
übrig, was meinen Wunsch aus diesem despotischen Narren=
und Zauberlande beschleunigt. Göttingen und Universität
braucht's nicht zu sein; was ich mit Ehren annehmen kann,
je entfernter von der Universität, desto besser!" Heyne
hatte doch vor allem Göttingen für Herders Zukunft im
Auge und seufzte zurück: „Ach, wenn Sie nur mehr
orthodox wären!" Und Herder antwortete, das sei er
schon, wenigstens sofern die Orthodoxie auf Willkür und
Behutsamkeit ankomme. Und es entstand in ihm das
lebhafteste Verlangen, nach Göttingen zu kommen, nur
um Bückeburg verlassen zu können. Er jammerte an Hart=
knoch: „Gott helfe mir unter Schlangen und Skorpionen!
Hier ist nichts als Wühlerei, Armut und verschlossene,
stumme Pein. Soldaten entlaufen, Hauptleute schneiden
sich die Hälse ab, Pfarren werden um Leihkapitale verkauft,
damit man wieder Interessen stopfe, und seit von meiner
Reise (nach Darmstadt) das Gerücht geht, ist der Name
Pfaff das Liedlein an hoher darbender Tafel — unsere
Gräfin, gezwungen und aus Not, uns auch fremd! Helfe
Gott uns fort!"

Im Herbst 1775 winkte die Erlösung. In Göttingen
ward die Stelle eines Professors und Universitätspredigers
frei, und Herder war dazu ausersehen. Sie trug zwar
nur 640 Taler, bot also äußerlich weniger, als er in
Bückeburg hatte, aber es trieb ihn mächtig fort, um fern
von allen amtlichen und literarischen Sorgen in der Stille
wirken zu können. An Heyne schrieb er voll bester Vorsätze:
„Mein Aufenthalt in Göttingen soll friedlich, treu, fleißig,

still sein, der Schluß ist gefaßt. Über meine Autorschaft und ihre Capricen soll sich niemand mehr zu beschweren haben; denn sie ist vorderhand zu Ende. Daß ich aus Bückeburg hinweg muß, ist wahr, und Göttingen ist auf Zeit freilich vortreffliche Arzenei."

Das Ministerium in Hannover schlug dem König (es war ja damals der englische) Herder zur Ernennung vor. Als Antwort kam ein Bescheid aus London: die Göttinger theologische Fakultät solle zuvor ein motiviertes Gutachten darüber einreichen, ob sich in Herders Schriften heterodoxe Lehrsätze nachweisen ließen. Dieses Votum fiel ebenso gewunden als ketzerrichterlich aus, denn die Fakultät war in der Mehrheit orthodox und hatte keine Lust zu des Bückeburgers Kollegenschaft. Der aber, gerade willens, in Göttingen die rechte Orthodoxie vorzutragen, schrie auf: „Orthodoxie, du elendes Wort, du jämmerliche Wachsnase! am meisten gemißbraucht von denen, denen Sinn und Kraft versagt ist, im Geiste Christi und Luthers nur orthodox sein zu können, zu wollen, zu mögen!"

Der Minister war Herder wohlwollend gesinnt und erwirkte als klugen Ausweg aus der Sackgasse einen königlichen Befehl: da Herder noch keine akademische Lehrstelle bekleidet, er zuvörderst den Gradum Doctoris Theologiae annehmen, mithin entweder dabei, oder doch als zu bestellender Universitätsprediger sich einem Examen oder Colloquio bei der theologischen Fakultät in Göttingen zu unterwerfen habe. Das aber verletzte Herders starkes Selbstgefühl; er war über die Zumutung empört und erklärte laut und wiederholt, aus dem Colloqium könne nun und nimmer etwas werden, solches Ketzergericht vertrage sich nicht mit seiner persönlichen Ehre. Er schrieb: „Die Zeit ist vorbei, da man mit dem Kopfe in der

Hand zu Konzilien wallfahrtete, in die trepanierten Schädel Orthodoxie und Vergebung zu empfangen: jetzt trägt jeder seinen Kopf und Orthodoxie bei sich. Ich kann sagen und will sagen: ich bin orthodoxer als sie! Ich habe Luther ganzer und inniger gefühlt und erkannt als alle die mögen ... Es ist neu für mich, daß, um orthodox zu sein, man eine Dogmatik müsse geschrieben haben; eben hinter sie haben sich alle Ketzer versteckt, so wie aus ihr alle Ketzereien entstanden."

Und doch lockte ihn diese stacheldrahtumzäunte Göttinger Professur gar so sehr. Gab sie ihm doch die Möglichkeit, endlich aus Bückeburg fortzukommen. Daher legte er sich aufs Handeln. Zu einem schriftlichen Colloqium sei er bereit; einem mündlichen könne er sich aber seiner Ehre und seines guten Namens wegen nicht unterziehen. Er sei zudem auch als Schaumburger Prediger auf die Augsburgische Konfession berufen; wer also seine Orthodoxie anfechte, fechte seine ganze gegenwärtige Stellung, Ehrlichkeit bei Amt und Eide, Landestreue und Gewissen an. Der dunkle Verleumder möge nur hervortreten und ihn als Ketzer zeigen. Das Anerbieten wurde aber natürlich abgelehnt; man bestand in Hannover auf dem mündlichen Colloqium.

Da rieten die Freunde zur Nachgiebigkeit. Ihm wäre dieses Bückeburg doch so verleidet, daß er sich da nie wieder wohl fühlen könnte. Zudem sei das ganze Colloqium lediglich eine Formalität und die zu erwerbende Doktorwürde doch nur eine Ehre. So hatten die gewandten und klugen Diplomaten bald gewonnenes Spiel. Ihr starkes und geschicktes Zureden half. Herder gab sich überwunden und schrieb am 31. Januar 1776, er sei zu dem sauren Gang nach Göttingen bereit; ja, er versprach auch, auf der Durchreise in Hannover zu predigen.

Ein gütiges Geschick ersparte ihm, das Wort zu halten oder zu brechen. Vermutlich würde er es gebrochen haben, denn kaum hatten's die Freunde ihm abgerungen, so bereute er es schmerzlichst und wollte seiner ledig werden. —

Herder war mit Goethe auch nach der Straßburger Zeit in reger Beziehung geblieben. Nicht als ob sie viele Briefe gewechselt hätten; nur gelegentlich flogen Zettel und kurze Schreiben hin und her. Aber Herder hatte erkannt, was an dem jungen Freunde war; der sei ein Kerl von Geist und Leben, er wolle nichts sein, was er nicht von Herzen und mit der Faust sein könne. Und Goethe war von dem hohen Wert und der geistigen Bedeutung seines spottsüchtigen Lehrers fest überzeugt geblieben. Sie hatten beide die feste Zuversicht, daß ihrer für ihre Zeit eine große Aufgabe warte, und wenn das Goethe in seiner derben Art so ausgedrückt hatte: sie zwei müßten zusammenhalten, da die Welt so voll Sch . . . kerle sei, so war das Herder ganz aus der Seele gesprochen.

Seit dem 7. November 1775 war nun der sechsundzwanzigjährige Goethe als Freund des achtzehnjährigen Herzogs in Weimar. Dort war seit vier Jahren die Stelle eines ersten Geistlichen des Landes durch den 1771 erfolgten Tod des Generalsuperintendenten und Oberhofpredigers erledigt. Es ist zuerst Wieland gewesen, der darauf hinwies, daß das wohl eine passende Stelle für den — jetzt einunddreißigjährigen — Herder sei; und kaum hatte er diesen Gedanken ausgesprochen, als Goethe ihn mit Feuer ergriff und mit all seiner zielbewußten Kraft in die Wirklichkeit umzusetzen suchte. So erhielt denn Herder mitten in seinen Bückeburger Händeln und seinen Göttinger Sorgen am 12. Dezember einen Zettel von

Goethes Hand: „Lieber Bruder, der Herzog bedarf eines
Generalsuperintendenten. Hätteſt Du die Zeit Deinen
Plan auf Göttingen geändert, es wäre hier wohl was
zu tun. Schreib mir ein Wort." Herder träumte wohl
damals mehr von Predigten auf der Univerſitätskanzel und
von Lehrvorträgen auf dem Katheder der Hörſäle. Aber
er mochte doch auch an das Wort von dem Sperling in
der Hand und der Taube auf dem Dache denken; und
weil die Göttinger Stelle doch noch bedenklich der Taube
glich, ſo lautete das von Goethe begehrte eine Wort
Ja, und wir können wohl annehmen, daß es ein ver‑
nehmliches und freudiges Ja war. Darauf kam die Ant‑
wort von Goethe: „Ich wünſche Dich meinem Herzog
und ihn Dir. Es wird Euch beiden wohl tun, und —
ja lieber Bruder, ich muß das ſtiften, eh' ich ſcheide."
Goethe war damals noch durchaus nicht ſicher, ob er in
Weimar bleiben werde.

Einen Tag, nachdem ſich Herder mit ſchwerem Herzen
zu dem ſauren Göttinger Gang entſchloſſen hatte, alſo
am 1. Februar 1776, kam der offizielle Ruf aus Weimar
in Bückeburg an. Der Präſident des Oberkonſiſtoriums
Freiherr von Lyncker eröffnete ihm feierlich die auf ihn
gefallene Wahl zu der erledigten Stelle eines Sachſen‑
Weimariſchen Oberhofpredigers, Oberkonſiſtorial‑ und
Kirchenrats, auch Generalſuperintendenten und Super‑
intendenten von Weimar und Roßla. Herder antwortete
mit ſchuldiger Unterwürfigkeit im Tone, daß ſeine Wahl
die Wahl eines ruhmvollen, ſelbſtwählenden Fürſten, die
Stimme Gottes unter den Menſchen ſei, und verfehlte nicht,
der Verdienſte zu gedenken, die gerade dieſer Fürſtenſtamm
von Beginn der Reformation an um die aufgeklärte
Religion Deutſchlands und Europas ſich erworben habe.

Nun lag es an Goethe, das angefangene Unternehmen

durchzuführen, und er hat es mit wahrhaft rührendem
Freundeseifer getan. Zuerst hatte er geschrieben: „Der
Herzog will absolut keine Pfaffentracafferien über Ortho=
dorie und den Teufel" — und das klang ja anders,
als die Nachfrage der Britischen Majestät nach Herders
Orthodoxie. Aber auch er mußte wahrnehmen, daß
Herders Gläubigkeit so stark in der Offentlichkeit an=
gezweifelt wurde, daß das sogar ihm Schwierigkeiten
machte. Ein Geistlicher an der Stadtkirche, der nachmalige
Eisenacher Generalsuperintendent, jetzt Archidiakonus
Schneider, hatte nämlich schon vor einiger Zeit von zwei
Mitgliedern der Regierung die Zusicherung erhalten, daß
er Generalsuperintendent werden sollte. Als der nun seine
Hoffnung durch die Willkür dieses hergelaufenen Frank=
furter Advokaten durchkreuzt sah, erhob er ein großes
Geschrei: Dieser Herder sei gar kein Geistlicher, könne
nicht predigen und glaube nicht an den Herrn Christum.
Seine Amtsbrüder stimmten flugs in dieses Wehklagen ein,
und auch aus der Hofgesellschaft tönte ein Echo dieser
Schmerzenslaute wieder. Da klingt der Ton aus Goethes
Briefen einen Augenblick etwas kleinlauter, und er be=
schwört den geistlichen Freund, das Zeugnis eines recht=
gläubigen Theologen, etwa des Abts Jerusalem in Braun=
schweig, für seine Orthodoxie beizubringen. Herder weigerte
sich aber dessen: dann wollte er lieber noch das Colloqium
in Göttingen auf sich nehmen, und nun war's Goethe auch
zufrieden. Er fand rasch seine Siegesgewißheit wieder
und schrieb ganz vergnügt: „Der Herzog will und wünscht
Dich, aber alles ist hier gegen Dich. Ich laß nit los,
wenn's nit gar dumm geht." Und er ließ nicht los. Er
nahm in treuem Freundessinn all die Schererein mit der
Opposition in Stadt und Geistlichkeit auf sich. Er schreibt
zwar: „Die Geistlichen sind alle verschrobene Kerls", nur

die ganz jungen seien Herder nicht gram. Und ein andermal: „Es zerrt die Pfaffen verflucht, daß das, was so lang unter sie verteilt war, einer allein haben soll." Aber schließlich hatte er bei all seinem etwas gewaltsamen Treiben den Herzog zur Seite, und so konnte er schließlich triumphierend schreiben: „Mit Hetzpeitschen habe ich die Kerls zusammengetrieben."

So war Herders Berufung als Oberhofprediger gesichert. Da erhob sich eine neue Schwierigkeit. Der Oberhofprediger war alter Gewohnheit nach zugleich Oberpfarrer an der Stadtkirche; und für diese Stelle hatte die Gemeinde das Ernennungsrecht. Zwar wollte sie ihre Stimme dem vom Herzog Erkorenen gern geben, doch nicht auf das alte Recht verzichten, eine Probepredigt des neuen Geistlichen vor der offiziellen Ernennung zu hören. Aber auch das wußte Goethe als unnötige Demütigung seines Freundes zu hintertreiben. Der Herzog befahl, die Vokation sofort begreifen zu lassen und solche zur höchsten Vollziehung einzuschicken. Da gab der Magistrat nach und verzichtete auf die Predigt. Am 15. Mai hatte Herder die Vokationsurkunde in Händen, mit der Veranlassung, sobald als möglich nach Weimar zu kommen. Gleichzeitig wurde die herzogliche Kammer angewiesen, 250 Taler Reisegeld nach Bückeburg zu schicken.

Damit war für Goethe die Arbeit noch nicht getan. Nun mußte er noch für die würdige Herstellung der Oberhofprediger-Wohnung auf dem Topfberge sorgen. Die aber war während der Vakanz einstweilen vermietet worden, um mit dem Mietgelde den bedürftigen Gotteskasten einigermaßen zu füllen. Rat Seidler, ein alter Lehrer des Herzogs, hatte zur Zeit die Wohnung inne, und ihm stand eine dreimonatige Kündigungsfrist zu. Aber ein höchstes Reskript befahl, es solle die Wohnung

baldmöglichſt geräumt und in wohnbaren Stand geſetzt
werden. Und Goethe meldete nach Bückeburg: „Lieber
Bruder, heute war ich in der Superintendentur, wo Herr
Konſiſtorialrat Seidler mit einem Schwanz von zehn
Kindern nach und nach ausniſtet. Ich hab' gleich ver=
anſtaltet, daß wenigſtens das obere Stock repariert
werde ... Auf die Woche wird angefangen. Ihr müßt
Euch indeſſen gefallen laſſen, wie ich Euch die Zimmer
anlege." Ein von Goethes Hand gezeichneter Grundriß
der Wohnung wurde dem Briefe beigefügt, und vorſorglich
war dabei gleich die Beſtimmung der einzelnen Räume
mit eingeſchrieben: Deine Stube, Schlafzimmer für Dich
uſw. Auch für die Wochenſtube der Frau Generalſuper=
intendent und für das Gelaß der Kindsfrau hatte Goethe
die Räume ausgeſucht und einzurichten beſtimmt. Dabei
hat er noch viele Nöte mit den Handwerkern und dem
Kirchrechnungsführer durchzumachen. Natürlich ſollte bei
der Neuherſtellung des ganz verwohnten Hauſes möglichſt
geſpart werden. „Mit dem Detail der Reparatur ſchinden
ſie auch was Ehrlich's" — ſchrieb Goethe — „da hat der
Gotteskaſten kein Geld, da ſollen die alten Fenſter
bleiben ..." Schließlich aber kam auch das alles zu
Stand und Schick, und Goethe freute ſich auf die bevor=
ſtehende Ankunft Herders, dem er in jeder Weiſe auf das
liebenswürdigſte für Weimar rechte Luſt zu machen be=
müht iſt. Welch köſtliches Zeugnis iſt doch als Beiſpiel
dafür dieſer Brief: „Und, Bruder, war auch zum erſten
Male in der Kirche. Ich dacht' ſchon, Dir wird's wohl
werden, Alter, und wenn Du da oben ſtehſt, und rechts
in dem Chor des unglücklichen Johann Friedrichs Grab,
und ſeinen Nachkommen, den beſten Jungen, gegen Dir
über, der wohl die Kur wert wäre, wert, daß das Schickſal
dem wieder gäb', was er jenem nahm. Und Herzogs

Bernhards Grab in der Ecke und all der braven Sachsen Gräber herum. Auf dem Altarsblattflügel der Johann Friedrich wieder in Andacht und die Seinen von seinem Cranach, und in der Sakristei Luther in drei Perioden von Cranach, immer ganz Luther und ein ganzer Kerl — ganz Mönch, ganz Ritter und ganz Lehrer."

Es fehlte nicht ganz an Lichtblicken für Herder während der letzten Zeit seines Bückeburger Aufenthaltes. Aus Halberstadt kam Vater Gleim zum Besuch, der „deutsche Anakreon", wie ihn die Schmeichler unter den Zeitgenossen wegen seiner süßlich tändelnden Reimereien genannt haben, der „Grenadier", wie er sich selbst um der von ihm gedichteten preußischen Kriegslieder nannte, die freilich wenig soldatische Kraft und noch weniger begeisternden Schwung, aber eine brave, vaterländische Gesinnung atmen. Von ihm hatte Klopstock in einer Ode gesungen, er habe einen „brennenden Durst, Freunden ein Freund zu sein". Diesen Durst konnte der gutherzige Mann jetzt an der Quelle löschen. Er gefiel Herder, und Herder gefiel ihm. Sie verlebten zusammen glückliche Tage und schlossen einen innigen Freundschaftsbund, den erst der Tod gelöst hat; beide starben im gleichen Jahre.

Auch Matthias Claudius sprach mit seiner jungen Frau, seinem „Bauernmädchen", in Bückeburg vor, und die Woche, die er in der dortigen Superintendentur verlebte, enthielt für alle Teile sieben wahre Freudentage. Dieser Wandsbecker Bote erschien Herder von neuem als der reinste Mensch, den er fast gekannt, und nie hatte er so gewünscht, mit einem Menschen zusammen zu leben wie mit ihm. Er wurde denn auch bei dem am 18. August 1776 geborenen zweiten Herderschen Sohne zusammen mit Goethe und Hamann als Pate ins Kirchenbuch eingetragen, damit „die Genies aus aller Welt Ende" gepaart wären.

Was schließlich dem Herderschen Paare den Abschied von dem Schauplatz ihres jungen ehelichen Glücks und der ersten häuslichen Freuden erleichterte, war der Tod der Gräfin. Ihr Scheiden löste gleichsam natürlich das festeste Band, das die beiden mit Bückeburg verknüpft hatte. Die edle Frau hatte in den letzten Jahren viel gelitten. Ihr Töchterchen, das bei seiner Geburt schon etwas scheel angesehen worden war, weil's nicht der gewünschte Erbprinz gewesen, starb nach kurzen Lebenstagen. Auch ihr Zwillingsbruder, Graf Ferdinand von Lippe, mit dem sie innige Liebe verbunden hatte, schied von hinnen. Sie selbst war mit vielerlei körperlichem Leide geplagt, und ihre Briefe an Herder, der ihr mit würdigem Trost und Rat hilfreich zur Seite stand, wurden immer mehr voll von Todesahnung, ja von Todessehnsucht. Am 1. Juni schrieb sie ihm den letzten Brief. Dieser Monat war für sie von besonderer Bedeutung, da die frohesten und trübsten Ereignisse ihres Lebens alle in seine Wochen fielen. Sie zählte das alles auf und schloß ihre Zeilen: „Darf ich Ihnen die Wichtigkeit, die dieser Monat für mich hat, bekennen, so hören Sie und singen dann mit mir ein Halleluja." Am 16. Juni, ihrem Geburtstage, starb sie, 32 Jahre alt. Sie wurde draußen auf dem Landgut zum Baum, wo sie entschlafen war, beigesetzt. Als am 7. September ihr Grab und Grabmal dort geweiht wurden, sprach Herder ein tiefergreifendes Gebet, das in die Worte ausklang: „Wir alle, o Gott, sind größerer Rechenschaft schuldig, wenn wir unwürdig und nutzlos der Wohltat genossen, diese Unschuldige, Edle auf Erden begegnet zu haben; und so weihe uns denn, Gott, zur edelsten und fröhlichsten Trauer um sie, zum edelsten, würdigsten Andenken an sie, daß wir, als ob sie vor uns stände und nun mit himmlischem Blick unsere Handlungen sähe, in ihrem Geist und nach ihrem Sinne leben. Unser Leben sei ihr Leben; ihr Ende unser Ende! Amen!"

Zwei Tage darauf, am 9. September, erließ Herder einen Abschiedsbrief an die Schaumburgische Geistlichkeit.

Er sagte darin: „Mein Amt ist nur ein Schatte unter Ihnen gewesen, der Dauer und Kraft nach ein nichtiger Schatte: möge das Amt meines Nachfolgers meinen unfruchtbaren, guten Willen zur Tat machen und dem gesamten Lande reichlich sein, was ich ihm nicht habe sein können. Allezeit wird's für mich auch in der Entfernung Freude und Trost sein, zu hören, wie in Schaumburg die Ehre Gottes und das Reich Christi blühe."

Am 15. September bestieg er zum letzten Male die Kanzel der Stadtkirche. Er hielt seine Abschiedspredigt über die Worte aus dem Hebräerbriefe (Kapitel 13, Vers 17—21): „Gehorchet euren Lehrern und folget ihnen; denn sie wachen über eure Seelen usw." Darin kommt die schöne, bezeichnende Stelle vor: „Wer dazu in die Kirche gekommen ist, weil ich schön predigen soll, und Bückeburg etwa beklagt, weil es einen schönen Prediger verliere, der gibt mir damit einen Purpurmantel, der mich äußerst beschimpft und demütigt .... Was ich euch gesucht habe zu geben, sind Gedanken: wahre vernünftige, erleuchtete, göttliche Gedanken, der Schrift und Natur, dieser beiden großen Bücher Gottes, euch aufs klarste, deutlichste, schönste vorzutragen; mich nicht an heilige, geweihte und ewig mißverstandene Worte zu binden, dabei man nichts versteht und denkt, sondern euch in den Sinn und Inhalt der Schrift, Geist und Kraft, Plan und Inhalt derselben einzuführen, der nun bei vielen allerdings großen und guten Eingang gehabt hat." Offen spricht sich Herder darüber aus, daß er so wenig „löbliche Hausbesuche" gemacht habe: „Ist der Fehler an mir, so war's ein großer Fehler; aber ich habe nicht geglaubt, daß es ein großer Fehler sei; wenn man sieht, was eigentlich die Hausbesuche sind, daß es darauf ankommt, ein Glas Magenstärkung oder Wein zu genießen und sich einander höflich zu empfehlen; wahrlich, so hielt ich mich für etwas Besseres in der Zeit tüchtig."

Am 19. September fand die Abschiedsaudienz beim Reichsgrafen Wilhelm statt. Die beiden Männer, die sich gegenseitig schätzten, ohne sich zu lieben, schieden voneinander in Frieden, verband sie doch jetzt beide das eine Gefühl der Trauer um das verlorene reinste und edelste Leben. Noch einmal, ein Jahr darauf, hat Herder den Grafen wiedergesehen, als er zur Kur in Pyrmont weilte. Da hat ihn der alte Herr kommen lassen, und sie haben beide noch einmal lange über die Verklärte gesprochen. Kurz darauf starb der Graf, den seit dem Tode der Gemahlin die Empfindung nicht mehr losließ, daß er auf Erden nichts mehr zu suchen habe.

So war denn alles soweit zum Abschied von Bückeburg gerüstet. Nur eins machte noch Sorge: der schnöde Mammon. Das von Weimar aus gesandte Reisegeld mochte wohl die Umzugskosten decken, aber um die Schulden zu bezahlen reichte es doch nicht. Und die Last der Schulden hatte sich trotz aller Vorsätze und Bemühungen eher vermehrt als vermindert. Nicht lediglich wirtschaftliche Unfähigkeit oder die zu hoch gespannte Lebenshaltung war daran schuld: Herder, in Geldsachen unbekümmert, war auch sehr freigebig, und wie er stets eine Reihe von Leuten hatte, denen er aushalf, ohne eigentlich selbst etwas übrig zu haben, so unterstützte er gerade jetzt den Freund Hamann, der aus Not seine Büchersammlung hatte verkaufen wollen.

Großmütig griff da wieder der treue Rigaer Freund Georg Berens ein; auch Graf Hahn schaffte mit einem ansehnlichen Reisegeschenk Rat zur Loslösung von Bückeburg. So kam es denn zum Scheiden, von dem Karoline späterhin erzählte: „Mit bewegtem Herzen stiegen wir in den Wagen: der Vater den Gottfried auf dem Arm, und ich den fünf Wochen alten Säugling August auf dem Schoß — und segneten den Ort, wo Herder so manche Prüfungstage überstand, viel fand und gewann, einen großen, seltenen Mann, eine Freundin von himmlischer Tugend: und wo wir beide vereint unser erstes häusliches Glück, unser Paradies genossen hatten."

Zweites Buch

Weimar

I.
Die ersten Jahre

1. Neues Leben

Spät abends, bei völliger Dunkelheit, am 1. Oktober 1776 langte Herder mit seiner Gattin und den beiden Knaben in Weimar an. Als er müde im Bett lag, stimmte der Nachtwächter, der die Stunden absang, vor seinen Fenstern das alte Schröbersche Lied an „Eins ist not", und da er den neuen Herrn Generalsuperintendenten recht ehren wollte, sang er's trotz der vielen Verse ganz durch bis zum Ende. Ob Herder bei den Worten:

> Alles andre, wie's auch scheine,
> Ist ja nur ein schweres Joch,
> Darunter das Herze sich naget und plaget
> Und dennoch kein wahres Vergnügen erjaget

besonders aufgemerkt hat, wissen wir nicht; aber in gewissem Sinne sind sie das Leitwort seines Weimarer Aufenthalts gewesen: viel Nagen und Plagen und wenig wahres Vergnügen des Herzens.

Als sich Herder am nächsten Tage dem Herzoge,

dem Konsistorialpräsidenten Lyncker und dem Freunde
Goethe vorstellen wollte, fand er sie alle nicht anwesend.
Doch kamen die anderen, die er bei seinen Besuchen
antraf, ihm alle mit viel Freundlichkeit entgegen, so
daß der erste Eindruck ein für ihn wohltuender war. Da
schien ein unliebsamer Zwischenfall die ganze Weimarische
Zukunft noch einmal in Frage zu stellen. Die beiden
Hofdiakonen, die während der langen Vakanz die Geschäfte
des Oberhofpredigers mit besorgt hatten, fühlten sich
durch Herders Berufung zurückgesetzt und auch in ihren
Einkünften gemindert, da sich inzwischen die Hofgemeinde
zu ihnen gehalten und ihnen die Honorare für Amts=
handlungen und vor allem für Beichte und Abendmahl
zugewendet hatte. Und da Herder als Ausländer und
Freigeist nicht nur von den einheimischen Geistlichen,
sondern auch von einem großen Teil des hochkirchlich
gesinnten Adels und der mit diesem zusammen gehenden
Beamtenschaft mit scheelen Augen angesehen wurde,
durften die zwei Amtsbrüder auf diese gewichtige Gefolg=
schaft hin es wagen, sich über die erlittene Einbuße
beim Herzog zu beschweren. Dieser, der in dieser Klage
zugleich die Meinung seiner Hofgesellschaft sah, gab in
unbedachter Eile nach, und so wurde dem am 15. Oktober
in das Oberkonsistorium eingeführten Herder unmittelbar
nach seiner Vereidigung ein herzogliches Reskript vor=
gelesen, wonach es den Ministern, Räten und Kavaliers,
auch deren Frauen und Kindern nachgelassen bleiben
sollte, bei dem von ihnen unter den Hofgeistlichen be=
reits erwählten Beichtvater fernerhin zu bleiben. Herder
war über diese Anordnung empört, denn sie widersprach
dem klaren Wortlaute seiner Berufungsurkunde und mußte
ihm von vornherein den seelsorgerlichen Einfluß gerade
auf die Gemeinde rauben, für die er in erster Linie be=

rufen war. Er erklärte unter diesen Umständen die Stelle nicht antreten zu können und wandte sich mit kräftiger, unmutiger Einsprache an den Herzog und an Goethe. Der Herzog war nicht anwesend, doch gelang es Goethes Eifer und Freundschaft, noch rechtzeitig eine neue herzogliche Entschließung herbeizuführen, daß Herders Gemeinde bei ihm als ihrem Beichtvater bleibe. Am Sonnabend nachmittag kam diese beruhigende Erklärung in Herders Hände, aber er hielt doch mit angegriffenem Gemüte am 20. Oktober seine schlichte und warme Antrittspredigt über das Gleichnis vom königlichen Gastmahl.

Die wunderlichsten Gerüchte waren von gegnerischer Seite über ihn in Umlauf gesetzt worden: er könne überhaupt nicht predigen, er predige in gallonierten Kleidern, in Stiefeln und Sporen, er reite nach jeder Predigt dreimal um die Kirche und zum Tore hinaus, und dergleichen mehr. Kein Wunder, daß die geräumige Stadtkirche bei seiner ersten Predigt zum Erdrücken voll war; Tausende von Neugierigen wollten das Erscheinen dieses weltlichen Geistlichen, dieses ungläubigen Glaubensboten selbst erleben. Aber wie er nun da droben auf der Kanzel stand in Chorrock und Chorhemd wie die anderen Geistlichen; und wie er nun mit seiner schönen Stimme fromm und herzlich zu der Gemeinde sprach, ohne Salbung und Geschrei, ohne Deklamation und wilde Gebärden, aber mit eindringlicher Ergriffenheit, da wurde aus der Schar der Neugierigen bald eine Gemeinschaft von Andächtigen, und im Sturme hatte sich der neue Oberhofprediger und Oberpfarrer die Herzen der Weimaraner erobert.

So klingen denn auch die ersten Berichte Herders aus Weimar fröhlich und zufrieden. An Hartknoch schrieb er: „Ich bin hier allgemein beliebt und geehrt bei Hofe, Volk und Großen; der Beifall geht bis ins überspannte,

Ungemessene." Und an Lavater meldete er: „Goethe habe ich hier weit besser, tiefer und edler gefunden, als ich ihn selbst dachte. Wieland ist ein bon homme, dem man weiter nichts übel nimmt, wenn man ihn kennt . . . Der Herzog ist ein edler, freier, wahrer, guter Junge . . . Die Herzogin ist ein herrlicher, edler Engel, auch tausendmal besser als sie einst war (Herder hatte sie vor Zeiten schon in Darmstadt kennen gelernt). Wollt' Gott, daß ich ihnen allen was sein und werden könnte!"

Aber bald genug änderte sich der frohe Ton dieser Berichte, und die alten Seufzer und Sorgen erschienen wieder. Zuerst war es Krankheit, die ihn niederdrückte. Um Weihnachten bekam er ein heftiges Gallenfieber mit vielen Schmerzen, das ihn arg mitnahm und dem bald darauf ein neuer Anfall mit Gelbsucht und Leberbeschwerden folgte. Herder ist trotz ärztlicher Behandlung und häufiger Badekuren dieses Leiden nie wieder ganz losgeworden, und es hat zu seiner Reizbarkeit nicht wenig beigetragen.

Dann tauchten die alten wirtschaftlichen Sorgen neu auf. Seine Besoldung soll auf die für damalige Zeit außerordentlich hohe Summe von 2000 Taler geschätzt worden sein; in Wahrheit hat sie anfangs durchschnittlich kaum 1200 Taler eingetragen. Auch das war genug. Aber Herder war nun einmal kein guter Wirtschafter, zudem hatte die Neueinrichtung viel Geld gekostet, auch die Krankheiten und Badereisen verschlangen beträchtliche Summen. Kurzum, die Notschreie an Hartknoch häuften sich je länger je mehr, und in Weimar war's bald genug ein öffentliches Geheimnis, daß die wirtschaftlichen Verhältnisse des neuen verehrten Mannes arg zerrüttet seien.

Dazu kamen seelische Beschwerden. Zunächst die des Amtes. Es war ein gar vielgestaltetes Amt, zu dem

Herder berufen worden war. Er selbst beschreibt es launig an Lavater: „Ich bin also jetzt in Weimar nicht Prediger so schlechtweg, wie Ihr meint, sondern Oberhofprediger, Oberkonsistorial- und Kirchenrat, Generalsuperintendent, Pastor primarius und zehn Dinge mehr, ebenso lange Namen, hoffe mich aber mit der Zeit recht gut zu stehen und zu finden, der Autorschaft will's Gott abzusterben und dem Herrn in lebenden Menschen zu leben, brav zu schaffen und in sieben Fächern umherzuwühlen."

Als erster Pfarrer zweier Kirchen, der Hof- und der Stadtkirche hatte Herder oft zu predigen und viele andere geistliche Amtshandlungen zu vollziehen. Das wurde ihm nicht zu sauer, denn er fand an dieser Pfarrtätigkeit immer eine herzliche Freude und stand vor allem immer gern auf der Kanzel oder vor dem Altare, um mit tiefer Gemütlichkeit und schlichter Einfalt seine Zuhörerschar zu erbauen und zu belehren.

Aber nun kam dazu die Superintendentur und die Generalsuperintendentur, also die genaue Aufsicht über die Geistlichen der Stadt Weimar wie der nächsten Umgebung und die allgemeine Oberaufsicht über die 150 Pfarrer des ganzen Herzogtums Weimar. Diese ihm unterstellte Geistlichkeit hatte ihn nun wohl mit Unterwürfigkeit empfangen, war ihm aber im Herzen gram, denn er galt den Einheimischen als Ausländer und den Orthodoxen als Ketzer. Nur einige jüngere Pfarrer schlossen sich bald an ihn an; im allgemeinen hatte Goethe aber wohl die richtige Stimmung der weimarischen Pastoren getroffen, wenn er sie in einem übermütigen Versbriefe nach Bückeburg so geschildert hatte:

„ . . . Es uns auch allen herzlich frommt,
Daß ihr bald mit der Peitsche kommt —

Und wie dann unser Herr und Christ
Auf einem Esel geritten ist,
So werdet ihr in diesen Zeiten
Auf hundertundfünfzig Eseln reiten,
Die in Eurer Herrlichkeit Diözes
Erlauern sich die Rippenstöß'."

Da war denn freilich zunächst keine erfreuliche Tätigkeit zu erwarten. Leider ging es droben auf den Höhen der Geistlichkeit nicht viel besser. Herder war Oberkonsistorialrat, saß also als Rat mit in dem Kollegium, das unter dem Vorsitz eines alten, kränklichen und eigenwilligen Präsidenten das kirchliche Leben des Landes zu regieren hatte. Von sieben Mitgliedern war er einer; da war's kein Wunder, wenn die Ansichten des Eindringlings mit all ihrer Frische und neuartigen Lebendigkeit von den sechs eingesessenen, an dem bewährten Alten hangenden Herren niedergestimmt wurden, so oft es nur anging, zumal dieser junge Mann für all seine Pläne auch noch Geld zu beanspruchen pflegte, und daran war im Lande Weimar viel Mangel. Herder saß betrübt mit am grünen Tisch, und es kam doch auch ihm wie zuvor seinem Freunde Goethe ein zoologischer Vergleich in die Feder, als er in einem an das Kruzifix im Konsistoriumsaale gerichteten bitteren Epigramme seine Amtsgenossen schilderte:

O du Heiliger, bleibt dir immer dein trauriges Schicksal,
 Zwischen Schächern gehängt sterbend am Kreuze zu sein?
Und zu deinen Füßen erscheint das Wort des Propheten,
 Von der Ochsen und Farr'n feisten, geselligen Schar.
Heiliger! blick' auf mich und sprich auch mir in die Seele:
 "Vater, vergib! denn die wissen ja nie, was sie tun."

Zu diesen fatalen Sitzungen im Konsistorium gehörte nun vieles Aktenstudium. Bergehoch türmten sich auf dem

Schreibtische Herders die berüchtigten Aktenkästen, deren Inhalt er durchlesen und mit eigenem, berichtlichem Urteil versehen mußte. Von all dieser oft so trockenen Lese- und Schreibarbeit war ihm aber bis ans Lebensende bei weitem die lästigste die Durchsicht der Kirchrechnungen, die sich zu bestimmten Zeiten des Jahres regelmäßig in beängstigender Menge bei ihm aufhäuften. Was war doch dieses Durchrechnen und Beanstanden der winzigen Sümmchen für ein ödes und kleinliches Geschäft. Für jemanden, dessen hochfliegende Seele sich mit großen Gedanken und weiten Plänen trug und der die flüchtigen Stunden sich mühsam abkargte, um seine eine Welt umfassenden Anschauungen zu Papier zu bringen, mußte es wahrlich eine leidige Arbeit sein, nachzurechnen, ob „12 Groschen für Papier und Bretzeln an die Schulkinder", „3 Groschen 6 Pfennig dem Schullehrer für Baumöl zum Schmieren des Seigers und der Glocken" und „2 Groschen 6 Pfennig für Lichte und Weihrauch zur Christmette" wirklich zusammen 18 Groschen machten. Und in diesem Stile ging es lange, lange Tage ununterbrochen fort.

Dazu kamen die Kandidaten- und Lehrerprüfungen, die Inspektion des Weimarischen Gymnasiums, die Fürsorge für die Lehrer und noch manches andere. Jedenfalls ist's fraglos, daß diese ganze bunte und massenhafte Tätigkeit für einen reichen Geist wie Herder zuviel war. Er wollte unter der Überlast dieser „austrocknenden und verzehrenden Geschäfte" erliegen und schrieb verstimmt über diesen krausen Wirrwarr und dieses ganze geistliche Sisyphus-Handwerk: „Die Kirchenmauer, die gerade vor mir steht, scheint mir unaufhörlich die wahre Bastille, und ich habe von jeher mein Haus, groß und verschnitzelt, unbewohnbar, und wo es bewohnt ist, eingeklemmt und drückend, als das wahre Symbol meines Amtes angesehen."

Das alles war noch nicht das Schlimmste für Herder. Was ihn am meisten bewegte und ergrimmte, war seine Stellung zu dem Hofe, dessen Seelsorger er doch sein sollte und sein wollte.

Als Goethe die Berufung Herders mit so brennend freundschaftlichem Eifer betrieb, hatte er wohl daran gedacht, einen Stürmer und Dränger, einen genialen Feuergeist in die Nähe zu bekommen, mit dem zusammen er eine Welt aus den Angeln heben wollte; aber daß dieser Genius vorerst ein Pfarrer war und seinen geistlichen Beruf auszufüllen im Sinne hatte: daran hatte er nicht gedacht. Er hatte ja selbst seine ganze Juristerei nur nebenbei mit Hilfe seines Vaters und seiner Freunde wie eine Art Spiel getrieben und hatte, wohlhabend wie er war, nie nötig gehabt, nach Brot zu gehen. Vollends jetzt war er, rein äußerlich angesehen, völlig berufslos und eigentlich nur der Freund und Genosse eines Fürsten. Nun kam Herder, wohl noch immer der hochfliegende Geist, aber doch zunächst willens, in aller Treue Pfarrer zu sein. Dafür fehlte dem sprudelnden Goethe der damaligen Jahre doch vorerst noch das Verständnis. Als er gleich nach der Ankunft des geistlichen Freundes auf dessen ernste Vorstellungen hin die Sache mit der Hofgemeinde ordnen mußte, hatte er zum ersten Male etwas von Pfafferei gemurmelt, da doch Herder in seinem klaren Rechte war. Doch hatte er das rasch vergessen, und wie Goethes Tagebuch bezeugt, war in der Anfangszeit der Verkehr des jungen Genius mit dem Pfarrhause hinter der Stadtkirche ein ungemein reger. Aber schließlich wurden sie doch beide an einander ein wenig irre. Goethe stutzte, daß der alte Straßburger Feuerkopf seine geistliche

Rolle so unerwartet ernsthaft auffaßte. Und für den Oberhofprediger war es ein böses Ding, seinen Fürsten von einem so weltlich gesinnten Mentor geleitet und in den Strudel lärmender Zerstreuungen mit hineingerissen zu sehen. Wir Heutigen wissen, wie Goethes Genossenschaft des Herzogs eine völlig zielbewußte, voller reinster Pläne war und wie gerade durch sein scheinbares Eingehen auf jede wilde fürstliche Laune dieser junge Fürst von ihm zu dem emporgehoben wurde, was er schließlich war. Aber wir dürfen uns nicht wundern, wenn damals Herder und viele andere Ernstgesinnte in tiefster Seele zweifelten, ob diese Befriedigung jeder rohen Lust ein Weg nach oben sein könne. Und es war gewiß natürlich, daß sich das Verhältnis des geistlichen Beraters zu dem rein welt=lichen Mentor sehr bald verschob. Zwar drang immer wieder die alte Freundschaft siegreich durch, die beiden Männer waren sich zu innig im Innersten verbunden, als daß sie einander hätten völlig gram sein können. Aber doch war's auch wieder ein Schwanken, das gelegentlich zur Entfremdung führte.

Dazu kam Herders persönliche Reizbarkeit. Er hatte geglaubt, in Weimar der allbelebende Mittelpunkt zu sein, und sah sich durch den genialen jüngeren Freund bald hier und dort zurückgedrängt. Der aber war auch der Liebenswürdigere und darin dem in all seiner feinen Lebensanmut doch gesetzteren, dazu empfindlichen und schwerblütigen Theologen weit voraus. Schließlich war Frau Karoline immer ein wenig rascher mit dem Munde, wie es gut und not war, und jedem Klatsch sehr zu=gänglich. Klatsch hatte sich natürlich in hellen Haufen an den jungen Frankfurter Patriziersohn gehängt, der das stille, schlafende Weimar in Aufruhr gebracht hatte und über alle die biederen einheimischen Beamten hinweg

Kammerpräsident wurde und den Adel erhielt. Da gab's denn auch in der Superintendentur auf dem Topfberge allerlei gallige Bemerkungen zu hören, und die Frau Oberhofprediger ließ auch außerhalb ihrer vier Wände ihr spitziges Zünglein hin und her gehen und verriet, was der witzige Gatte daheim wieder einmal für ein satirisches Wort über den neugebackenen Herrn von Goethe gefunden hatte.

Kurz, es blieb im ganzen ein unerquickliches Verhältnis zwischen Herder und Goethe, das aus schwebender Pein sieben lange Jahre nicht recht herauskam.

Erquicklich war demgemäß auch Herders Verhältnis zum Herzog Karl August nicht. Dem jungen Herrn war es wohl recht, daß ein so berühmter Mann an seinem Hofe Prediger war, aber von der Seelsorgerwirksamkeit dieses Mannes machte er für sich keinen Gebrauch. Er hat die Kirche damals und später nur bei ganz offiziellen Gelegenheiten betreten und hat Herder zumeist nur bei den Amtshandlungen am Hofe predigen hören.

Kurz vor seinem Tode hatte Großherzog Karl August ein Gespräch mit Alexander von Humboldt, dem er bitter klagte, wie der damals einreißende Pietismus ein Niederschlagen aller freien geistigen Regungen bedeute, wie er persönlich aber jetzt in der christlichen Religion, wie sie ursprünglich gemeint sei, viel Tröstliches finde: „Das ist eine menschenfreundliche Lehre, aber von Anfang an hat man sie verunstaltet. Die ersten Christen waren die Freigesinnten unter den Ultras." Der Nachfolger Herders, Röhr, erzählte weiter, daß er am Sonnabend vor Pfingsten 1826 auf dem Schloß mit dem Großherzog in Geschäften gesprochen habe. Sie hätten am offenen Fenster gestanden und die Glocken hätten begonnen das Fest einzuläuten. Der Fürst hörte eine Weile nachdenklich hin und sagte dann: „Sie nehmen sicher Anstoß daran, daß ich nie zur Kirche und zum Abendmahl komme. Es sollte auch nicht so sein. Aber sehen Sie, in meiner Jugend war das nun einmal so; jetzt, wenn ich plötzlich käme, würden die Leute sagen: Seht, nun er alt wird, kriecht der alte Sünder zu Kreuze! Das kann ich nicht ertragen."

„In meiner Jugend war das nun einmal so." Es war die Jugend, da ihm Herder zur Seite stand und darüber tief bekümmert war, daß das vornehmste Beicht= kind seiner Gemeinde seinen Beistand verschmähte. Gewiß hat Karl August schon bald erkannt, was er an dem geistlichen Freunde besaß; er war selbst viel zu groß= denkend, um das nicht genau zu durchschauen, und er hat Herder geehrt, so hoch er nur konnte. Aber zu einem wirk= lich engen Verhältnis zwischen den beiden Großen fehlte doch die Vorbedingung: das Einssein auf der religiösen Grundlage, zu deren Pflege der Oberhofprediger berufen war. Ein Oberhofprediger aber, von dessen geistlichen Gedanken und Reden der Fürst nichts rechtes wissen will, ist immer in mißlicher Lage. Und so hat sich Karl August damit begnügt, unter jenem glorreichen Hofstaate der ersten Geister seiner Nation, die er um sich — ein ihnen ebenbürtiger Freund — sammelte, auch dem Genius Herders eine heimatliche Stätte zu bereiten.

Weit inniger und erquicklicher gestaltete sich von Anfang an Herders Stellung zu Karl Augusts Gemahlin, der edlen, viel verkannten Herzogin Luise. Als die acht= zehnjährige Fürstin im Herbst 1775 in Weimar eingezogen war, hatte sie bald gemerkt, daß an diesem Hofe der Geist nicht wehte, dessen majestätischen und etwas schwer= fälligen Flügelschlag sie bisher gewohnt war und der im Grunde ihrem innersten Wesen am besten entsprach. Eine ernste, tief sittliche Natur mit einer Neigung zu grübelnder Schwermut und zu steifem Zeremoniell, kam sie sich hier einsam und verlassen vor wie in einer fremden Welt. Sie, die mit peinlichster Sorgfalt auf die Innehaltung höfischer Schicklichkeitsregeln, auf edle Sitte und wohlerzogenen Anstand achtete, sah sich dem genialen, stürmischen Treiben ihrer Umgebung gegenüber in einer bang verzweifelten Lage. Die rauhen Lebensgewohnheiten ihres Gatten waren ihr in tiefster Seele zuwider, dieses ganze ungestüme, wilde Leben war ihr verhaßt. Nur mit Mißtrauen sah sie auf Goethes Teilnahme und Führung bei den lärmenden Vergnügungen des Hofes; sie fühlte sich von der alles besiegenden Zauberkraft seines Geistes und seiner Anmut hingerissen und im gleichen Augenblick wieder durch seine übersprudelnde Art abgestoßen; daß dieser apollinische Jüngling im Grunde der beste Genosse ihres Gemahls war, ahnte sie so wenig, wie daß er sie selbst auf das innigste verehrte. Mit stolzer Fassung zog sich Luise von dieser lärmenden Umwelt zurück in sich selbst. Sie ward verschlossen, wortkarg, und ihre fürstliche Würde kam in Gefahr, völlig zu versteinern. Da kam Herder und fand sich bald in derselben Lage wie sie: ein Fremdling in dieser geräuschvollen Welt, die auch er nicht verstand, deren Treiben er nicht billigen konnte. So zogen sie sich gegenseitig an, und bald verband sie ein Band edelster Geistesfreundschaft. Zunächst war es nicht das Gefühlselement der Religion, das Luise bei Herder suchte; ihre verständige, spröde Art lechzte nicht nach dem Rausche frommer Empfindungen, sondern nach strenger Sittlichkeit, ernster Belehrung und straffer Denktätigkeit, die vor den höchsten Fragen nicht zurückschreckte. Wie sie aber gerade dafür einen Halt an Herders Persönlichkeit fand, ließ sie sich auch von ihm gern in die Tiefen des religiösen Gemütslebens führen, dort den Trost findend, der ihrer Seele in der Umgebung nicht gewährt wurde. So ward ihr Herder der rechte Führer zur Weisheit und zum Christentum. Unter dem Einfluß seines umfassenden Geistes entfaltete sich während einer langen Reihe von Jahren das seelische und geistige Leben der Herzogin; und kein Mensch ist ihrem inneren Selbst je so nahe getreten wie Herder. Gern und regelmäßig besuchte sie seine Gottesdienste, und ihr mit den Isabellen bespannter Wagen gehörte Sonntag vormittags zu den ständigen Erscheinungen in den Straßen Weimars, die vom Fürstenhause zur Kirche führten.

Nach außen hin trat das Verhältnis der Herzogin zu Herder und dessen ihr gleichfalls sehr nahestehenden Frau, die sie schon von Darmstadt her kannte, zum ersten Male in die größere Öffentlichkeit, als die fürstliche Frau beim dritten Sohne des Oberhofpredigers die Gevatterschaft annahm. Als im Jahre darauf ihr selbst die schwere Stunde nahte, durfte allein Karoline Herder um sie sein, und Herder mußte dann auf ihren Befehl das frohe Ereignis von der am 3. Februar 1779 geborenen Prinzessin an Lavater melden. Er tat es in dem Brief, der für ihn so bezeichnend ist wie für sie. „Lieber Lavater! Die Herzogin Luise hatte mir befohlen, Dir ihre Entbindung, wenn sie geschehen sein würde, zu melden. Sie ist heute geschehen, morgens gegen sechs Uhr. Sie hat eine Prinzessin, ein großes, schönes Kind, und Goethe versichert, daß es gerade die Genie-Nase mit breitem Sattel nach Deiner Angabe habe. Ich, den nun eigentlich der Sattel weniger interessiert, freue mich herzlich, daß das liebe Geschöpf, ihr Fleisch und Blut, da ist . . . . Meine Frau ist dabei gewesen, da das Kind kam, und kommt jetzt eben wieder von ihr. Ich hoffe und wünsche, daß die Schmerzen sich bald in Freuden, Mutterfreuden verwandeln mögen. Sie ist alles, was Du weißt, und tausendmal mehr: Ein Baum Gottes an Standhaftigkeit und fester Seele und die zarteste Blume an Unschuld und Treue und Freundschaft. Gott helfe dem Engel bald."

Als dann die Predigt am Dankfest wegen der Geburt der Prinzessin, die Rede bei ihrer Taufe und das Einsegnungsgebet beim Kirchgang der Herzogin zu halten waren, hat Herder in vorbildlicher Weise gezeigt, wie der Prediger das Amt des Seelsorgers mit dem des mitfühlenden Freundes bei solchen Gelegenheiten vereinen kann und soll. Hatte er doch vor anderen in seinem zarten Gemüt und mit seinem hellen Blick die Fähigkeit, sich in die Empfindungen seiner Mitmenschen zu versetzen, sie bis in die geheimsten Herzensregungen zu verfolgen und für sie den treffendsten und schönsten Ausdruck zu finden.

Herder durfte der Herzogin als geistiger Führer einen Blick in die Meisterwerke des Schrifttums eröffnen, an seiner Hand lernte sie Shakespeare kennen und verstehen. Er ward ihr Lehrer in der lateinischen Sprache, denn die Römer mit ihren heroischen Gestalten hatten es der herben Seele der Fürstin vor allem angetan; „unersättlich an römischem Geist" nennt sie Herder. Ein lebhafter Briefwechsel spann sich zwischen beiden hin und her, nicht eigentliche Briefe, aber kurze Zettel mit Mitteilungen, Fragen, Ratschlägen, Tröstungen, und immer mit gegenseitigem tiefen Verständnis. Als einst eine kostbare Minerva aus schwarzem Stein in das Studierzimmer des verehrten Seelsorgers zog, hat er sich für das prächtige Geschenk mit den warmen Versen bedankt:

O du, die tief in sich verhüllt,
Mit mehr als Panzer, Helm und Schild,
Mit stiller Weisheit angetan,
Jungfräulich wandelt ihre Bahn

Und blickt hinab. — Geliebtes Bild!
Das schweigend ihre Seele füllt,
Die dich mir gab. — Belebe dich,
Blick auf dein gutes Auge, sprich! —
Du schweigest, Holde! bist von Stein, —
Ein Fels der Güte mir zu sein.

Als im September 1781 statt des gehofften Prinzen eine tote Tochter zur Welt gekommen war, hat Herder in einer seiner gedankentiefsten Predigten über das Hiobs=Wort von dem frühen Welken menschlichen Lebens (Kapitel 14, Vers 1, 2 und 5) der Tiefgebeugten den Trost der Religion gespendet und ihre gramvolle Seele aus der Grabestiefe zu einem Leben im Ewigen erhoben. „Men=schen, auf eurer Erde ist nicht der Sitz der Ruhe: sie ist kein Wohnhaus ewiger Wünsche." Durch Glaube, Liebe und Hoffnung werden die Geprüften inne werden, daß es noch eine höhere Welt gibt als diese arme Erde. Und dieses Zusammenfließen der Empfindungen zweier Welten spendet dem bedrückten Herzen himmlischen Trost.

Und als dann der ersehnte Tag gekommen und seinen Eltern ein Sohn, dem Lande ein Erbprinz gegeben worden war (2. Februar 1783), da hat Herder dem mit meister=haftem Wort von neuem beredten Ausdruck gegeben, was alles an Jubel und Dank durch die Seelen des herzoglichen Paares und durch die des ganzen Volkes zog. In der Taufrede feierte er mit hinreißendem Schwunge in dem neugeborenen Fürstenkinde den Abkömmling der großen Reformationsfürsten. „Der Geist solcher Vorfahren, eines Friedrich des Weisen und Philipp des Großmütigen, möge auch ihn umschweben und ihn auf leuchtender Bahn führen; das tapfere Wahrheitsgefühl seines Vaters, die stille, goldene Großmut seiner Mutter aber müssen das felsen=feste Fundament seiner Tugenden, Bestrebungen und Ver=

dienste werden, damit er, für das glänzendste und ge=
fährlichste Los der Regierung bestimmt, sich früh an
Wahrheit, auch an bittere Wahrheit gewöhne, und sein
Herz gesund, sein Verstand richtig, seine Hand und seine
Tat fest und treu werden möge." Wieland meinte über
diese Taufrede, Herder habe gesprochen wie ein Gott;
er kenne nichts Sublimeres, Herzerfassenderes, schöner
Gedachtes und schöner Gesagtes weder in der deutschen,
noch in einer anderen Zunge. Auf derselben Höhe geist=
licher Beredsamkeit stehen die beiden Predigten, die Herder
aus dem nämlichen Anlaß gehalten hat und die er vor
der Veröffentlichung durch den Druck Goethe vorlegte:
die eine „Zum Dankfest wegen der Geburt des Erbprinzen"
über Psalm 102, Vers 26—29 mit dem Thema ‚Es bleibe!
es gedeihe der neue Zweig dieses Stammes' und die andere
„Am Fest des Kirchganges Ihrer Durchlaucht nach der
Geburt des Erbprinzen" über Psalm 128, Vers 4—9,
die von dem Glücke redet, das Gott fürs menschliche
Geschlecht im Sinne hatte, da er dasselbe an Regierungen
band.

Voll rührender Zeugnisse der beiderseitigen Ver=
ehrung sind die Schreiben, die zwischen der Herzogin
und Herder hin und her gingen. Und die Hoheitsvolle, die
sich streng von höfischer Regel umhegt hält, läßt diesem
Freunde gegenüber manchmal den verschlossenen Ernst
ihres Wesens mit herzlicher Offenheit tauschen. Ja, sie
versteht und trägt geduldig auch die unseligen Empfind=
beleien des leicht verletzten und zum Mißtrauen geneigten
Mannes. „Mein Bild ist nun bei Ihnen, mein lieber
Herder, und soll Ihnen täglich sagen und versichern, daß
Sie mir trauen sollen, daß ich Sie ohne Nebel sehe und
daß Sie mir wert sind und es ewig bleiben werden." Der
aber vergalt so viel fürstliche Huld und Freundschaft mit

grenzenloser Verehrung. Seine Worte aus Rom sind innerste Wahrheit: „Gott weiß, wie ich Euer Durchlaucht verehre und immer verehren werde; auf dem engen, verworrenen Wege meines Lebens ist das Bild E. D. eine zu große, schöne Erscheinung gewesen, als daß es nicht mit unter die ewigen Gedanken und Empfindungen gehörte, die nur der letzte Strom, durch welchen wir müssen, aus mir tilgen könnte. Wie vieles ich E. D. schuldig bin, habe ich nie sagen können, viel weniger kann ich's schreiben."

Bei dem seelischen Zwiespalt zwischen den herzoglichen Ehegatten, der oft zu völliger äußerer Entfremdung sich zu steigern drohte, entstand naturgemäß innerhalb der Hofgesellschaft eine Spaltung: die einen hielten's mehr mit Karl August, die anderen standen mehr oder weniger verbittert auf Luisens Seite. Daß sich Herder zu der letzteren Partei schlug, brachten die Beziehungen mit sich, die er als Berater und Freund zur Herzogin hatte, während er dem Herzog fremder und Goethe mit zunehmender Ferne gegenüberstand. Zur jenseitigen Gruppe konnte er bis zu einem gewissen Grade die Herzogin-Mutter Anna Amalia rechnen, mit der er innerlich erst später durch die gemeinsamen italienischen Tage verbunden wurde; bis dahin stand er in kühler Verehrung zu ihr, deren lebenskräftige, gelegentlich burschikose Art ihm wie der Herzogin Luise in tiefster Seele nicht sympathisch war. Auf der letzteren Seite fand er sich zunächst mit dem Grafen Görtz vereint, einst Erzieher Karl Augusts, jetzt Oberhofmeister der Herzogin, rasch ein eifriger Zuhörer und Verehrer Herderscher Predigten, in denen er für manche erlittene Kränkung Trost fand. Auch der Minister Voigt teilte anfangs die Mißstimmung der Beamtenkreise über den allmächtigen Günstling des

Herzogs und wurde mehr dadurch als durch innere Seelen=
gemeinschaft in den ersten Jahren Herders nächster Um=
gang; später ist aus diesem Bunde, zumeist durch die
Schuld der beiderseitigen Frauen, ein verstimmtes Neben=
einanderhergehen und dann ein kühles Auseinanderfallen
geworden.

Mehr eine unparteiische Mittelstellung in dem Ge=
triebe des Hoflebens nahm Knebel ein, der gescheite, gut=
mütige Biedermann und Kavalier, ohne allen streberhaften
Ehrgeiz, seit 1774 Gouverneur des Prinzen Konstantin.
Er trat bald zu Herder in ein näheres Verhältnis, das zu
einer dauernden, kaum je getrübten Freundschaft wurde,
wovon ein lebhafter, an Plaudereien und Neckereien reicher
Briefwechsel beredtes Zeugnis ablegte. Später erhielt
freilich auch dieser Bund etwas von der mißvergnügten
Verbitterung, die sich in beiden früh alt gewordenen Män=
nern festgesetzt hatte, als sie sich vom Hofe zurückgesetzt
und von Goethe ungebührlich überstrahlt wähnten. Aber
in den ersten Jahren war von solcher Getrübtheit nichts
zu merken; beide tauschten miteinander ihre Gedanken
und fanden sich dabei sehr häufig von dem gleichen sitt=
lichen Urteil und dem gleichen lebhaften Gefühl für Wahr=
heit, Recht und Ehrbarkeit beseelt.

Auch mit Wieland bildete sich rasch eine persönliche
Befreundung. Literarisch waren sie einander schon längst
nicht mehr fremd, wie ja auch Wieland den ersten
Anstoß zu Herders Berufung nach Weimar gegeben und
ihn als erster bei seiner Ankunft dahin besucht hatte. Als
die ersten Schriften Herders ausgegangen waren, meinte
Wieland, er habe nie einen Kopf gekannt, in dem
Metaphysik, Phantasie, Witz, griechische Literatur, Ge=
schmack und Laune auf eine abenteuerlichere Weise durch=
einander gärten: daraus könne nur entweder ein aus=

gesuchter Narr oder, was wahrscheinlicher sei, ein sehr
großer Schriftsteller werden. Herder, der seinerseits Wie=
land hoch verehrte, hatte dann für Wielands Blatt, den
„Teutschen Merkur", mehrfach Beiträge geliefert, von
denen freilich der schöne Aufsatz über Hutten nicht den
Beifall des Herausgebers gefunden hatte, weil der für
sein zahmes Journal gar zu stürmisch war und er sich
zudem durch Herders kraftvolle Verteidigung des huma=
nistischen Ritters gegenüber dem vorsichtigen Erasmus in
seiner eigenen Persönlichkeit gekränkt fühlte; war er doch
dem klugen, tatenlosen Gelehrten der Reformationszeit
selbst sehr verwandt und mochte darum nicht leiden, daß der
mit Hohn und Verachtung überschüttet würde.

Das erste, was Herder in Weimar veröffentlichte,
war ein Aufsatz über „Philosophie und Schwärmerei"
in Wielands Merkur mit dem Schlusse: „Der Weise
ist weder Grübler noch Schwärmer, sieht beide Abwege
und nutzt beide; liegt euch immer, spricht er, einander
in den Haaren, ich gehe mitten unsichtbar durch." Mit
diesem vermittelnden Standpunkt, daß der Weise Kopf
und Herz zugleich sei, hatte sich Herder von dem Bücke=
burger mystischen Begeisterer, der eigentlich nur Sinn
für das Herz gehabt, losgesagt und war zu Mäßigung
und Besonnenheit zurückgekehrt. Dafür war nun Wieland
der geeignete Mann, diese Rückkehr zu beschleunigen;
er, der selbst eine Mittelstellung zwischen dem Nüchternen
und Genialen, zwischen Grübelei und Schwärmerei ein=
nahm, konnte durch seine persönliche Einwirkung den
neuen Freund vorzüglich auf der Bahn zum Gleichmaß
von Klarheit und Wärme vorwärtsschieben.

Herder gewann Wielands Zuneigung rasch genug.
Acht Tage nach seinem Eintreffen schrieb dieser schon:
„Mein Herz flog ihm beim ersten Anblick mächtig ent=

gegen ... So oft ich ihn ansehe, möcht' ich ihn zum Statthalter Christi und Oberhaupt der ganzen ecclesia catholica machen können ... Meine ganze Seele ist voll von dem herrlichen Mann." Und Goethe erzählte nachmals: „Als Herder nach Weimar kam, wurde Wieland mir ungetreu; Herder nahm ihn mir weg; denn dieses Mannes persönliche Anziehungskraft war sehr groß."

Wieland bewährte sich in treuer Freundschaft. In den Herderschen Geldnöten hat er oft durch Darlehen geholfen. Auch die Frauen fanden sich und die Kinder zu „einer gut hausgesponnenen Art von Familienfreundschaft". Auch behielt die beiderseitige Freundschaft trotz etliche Male eingetretener Trübungen, wie sie die Necklust und Empfindlichkeit Herders, sowie sein starkes Selbstgefühl allzuleicht hervorrufen konnte, ihren Halt und ihre Stärke. Der erste Enthusiasmus mußte mit zunehmenden Jahren naturgemäß etwas verrauchen, aber ein gutes mittleres Freundschaftsverhältnis blieb zwischen den beiden Männern und ihren Familien dauernd bestehen.

Unter den Männern, denen Herder in der ersten Weimarischen Zeit näher trat, verdienen noch die beiden wunderlichen Menschen und humoristischen Müßiggänger August von Einsiedel und Prinz August von Gotha genannt zu werden. Der erstere, ein Mann von Weltgewandheit und unersättlicher Wißbegierde, von radikalster Lebensauffassung und lockersten Sitten, saß halbe Nächte bei Herder, mit ihm die Pfeife rauchend und die Welt regierend; auch dann noch, als die Hofgesellschaft den Leichtsinnigen hatte fallen lassen, bewahrte ihm Herder in großherziger Duldung seine Teilnahme und Zuneigung. Der zweite, nicht minder radikal wie der Bergrat, und dabei noch durch und durch irreligiös als vollkommener Schüler Voltaires, hielt doch mit dem Weimarer Generalsuperintendent gute Nachbarschaft und Freundschaft; sie fanden sich in der beiderseitigen Abneigung gegen alles Scholastische und Spekulative, und haben, durch gemeinsame literarisch=ästhetische Interessen und menschlich=gemütliche Bedürfnisse verbunden, ein Vierteljahrhundert hindurch sich treue Freundschaft gehalten.

Nicht der Weimarischen Residenz selbst, sondern wie der Prinz von Gotha ebenfalls der Nachbarschaft gehörte der Statthalter von Erfurt, der nachmalige Kurfürst von Mainz, Karl von Dalberg an, der, ein aufgeklärter aber frommer Katholik, oft an den Musenhof herüberkam, mit Herder in ein persönliches Freundschaftsverhältnis trat und von auswärts mit ihm einen Briefwechsel führte, der so lebhaft war, als es Herders Mangel an Briefschreibelust nur irgend gestattete.

Auch Frauen müssen genannt werden, die Herder und seinem Hause nahe standen; zog ihn doch stets eine starke natürliche Verwandtschaft zu dem weiblichen Geschlecht, wie andererseits die Frauen sich zu ihm gezogen fühlten und ihn mit weiblicher Liebenswürdigkeit und Schmeichelkunst umgaben. Sie freuten sich an den weichen Tönen seines Wesens, wie sie aus seiner Stimme und seinem Betragen ihnen erquicklich entgegenklangen, und ließen sich doch auch durch die überlegene Besonnenheit seines Urteils und die ernste Würde seines Auftretens imponieren. Auch gefiel ihnen die Heiterkeit, die mit Witz und Humor von ihm ausstrahlen konnte. Er wiederum fand sich durch das Sanfte, Hohe und Reine edler Frauenseelen wie durch das Ästhetisch=Sittliche in der Form weiblicher Anmut unwiderstehlich hingezogen.

Der Kreis weiblicher Verehrerinnen Herders erstreckte sich weit über Weimar hinaus. In edler Freundschaft waren ihm sonderlich zugetan Frau von Verlepsch,

Frau von Stein und Frau von Frankenberg. Das Verhältnis zu Frau von Schardt, das ihn jahrelang in Banden schlug, drohte manchmal etwas Schiefes und Mißliches zu bekommen, da die Grazie des Schalksinns, den er bei der jungen Frau zu finden meinte, in ihm eine wirkliche Verliebtheit entzündete. Doch hat er die heiße Leidenschaft in den Stunden der Gefahr wacker niedergekämpft, ohne je völlig unterlegen zu sein. Schließlich hat er nach jahrelanger schwärmerischer Verehrung die schmerzliche Erfahrung machen müssen, daß die süße Reine gar nicht so rein, die hold Unschuldige gar kein solcher Engel war, wie er geträumt und gewähnt hatte, sondern eine herzlose Kokette.

So wuchs Herder in die neue Umgebung hinein und fühlte sich wohl in dieser weiteren Welt, die seinen Geist auf das mannigfachste anzog und befruchtete. Schon am 25. September 1777 schrieb er an Hartknoch: „Seitdem ich in Sachsen bin, mehr Menschen kenne und von mehreren gekannt werde, geprüfter, reifer und stärker werde, soll hoffentlich jetzt ein zweites Mannesalter meines Lebens beginnen."

2. Neue Werke.

Seinen Vorsatz, die Schriftstellerei hinfort zu meiden und sich mit der Ausübung seiner Amtsgeschäfte zu begnügen, hat Herder nur eben so lange ausgeführt, als ihm körperliches Unbehagen und das Eingewöhnen in den neuen, umfassenden Wirkungskreis den Atem benahm. Sobald er soweit eingearbeitet war, daß er die Last des Dienstes einigermaßen bewältigen konnte, griff er erneut zur Feder und meldete sich seinem Freunde und Verleger Hartknoch wieder als Autor an, der einen ganzen Haufen von Plänen bei sich trüge.

Die erste der neuen Schriften galt einer alten Liebe, der Bildhauerkunst. Sie hieß: „Die Plastik. Einige Wahrnehmungen über Form und Gestalt aus Pygmalions bildendem Traume." Als Herder vor Jahren die Pariser Kunstsammlungen durchwandert hatte, waren ihm die Jugendgedanken wieder lebendig geworden, daß das Wesen der verschiedenen Künste aus den verschiedenen Sinnen abzuleiten sei, wie er schon im vierten kritischen Wäldchen dargetan hatte. Vor den alten und neuen Bildhauerwerken hatte er seine Lieblingsvorstellung bestätigt gefunden, daß die Bildnerei die Kunst des Gefühls sei. Das Gesicht, lehrt er, sieht nur Flächen, das Gefühl tastet Formen. Die Plastik ist die Kunst des Gefühls. Die tastende Hand ist das Organ für die Schönheit der Form. Sie gleitet die Flächen hinab und genießt den Fluß und die Rundungen der Linien. Soll das Auge der plastischen Schönheit als Tor der Seele dienen, so vertritt es nur die Stelle des Gefühls, so wird durch das Auge die Seele des Betrachters ganz Gefühl. Hiernach bestimmt sich das Gesetz der schönen Gestaltung der Form. Für den dunkeln, aber mächtigen Sinn des Gefühls sind die Flächen groß und nackt und frei zu bilden.

Diese Beobachtungen schrieb Herder nun auf. „An einem Skulpturenwerk muß nichts bloß ersehen und als Fläche behandelt, sondern vom zarten Finger des innern Sinns und harmonischen Mitgefühls durchtastet sein." Freilich hat das Wort Gefühl hier wie überhaupt in unserer Sprache einen Doppelsinn, und so bleibt Herders Anschauung unklar oder zweideutig. Als er später in Rom vor jener Überfülle plastischer Gestalten stand, die uns dort das Altertum zurückließ, fand er sich mit seiner alten Methode nicht mehr zurecht und er hätte fast Lust gehabt, diese ganze große Kunst zu schmähen, weil sie sich seinen Studierstuben=Theorien nicht fügen wollte. Aber wie er stets voll genialer Anregungen war, wohin nur immer sein Blick und sein Gedanke sich wandte, so hat er in eben dieser Theorie, die er jetzt veröffentlichte, gerade das geboten, was der damaligen Rokokokunst am meisten not war: die schroffe Scheidung des Malerischen von dem Plastischen, denen beiden eigentümliche Beschränkungen und doch auch wieder eigentümliche Freiheiten zu= stehen. Und eben diese hat er mit wahrhaft genialem Scharfsinn ermittelt. Sodaß es begreiflich ist, wie diese beredte Schrift von sich geradezu überstürzender Ideen= fülle für A. W. Schlegel unter allen Herderschen Werken die Lieblingsschrift bildete. Übrigens war sie auch die letzte, die er in seiner stürmischen und kraftgenialischen Jugendweise schrieb. Alle folgenden sind in der Form weit abgeklärter und in ihrer ganzen Gedankenführung viel ruhiger und besonnener.

Die 1777 gegründete Gesellschaft der Altertümer in Kassel hatte als erste von ihr ausgeschriebene Preisaufgabe eine Lobschrift auf Winckelmann gefordert, worin ausge= führt werden sollte, auf welchem Punkte Winckelmann die Altertumswissenschaft vorgefunden und auf welchem er sie zurückgelassen hatte. Als Preis war eine goldene Me= daille im Werte von 400 Livres ausgesetzt. Die Preisschrift durfte — so gestattete das natürlich in französischer Sprache verfaßte Ausschreiben gnädigst — französisch, deutsch, italienisch oder lateinisch geschrieben sein, gedruckt würde sie aber nur französisch werden. Herder, der dem großen Altertumsforscher so viel verdankte, ging mit leb= hafter Freude an die Bearbeitung der willkommenen Auf= gabe. Und er hob an: „Zuvörderst erbitte ich mir die Freiheit, als Deutscher über Winckelmann deutsch schreiben zu dürfen. Winckelmann war ein Deutscher und blieb's selbst in Rom: er schrieb seine Schriften auch in Italien deutsch und für Deutschland, nährte die Liebe zu seinen Landsleuten und zu seinem Vaterlande auch in jener Ferne; schien endlich nicht sterben zu können oder zu sollen, bis er die Nation wiedergesehen, die sich im Grunde so wenig um ihn bekümmert hatte. Er ist in der Zahl der wenigen, die den deutschen Namen auch in Gegenden schätzbar gemacht, wo man ihn sonst unter dem Namen der Goten zu begreifen gewohnt ist... Ich schreibe deutsch. Verdient's meine Schrift, so werde sie übersetzt; wo nicht, so bleibe und daure sie, ein deutsches Denkmal, ein roher, ungebildeter Stein mit Winckelmanns Namen beschrieben und wie ein einsamer Grabhügel, dem Andenken eines Helden heilig." Auf diesem prächtigen nationalen Grundton erklang nun ein voll strömendes Loblied des Gefeierten. Aber gerade dieser deutsche Klang mochte den Kasseler Französlingen sehr unerwünscht und unvornehm dünken. Nicht Herder erhielt den Preis, sondern sein Göttinger Freund Heyne, der eine rechte gelehrte und nüchterne Professorenarbeit eingereicht hatte. Es ist wie eine bittere Ironie des Schicksals, daß wenige Jahre danach der preisgekrönte Göttinger bei seinem Weimarer Freunde anfragte, ob er ihm nicht behilflich sein könne, die goldene Preismedaille zu versilbern. „Ich möchte Geld statt ihrer." Das hat ihm freilich Herder nicht schaffen können. Aber er hat das Gold seines eigenen schönen Aufsatzes nicht im Schachte seines Schreibtisches vergraben gehalten, sondern es 1783 durch den Druck in gangbare Münze umgeprägt, sodaß wir uns heute noch an dieser ungekrönten Preisschrift „Denkmal Johann Winckelmanns" erfreuen können.

Zu Weihnachten 1778 schickte Goethe an Frau von Stein ein Büchlein „Lieder der Liebe, von einem weisen

König gesungen und einem weisen Manne kommentiert".
Dieser weise Mann war Herder, der soeben bei Weygand
in Leipzig sein Werk über das Hohelied Salomonis heraus=
gegeben hatte unter dem Titel: „Lieder der Liebe; die
ältesten und schönsten aus dem Morgenlande; nebst vier=
undzwanzig Minneliedern."

Kein Buch der Bibel ist von den Theologen so ge=
mißhandelt worden wie das Hohelied. Der dogmatischen
Auffassung dieses Buches galt es von vornherein als eine
frivole Unmöglichkeit, daß sich unter diese heiligen Schriften
etwas verirrt haben sollte, was man etwa gar — es war
schrecklich zu sagen — als Liebeslied auffassen könnte; und
mit wahrhaft unerschrockenem Mute ging die Kirche daran,
diesen Worten einen Sinn unterzulegen, der all das An=
stößige in übersinnliche Frömmigkeit zu wandeln ver=
mochte. So trat an die Stelle des schlichten Sinns der
gesuchteste Unsinn. Redete der heilige Schriftsteller von
den purpurnen Fäden der Lippen seiner Geliebten, so
waren damit die zwei Symbole der alten Kirche gemeint,
sprach er von den Füchsen im Weinberge, so wollte er
die Ketzer und Irrlehrer kennzeichnen, schilderte er in
orientalischer Glut unter den Leibesschönheiten der Freun=
din ihren Nabel, der wie ein runder Becher sei, so deute
er damit auf den wiederhergestellten Kelch bei der Abend=
mahlsfeier. Kurz, es blieb dabei, daß in diesem Buche
Christus als der Geliebte, die Kirche als seine Braut dar=
gestellt werde. Gegen diesen wahnwitzigen Wust von
Deutungen erhob sich Herder mit reformatorischem Eifer,
damit der buchstäbliche und natürliche Sinn des Buches,
wie er sich jedem unbefangenen und des morgenländischen
Geistes kundigen Leser aufdrängt, wieder hergestellt werde.
Und es war ein großer Dienst, den Herder der Kirche
und der Wissenschaft erwies, daß er den Mut und das

Geschick hatte, durch geschmackvolle Übersetzung und Unterscheidung der einzelnen kleinen Lieder, welche hier in einer Anthologie der Liebe gesammelt sind, die orientalische Einfalt, die natürliche Reinheit und Schönheit, ja die Sittlichkeit dieses Buches zu erweisen. Von ihm hat die Theologie endlich gelernt „das Buch ohne alle Hypothese in seiner Einfalt und nackten Unschuld so edel, anständig und klar, wie es ist, zu nehmen — ein Myrtenhain der Liebe". Von ihm lernte sie, den „von allen Auslegern beleidigten klaren Wortverstand, den Ausleger aller Ausleger" reden zu lassen, um Seele, Zweck und Geist des Buches zu erhaschen. Dabei ist es Herder freilich begegnet, daß er die übergroße sittliche Zartheit seines Wesens auch auf dieses Buch übertrug und daß er in einer allzu jungfräulichen Auffassung die darin besungene Liebe gar zu übersinnlich und zu wenig orientalisch nahm. In seinem unermüdlichen Streben, die poetische Grazie und die Unschuld dieser Gesänge zu preisen, sah er an der heißen morgenländischen Sinnenglut vorüber, die uns aus diesen Versen entgegenweht. Aber diese Einseitigkeit kann sein bahnbrechendes Verdienst nicht schmälern.

Diesem altorientalischen Minnesang hing Herder im Druck noch 24 alte Minnelieder des Mittelalters an. Und damit war der Übergang zu seiner Veröffentlichung der Volkslieder gefunden, die ihm den größten Ruhm eingetragen hat. Ist doch erst durch ihn der Begriff des Volksliedes ein wirklicher geschichtlicher Begriff geworden. So sind diese Volkslieder bis heute Herders wichtigste, weil jedermann zugängliche Veröffentlichung, und ihres Lobes ist mit Recht bis auf diesen Tag kein Ende. Noch der greise Goethe sagte zu Eckermann: „Was lebte denn in meiner Jugend von unseren . . . alten Liedern im eigentlichen Volke? Herder und seine Nachfolger mußten erst anfangen sie zu sammeln und der Vergessenheit zu entreißen."

Schon in Straßburg hatte Herder eine Sammlung von Volksliedern angelegt, und Goethe hatte ihm dabei geholfen. Es sollten die besten und edelsten Liederschätze aller Zeiten und Völker zum Genuß und zur Nacheiferung gesammelt werden. Seine Braut schrieb sie damals säuberlich zusammen in ein Oktavheft von Postpapier mit silberpapiernem Umschlage. Dieses „silberne Buch" enthielt vierundsiebzig Nummern, darunter viel Volkspoesie neben Stücken aus Ossian und Shakespeare; auch einige Lieder von Zeitgenossen waren dabei. Doch wurde nur das Kräftige und Naive aufgenommen; alles Reflektierte und Überbildete, alles Unsichere und Gemachte blieb ausgeschlossen. Da fing Herder sogar an, an Klopstock zu zweifeln, und auch um Kleist ward ihm bange. Er schickte der Freundin ein nordisches Lied und schrieb dazu: „Wundern Sie sich nicht, daß ein lappländischer Jüngling, der keinen Buchstaben und keine Schule, ja fast keinen Gott kennt, besser singt, als der Major Kleist! Denn jener sang das Lied eben aus dem Fluge, da er mit seinen Renntieren über den Schnee hinschlüpfte und ihm die Zeit lang ward, den Orasee zu sehen, wo sein Mädchen wohnte: Kleist aber ahmte es aus dem Buche nach." Es blieb Herders Grundsatz, daß die Dichtkunst eine Welt- und Völkergabe sei, nicht ein Erbteil einiger fein gebildeter Männer.

Die Sammlung wuchs im Laufe der Jahre; aber Herder kam nicht dazu, sie zu veröffentlichen. Er scheute sich vor neuen literarischen Fehden, denn er wußte, daß die Nicolaiten über ihn herfallen würden, wenn er dieses alte, unaufgeklärte, gereimte Zeug drucken lassen würde. Und wenn es ihn auch wieder reizte, das Publikum von neuem durch dieses unerhörte Neualte aufzuregen und zu ärgern, so kamen doch allerlei äußere Hindernisse dazwischen. Da drangen die Freunde auf ihn ein, die Sammlung endlich herauszugeben. Vor allem Gleim, der ihn beschwor: „Um meines hohen Alters willen, teurer Mann, geben Sie doch bald Ihre Volkslieder."

1778 und 1779 erschien die Sammlung bei Weygandt in Leipzig in zwei Teilen.*) Zwei schöne Vorreden leiteten sie ein. In der einen spricht Herder seine Meinung darüber aus, was er eigentlich für das Wesen des Liedes halte. Das Wesen des Liedes sei Gesang, nicht Gemälde; das Lied müsse gehört, nicht gesehen werden; kunstvolle Zusammenfügung niedlicher Farben, Glanz und Politur mögen die Hauptvollkommenheit der Kabinett- und Toilettenstücke der Lyrik bilden, der Sonette, Madrigale usf., die Vollkommenheit des Liedes liege im melodischen Gange der Leidenschaft oder Empfindung, liege in der Weise. Damit wurde denn freilich ein vernichtendes Donnerwort gegen die ganze konventionelle Lyrik jener Tage geschleudert, und die Bahn ward frei für die Lieder Goethes und Bürgers, Uhlands und Mörikes.

In einer etwas gezwungenen Ordnung, die dem silbernen Buche noch unbekannt gewesen war, gliederte Herder die reichen Schätze seines Sammelfleißes in sechs Bücher: Lieder aus dem hohen Norden, aus dem Süden, aus dem Nordwesten, aus dem Norden, deutsche Lieder, Lieder der Wilden. Herders Übersetzung, die mit feinstem Verständnis jeder fremdländischen Empfindung, jeder Schattierung eines Gefühls und seines Wortausdrucks sich

---

*) Erst die späteren Herausgeber haben dem Werke den Titel „Stimmen der Völker in Liedern" gegeben, Herder selbst würde den Namen „Stimme der Völker" gewählt haben.

anzuschmiegen weiß und es dann noch fertig bringt, ohne
Geziertheit und Zwang für diesen fremden und fernen
Volksgeist die entsprechenden deutschen Worte zu finden,
ist eine geradezu wunderbare Leistung. Nie wieder haben
wir unter uns ein solch aufnahmefähiges Talent gehabt,
nie wieder hat einer unter uns Geist und Ton der Lyrik
so treu auffassen und wiedergeben können, wie Herder. In
seiner Übersetzung trat die Eigentümlichkeit der deutschen
Art, als deren Vorzug er selbst es bezeichnete, daß er
die Blüte des menschlichen Geistes, die Dichtung, von dem
Gipfel des Stammes jeder Nation brechen dürfe, aufs
deutlichste hervor.

Als auf den Tag genau fünfzehn Jahre nach Herders
Tode, am 18. Dezember 1818, vor der russischen Kaiserin
Maria Feodorowna in Weimar jener Maskenzug vorbei=
zog, den Goethe ersonnen hatte, um der hohen Frau die
ganze Bedeutung der kleinen Ilmstadt vor die Augen zu
führen, ließ der Altmeister, nachdem Gestalten aus
Wielands Oberon vorübergeeilt waren, auch Herders Geist
in seinen Werken auftreten. Und er ließ Legende und
Barde vorführen, um auf Herders schönste Eigenschaft hin=
zuweisen: „die Stimmen aller Völker zu vernehmen und
aus ihren heimischen Tönen auf die Eigenheiten ihrer
Neigungen, Tugenden und Fehler zu schließen." Und
der Ilme, die den erläuternden Text zu sprechen hatte,
legte er die herrlichen Worte in den Mund, die die schönste
Kennzeichnung Herders und seiner unsterblichen Verdienste
um die Dichtkunst bieten:

>Ein edler Mann begierig zu ergründen,
>Wie überall des Menschen Sinn erſprießt,
>Horcht in die Welt, so Ton als Wort zu finden,
>Das tausendquellig durch die Länder fließt.
>Die ältesten, die neusten Regionen
>Durchwandelt er und lauscht in allen Zonen.

Und so von Volk zu Volke hört er singen,
Was jeden in der Mutterluft gerührt,
Er hört erzählen, was von guten Dingen
Urvaters Wort dem Vater zugeführt.
Das alles, was Ergötzlichkeit und Lehre,
Gefühl und Tat, als wenn es eines wäre.

Was Leiden bringen mag und was Genüge,
Behend verwirrt und ungehofft vereint,
Das haben tausend Sprach- und Redezüge,
Vom Paradies bis heute, gleich gemeint.
So singt der Barde, spricht Legend' und Sage,
Wir fühlen mit, als wären's unsre Tage.

Wenn schwarz der Fels, umhangen Atmosphäre
Zu Traumgebilden düstrer Klage zwingt,
Dort heiterm Sonnenglanz im offnen Meere
Das hohe Lied entzückter Seele klingt;
Sie meinen's gut und fromm im Grund, sie wollten
Nur Menschliches, was alle wollen sollten.

Wo sich's versteckte, wußt' er's aufzufinden,
Ernsthaft verhüllt, verkleidet leicht als Spiel;
Im höchsten Sinn der Zukunft zu begründen,
Humanität sei unser ewig Ziel.
O, warum schaut er nicht in diesen Tagen,
Durch Menschlichkeit geheilt, die schwersten Plagen.

Dem Zuge der Zeit folgend hatte man auch in München eine Akademie der Wissenschaften gegründet. Die erste Preisaufgabe derselben über das Thema: „Welchen Einfluß hatte die Dichtkunst in den ersten Zeiten auf die Sitten der Völker, und welchen hat sie jetzt?" löste Herder mit seinem Aufsatz, der, wie nie zuvor geschehen war, zur Erläuterung seiner Gedanken die Geschichte der Poesie heranzog, zur Zufriedenheit der Preisrichter; er erhielt dafür am 25. Februar 1778 die goldene Medaille im Werte von zehn Dukaten.

Für die zweite Preisschrift derselben Akademie über den „Einfluß der schönen Wissenschaften auf die höheren Wissenschaften" bekam er indessen nur den halben Preis, eine goldene Medaille im Werte von sechs Dukaten: er hatte die Arbeit wohl auch gar zu rasch hingeworfen, wenn ihm auch seine pädagogischen Erfahrungen als Schulmann und gegenwärtiger Leiter des Gymnasiums wie des Volksschulwesens gute Gedanken genug in die Feder gegeben hatten.

Im Juni 1780 erhielt Herder zum dritten Male den Preis der Berliner Akademie für seine Lösung der Preisaufgabe: „Von dem Einfluß der Regierung auf die Wissenschaften und der Wissenschaften auf die Regierung". Der alte Sturmgeist ist in dieser Arbeit nicht mehr enthalten; die Fülle der historischen Gesichte läßt den Verfasser auch für den Staat Friedrichs des Großen endlich die anerkennende Gerechtigkeit finden, wenn er auch nach wie vor die republikanische Verfassung als die beste preist. Jedenfalls war es nicht nur für ihn, sondern auch für die Akademie selbst eine Ehre, als er einige Jahre später auf Vorschlag des Ministers Hertzberg einstimmig zum Ehrenmitglied dieser hochgeachteten Anstalt ernannt wurde.

Das letzte Buch der Bibel mit der poetischen Fülle seiner geheimnisvollen Bilderreden hatten es dem Freunde biblischer Poesie und des Johannes schon lange angetan. Bereits in Bückeburg hatte er einen Aufsatz darüber ausgearbeitet, der liegen geblieben war. Jetzt wandte er sich ihm mit neuem Eifer zu. Er bezeichnete die Schrift als sein Meisterstück und ließ sie im nahen Jena drucken. Da erschien sie 1779 unter dem Titel „Maranatha. Das Buch von der Zukunft des Herrn, des Neuen Testaments". In der Vorrede widmet Herder das Büchlein dem Andenken der Gräfin Maria, die sich noch in ihrem letzten

Pilger= und Erdenjahre daran erfrischt habe. Und dann
geht er daran, die Offenbarung des Johannes aus den
Fesseln der herkömmlichen Auslegung zu befreien und
darzutun, wie das Buch nur aus seiner Zeit heraus
verstanden sein wolle, und daß, wer seinen heimlichen
Inhalt enträtseln möchte, sich zuvor in das erste Jahr=
hundert, an die Stelle derer versetzen müßte, für die es
bestimmt war, und deren Sprache, Geschichte, Erwartungen
und Erlebnisse ins Auge zu fassen seien. „Es ist Weiber=
märe, daß ein besonderer Schlüssel dazu gehöre oder ver=
loren gegangen sei; ich weiß von keinem mystischen und
und typischen Wort in dem ganzen Buche." Als ein Denk=
mal jüdisch=christlicher Dichtung und ein Zeugnis des
urchristlichen Geistes auf echt geschichtlichem Grunde will
er das Buch betrachtet wissen, das etwa im Jahre 63
oder 64 von dem Verfasser des vierten Evangeliums in
Prophetensprache aufgezeichnet worden sei und das Kom=
men des Reiches Christi auf den Trümmern Jerusalems
verkündige. Es läßt sich nicht leugnen, daß Herder den
nüchternen Grundgedanken historisch=kritischer Forschung,
von dem er mit gesundem Verstande ausging, nicht immer
innegehalten hat. Er verfällt selbst manchmal in den
Prophetenton, der einem wissenschaftlichen Ausleger nicht
wohl ansteht, und läßt sich zu allerlei überschwenglichen
Urteilen mit fortreißen. Man kann sagen, daß heute
die Ergebnisse seiner Untersuchungen auf fast allen Punkten
berichtigt und verdrängt worden sind: doch seine Grund=
absicht, die Offenbarung nicht mit allegorischen Deut=
künsten, sondern zeitgeschichtlich auszulegen, ist der prote=
stantischen Theologie für alle Zeiten als eine unentreiß=
bare Errungenschaft durch sein geniales Schriftchen zuteil
geworden.

Aber nicht nur der theologischen Wissenschaft, son=

dern auch ihren geistlichen Vertretern wollte Herder helfend
zur Seite treten. Er fand unter seinen Landpfarrern eine
erstaunlich große Unwissenheit und Ratlosigkeit allen
ernsten, wissenschaftlichen Fragen gegenüber. Sie ver=
richteten recht und schlecht ihre Amtsgeschäfte und be=
nutzten ihre viele freie Zeit zu allerlei landwirtschaft=
lichen Nebenarbeiten; aber daß ein Geistlicher nur
sein könne, wer selbst seinen Geist nach jeder Richtung
hin auszubilden bestrebt ist, war ihnen im Laufe ihrer
Amtswirksamkeit entgangen. Und das junge Geschlecht
drohte, sich an den Vorbildern der älteren geistlichen
Handwerkergeneration ein Vorbild zu nehmen. „Alles
was Kandidat ist, ist hier im Todesschlafe,“ schrieb Herder
an Hamann. Seiner Neigung entsprechend, junge biegsame
Geister an sich heranzuziehen, zu leiten und zu lehren,
fing er mit den jungen Leuten eine Art Seminar an und
ließ sie, so oft es anging, zu sich kommen. Den Gedanken,
ein wirkliches Predigerseminar für die Kandidaten zu
gründen, mußte er wegen Mangels an öffentlichen Mitteln
zunächst zurückstellen. Da wollte er dem theologischen
Nachwuchs wenigstens schriftlich vorhalten, was für ein
hoher Beruf seiner warte und wie der eine volle Ver=
einigung geistlicher Würde mit reichster weltlicher Bil=
dung erheische, wenn anders er die Seelsorger wirklich
auf die Höhe ihrer Pflichten führen sollte. Und so
schrieb er seine „Briefe, das Studium der Theologie be=
treffend“, die in Weimar bei Hoffmann 1780 und 1781
herauskamen. Dies ihr Anfang: „Es bleibt dabei, mein
Lieber, das beste Studium der Gottesgelehrsamkeit ist Stu=
dium der Bibel, und das beste Lesen dieses göttlichen Buches
ist menschlich. Ich nehme dies Wort im weitesten Um=
fange und in der andringendsten Bedeutung.“ Denn das
Buch sei — so fährt er fort — durch Menschen zu Menschen

geschrieben. Darum sei es auch mit möglichst wenigen Er=
klärungen, auch nicht als Kunstdichtung, wie etwa die
Griechen und Römer, zu lesen, denn die Poesie der
biblischen Dichter sei Natur, Beschaffenheit der Sprache,
Notgedrungenheit des Zweckes, der Wirkung. Nicht einfach
und kindlich genug könne man die Bibel lesen, um aus
ihr zu spüren, was im Grunde die rechte Religion sei.
So ist der Inhalt der vierundzwanzig ersten Briefe nichts
anderes als eine kurze Einleitung in die Bücher der
Bibel, deren eigentümliche Schönheit, deren Zusammen=
hang und Entwicklung in anschaulich fesselnder Weise
vorgeführt wird. Im dritten Buche, Brief 25—37, stellt
Herder die rechtverstandene Schrift in die Mitte der
theologischen Wissenschaft. Der Streit zwischen Schrift
und Natur wird in seine Nichtigkeit aufgelöst, alle
Glaubenslehre auf die Bibel selbst zurückgeführt, als eine
Philosophie aus der Bibel gekennzeichnet, und so der
Orthodoxismus und Rationalismus in der höheren Ein=
heit des humanen Christentums, dessen Kern und Stern
die Person Jesu ist, aufgehoben. Das vierte Buch endlich,
von Brief 38—50, geht zur praktischen Theologie über
und erörtert das Verhältnis der Predigt zur Bibel, wie
überhaupt die Bedingungen der Predigttätigkeit und die
Mittel zur Vorbereitung zum Predigtamt, die Herder im
reichsten Maße aus Poesie und Geschichte, aus Büchern
und dem Leben zumißt.

Der Form nach sind diese Briefe nicht immer wohl=
gelungen; sie sind flüchtig hingeschrieben ohne rechte
Gliederung und Ordnung, und reich an Wiederholungen
und weit ausholenden Abschweifungen. Ihrem Inhalt
und ihrem Standpunkt nach bilden sie zweifellos einen
erheblichen Fortschritt gegen die früheren theologischen
Schriften Herders. Der „mystische Begeisterer" der Bücke=

burger Zeit ist zu ruhiger, rationaler Anschauung zurück=
gekehrt, und seine Anschauungen haben sich zu freier Milde
und duldsamer Reife abgeklärt. Namentlich die zweite
Bearbeitung der Briefe läßt erkennen, daß die Grund=
auffassung Herders wieder eine weitherzige und freisinnige
geworden ist. Aber auch die erste Ausgabe enthält den
Satz: „Theologie ist ein liberales Studium und verlangt
keine Sklavenseele." Und wie er sich scharf gegen allen
theologischen Streit und Hader wendet, da nur gegen=
seitige Toleranz, Bescheidenheit, Freiheit und Wahrheit
mit der Zeit die Gemüter einigen könnten, so vermeidet
er selbst den ehemaligen polternden und scheltenden Ton
und jede persönliche Polemik. Aus seiner freien Auf=
fassung heraus, die seiner Theologie die Möglichkeit bietet,
mit aller Bildung und allem Wissen der Zeit auf be=
freundetem Fuße zu stehen, schreibt er in kühner Frömmig=
keit über den Stifter des Christentums die freien Worte:
„Einem göttlichen Phantom, das auf der Erde wandelt,
darf ich weder nachahmen noch nachdenken, und da Paulus,
da alle Evangelisten sagen: daß Christus ein Mensch
wie wir gewesen, allerdings seinen Brüdern gleich und
allenthalben wie wir versucht, damit er Gehorsam lerne;
da alle Apostel es uns zur Pflicht machen, ihm auf
der Bahn der Tugend im schwersten Kampf nachahmend
zu folgen: so ist für jeden Christen der menschliche Christus
kein Bild in den Wolken zum Anstaunen, sondern ein
Vorbild auf Erden zur Nachahmung und Lehre."

Herder hatte gerade den ersten Teil dieser theologischen
Briefe herausgegeben, als er einen Besuch erhielt, der
ihm fürs Leben einen neuen Freund brachte. Johann Georg
Müller aus Schaffhausen, der jüngere Bruder des
„glaubenswerten" Schweizer Historikers Johannes Müller,
hatte sich von der Universität Göttingen, wo er studierte,

aufgemacht, um, „wie man im Altertum zu Weisen ferner Länder wallfahrtete", nach Weimar zu wandern und Herder zu sehen. Zu Fuß unternahm er den langen Marsch. Er erzählt: „Herder empfing mich freundlich, und bald kam die Rede auf meine Studien. Ich fragte ihn über Verschiedenes um seinen Rat. Ein heiteres Lächeln verklärte sein Gesicht — er stand auf, holte aus dem Schranke ein Buch, gab's mir und erbot sich mir, über alles zu schreiben, was ich weiter zu wissen wünschte. Es war der erste Teil der Briefe über das Studium der Theologie. Bloß eine Stunde vorher hatte er dies erste Exemplar von dem Verleger erhalten. Von dieser Stunde fing sich unsere Freundschaft an, danach niemals unter= brochen, so lange Herder und seine Gattin lebten." Herder aber schrieb an seine augenblicklich in der Ferne weilende Frau nach des jungen Schweizers erstem Besuch: „Es ist ein Schweizer bei mir, ein Mensch wie ein Engel, wir wollen ihn bei uns behalten." Und so zog der Student aus dem Gasthof zum Elefanten, wo er sich eingetan hatte, in das Pfarrhaus hinter der Stadtkirche, blieb zunächst eine Woche dort und war später im Winter 1781 auf 1782 sieben Monate Herders wertgehaltener Hausgenosse, wovon sein treuherziges Tagebuch verdienst= volle und erquickliche Kunde gibt. Der Jüngere sah in dem Älteren seinen Leitstern des Lebens und lernte von ihm, „gleich entfernt von der Zürcher Hitze und von der Göttingischen Kälte", wie Herder glauben und leben; der aber freute sich des jungen Freundes, der so pietätvoll und dankbar an ihm hing und in dem er einen Schüler hatte, wie er ihn sich wünschte.

An Müller waren darum auch die sechs „Briefe an Theophron" gerichtet, eine Art Fortsetzung der theologi= schen Briefe, aus denen sie sich nach den Worten der

Vorrede „wie der Tag aus der Dämmerung des Morgens" hervorheben. Diese vortrefflichen Briefe mit ihrer Fülle von Zitaten und geistreichen Winken, Anregungen und Warnungen, in dem Tone eines väterlichen Freundes an seinen ratsuchenden Verehrer, haben den Zweck, eine neue liberale und hohe Vorstellung vom geistlichen Stande und Berufe zu geben, den künftigen Prediger ebenso vor der trägen Ruhe und vor der bloßen Nützlichkeit, als vor einer kahlen und unfruchtbaren Lehrhaftigkeit zu schützen. Der Geist freier Forschung verbrüdert sich mit dem wahrhaft religiösen Gedanken. „Freiheit muß der menschliche Geist haben, gesetzt, er mißbrauche auch die Freiheit" — ruft Herder mit erhobener Stimme aus. Freiheit sei der Grundstein aller protestantischen Kirchen, wie schon der Name sage; sie sei der Grundstein des gesunden Verstandes, aller willigen Tugend des menschlichen Herzens, aller Wohlfahrt des Weiterstrebens; beschränken müsse sich diese Freiheit nur von innen selbst. Aus der Freiheit, d. h. aus Gewissen und Überzeugung allein sei einst die Reformationstat Luthers hervorgegangen. Freiheit allein tue auch heute der Forschung und der Kirche not. Dann brauche man um die Zukunft des Christentums nicht bange zu sein. „Fürchten Sie nichts für das ganze, wahre Christentum!" — das ist das Thema des letzten Briefes.

Stilling bezeugt, daß diese Briefe alle mit ihrer sittlich religiösen Kraft vielen Jünglingen und Männern den Stoß zu einer ewigen Bewegung gegeben hätten. Andere haben sich von ihnen zurückgestoßen gefühlt. Vor allem war es der schwärmerische Lavater, dem sie wie verdammenswerte Ketzereien erschienen. Er schrieb einen langen Brief an den Weimarer Freund. Der aber, wie er gegen Tadel allezeit empfindlich war, fand es un=

verantwortlich, so unerwartet von einem Manne ange=
griffen zu werden, dem er seit acht Jahren verbunden
war, und antwortete bitter, ja beleidigend. Damit kam
es zum Bruche. Herder achtete auch weiter in dem frommen
Schwärmer, die edle, menschliche Seele, aber je mehr sich
sein eigener Geschmack abklärte und läuterte, umso stärker
ward sein Widerwille gegen alles Verworrene und Ge=
schmacklose in Lavaters Schriften. Dieser gab den
freisinnig gewordenen Gefährten innerlich auf und blieb
auf seiner Meinung nur umso fester bestehen. Die Kluft,
die sich zwischen beiden gähnend aufgetan hatte, war
unüberbrückbar.

Es ist kein Zweifel, daß die Entwicklung Herders zu
größerer Freiheit seiner theologischen Urteile zumeist ein
Verdienst Lessings war, dessen Schriften er emsig studierte
und mit dem er in den letzten Jahren in einem regen
Briefwechsel gestanden hatte. Jetzt kam die erschütternde
Kunde von dem am 15. Februar 1781 erfolgten frühen
Tode des großen Kritikers. Tiefgebeugt schrieb Herder:
„Ich kann nicht sagen, wie mich sein Tod verödet hat;
es ist, als ob dem Wanderer alle Sterne untergehen und
der dunkle, wolkigte Himmel bliebe." Und nach seiner
Art setzte er dem Heimgegangenen ein schriftstellerisches
Denkmal. Im Teutschen Merkur veröffentlichte er einen
meisterhaften Aufsatz über die drei großen Zeitgenossen
Winckelmann, Lessing und Sulzer, dessen beherrschender
Mittelpunkt doch Lessing blieb. Kein neuerer Schrift=
steller — so sagt er — habe in Sachen des Geschmacks
und des feineren gründlichen Urteils über literarische Gegen=
stände auf Deutschland mehr gewirkt als Lessing. Seit
Luther habe niemand die deutsche Sprache so wohl ge=
braucht, so wohl verstanden wie er. Hier vor allem habe
sich der Gefeierte als ein unbestechlicher Wahrheitszeuge

bewährt, der jeder Wahrheit gedient habe, auch der im Anfang fürchterlichen und häßlichen, die schließlich doch zur guten, erquickenden, schönen Wahrheit geworden sei. Mit flammenden Worten redet Herder zu seinen theologischen Brüdern, am Grabe des Gefeierten und als Dank für sein befreiendes Wirken die alten, zunftgemäßen Vorurteile fahren zu lassen und im Gedanken daran, daß das Evangelium für alle sei, eine Religion darzustellen und zu pflegen, die auch von anderen als den Zunftgenossen, also von allen Gebildeten angenommen werden könnte, mithin eine freie, allgemeinverständliche und streitlose Religionspflege. Schließlich wirft sich der Lobredner zum Fortsetzer des großen Toten auf und erklärt sich bereit, in seiner Nachfolge erneut zu zeigen, wie sich Frömmigkeit mit freier Wahrheitsliebe vereinen lasse.

Wer so schrieb, hatte den alten eifernden Ton des schwarmgläubigen Bückeburger Propheten für immer abgelegt, ohne doch irgendwie Frieden mit der geistlosen Aufklärung zu machen, wie sie noch immer siegreich von Nicolai und Genossen vertreten wurde. Dieser Nicolai war ihm wie ein persönlicher Feind, wiewohl er ihn nie von Angesicht zu Angesicht gesehen hat. Er haßte diese wasserklare Nüchternheit, der jeder Funken von Verständnis für Poesie und Gefühl, für Genie und Religion mangelte. Und er ergriff mit hastiger Wonne die Gelegenheit, diesem „Nickel, dem Ignoranten der Ignoranten" etwas am Zeuge zu flicken, als der ein Buch über den Tempelherren=Orden geschrieben hatte. Er tat es in einem leider sehr gehässigen Aufsatz, den er im Merkur veröffentlichte und durch den er sich nicht nur der Form, sondern auch des Inhalts wegen ins Unrecht setzte. Denn so feindselig und dünkelhaft auch Nicolais Gegen=

schrift ausfiel: er kam doch mit sachkundiger Untersuchung der geschichtlichen Wahrheit über die Tempelherren weit näher als Herder. Der hatte so nur den Verdruß davon, rang aber nicht vergeblich in bitterem Kampfe nach Kaltblütigkeit und Ruhe, sondern schwieg öffentlich und versuchte nur brieflich durch Mendelssohns Vermittlung den erzürnten Berliner milder zu stimmen. Nicolai antwortete zwar von alter, selbstbewußter Höhe herab ablehnend, aber der Streit wurde doch nicht weiter von der Öffentlichkeit ausgefochten.

Herder verwischte den übeln Eindruck, den diese Fehde auf das Publikum gemacht hatte, rasch und klug durch ein neues Buch, das seines Genius' wahrhaft würdig war; er schrieb „Vom Geist der ebräischen Poesie", dessen erster Band in Dessau 1782 erschien, während der zweite im folgenden Jahre herauskam. Eine Fortsetzung, die er plante, ist leider nicht erschienen. In diesem bahnbrechenden Werke trat Herder als begeisterter Verkünder des von ihm rein empfundenen und wiedergeborenen biblischen Dichtergeistes auf und zeigte, wie von Geist und Poesie zugleich eine überreiche Fülle in den alttestamentlichen Urkunden vorhanden sei. In neuer Übersetzung einer Reihe der bezeichnendsten Stücke weist er nach, wie alle Gattungen der Poesie in diesen Schriften vertreten seien, zeigt die eigentümliche Art dieser Dichtung und bringt uns zu der Anerkennung, daß es die älteste, einfachste, herzlichste Poesie der Erde sei, die naturwüchsige und volkstümliche Dichtung eines Volkes, dessen ganzes Sein und Wesen von dem tiefsten und kräftigsten Gottesbewußtsein durchglüht und erfüllt ist. Durch diese Schrift wurde das Vorurteil der aufklärerischen Zeitgenossen Herders, als sei die Bibel nichts als das Erzeugnis eines rohen und geschmacklosen Volkes, gründlich und für immer zerstört.

Jetzt konnte nur der Lügner noch leugnen, nur der gründlich Rohe in verkennender Ablehnung verharren. Und das alte Buch kam zu neuen Ehren, wie es sie seit Luthers Verdeutschung nicht mehr erlebt hatte.

Auch dieses Werk Herders ist ohne strenge Ordnung und gleichmäßige Behandlung der einzelnen Teile geschrieben. Einschaltungen, Abschweifungen und eingewobene Übersetzungen finden sich in Menge. Auch beeinträchtigt die für den ersten Band gewählte Form des Gespräches mit seiner weitschweifigen Rede und Gegenrede wesentlich die Lesbarkeit und Deutlichkeit des Buches, wenn sie auch von Herder, der den einförmig steifen Kanzel= und Katheberton haßte, absichtlich gewählt worden war. Es läßt sich nicht leugnen, daß die Unklarheit der Form auch gelegentlich dem Inhalte Abbruch tut und daß das Buch teilweise ein seltsames Gemisch poetischer und theologischer Gesichtspunkte darbietet. Aber es will auch die eigene schillernde Unbestimmtheit seiner Auffassungen niemand aufdrängen, es zeigt eine große Weitherzigkeit der Gesinnung und will lediglich die Hauptsache durch= setzen: daß das Alte Testament nur ästhetisch=literarhisto= risch angesehen werde, ohne die albernen orthodoxen Dog= matisierungen und die geschmacklosen rationalisierenden Deutungen jener alten, kindlichen Sagen. Der Verfasser will sie in demselben Geiste lesen, in dem sie geschrieben sind, will nicht apologisieren, nicht kritisieren, sondern nur Poetisches poetisch verständlich machen.

Das Buch hat von allen theologischen Schriften Herders die anhaltendsten und folgenreichsten Einwirkun= gen auf die theologischen Wissenschaften und zumal auf die Behandlung der Bibel selbst ausgeübt. Seinen wohl= tätigen Einfluß verspürte man sofort an den Arbeiten des Jenaer Theologen Eichhorn, der sich von ihm befruchten ließ und darüber mit Herder in einen regen, für beide Teile gewinnreichen brieflichen Verkehr kam. Aber neben den Theologen haben auch die Dichter Nutzen davon gehabt, und Goethe spendet noch in den Anmerkungen zu dem West-Östlichen Diwan dem Verdienste Herders reiches Lob und vergleicht seine Aufklärungen dem reinen orientalischen Sonnenaufgang.

Im Drange der Arbeit hatte Herder lange die Muße zu einer größeren Erholungsreise gefehlt. Er war nur einmal zur Badekur in Pyrmont und zweimal zu kurzem Besuche in Ilmenau gewesen. Jetzt plante er einen weiteren Ausflug, und Karoline schrieb im Frühjahr 1783: „Mein Mann hat die Fittiche ausgespannt und will sich aus unserem Tal erheben." Am 30. April zog er zusammen mit dem neunjährigen Sohne Gottfried in heiterster Stimmung von dannen. Zunächst führte er den längst geplanten Besuch bei Gleim in Halberstadt aus und verlebte dort herzliche Tage der Freundschaft, auch besuchte er von da den nahen Harz. In Braunschweig nahm ihn Jerusalem als alten Bekannten auf, stellte ihn bei Hofe vor und bewies dem berühmten Gaste viel Aufmerksamkeit aller Art; und der fand sich mit dem protestantischen Abte in Ideen und Gesinnungen so harmonisch wie mit keinem andern Geistlichen auf Erden. Acht Tage verlebte Herder bei Claudius in Wandsbeck, dessen volle Seele sich ihm wieder in alter Treue erschloß, wenn auch das Band der gleichen Überzeugung, das sie einst umschlungen, durch Herders neuere, freisinnige Anschauungen einen unheilbaren Riß erhalten hatte. In Hamburg schaute der vierzigjährige Theologe den siebzigjährigen Klopstock endlich von Angesicht zu Angesicht; doch konnte alle vertrauliche Freundlichkeit des Dichtergreises den Jüngeren darüber nicht wegtäuschen, daß er innerlich hier nichts mehr zu gewinnen hatte. Herder trat die Rückreise rascher an, als es im ursprünglichen Plane gelegen hatte. Er sehnte sich in das häusliche Behagen zurück. Als er am 6. Juni heimkam, wurde ihm der vierte Sohn, Emil, entgegengetragen, der am 1. Juni das Licht der Welt erblickt hatte. Schließlich war das Wiedereinarbeiten in die tausend Amtsgeschäfte doch eine verdrießliche Sache, und Herder fühlte sich noch lange nach dieser Reise, die ihn hatte aufrichten und beflügeln sollen, verstimmt.

II

Höhe des Lebens

1. Haus und Amt.

Im Spätsommer 1783 begann Herders glücklichste Zeit seines Weimarer Lebens. Am 28. August, der ja auch der Geburtstag des ältesten Sohnes Gottfried war, lud Goethe beide Herders zu sich ein. Es wurde ein wichtiger Tag in Herders Leben, denn er führte zu einer Erneuerung der alten Freundschaft der zwei großen Männer. In offener Aussprache, zu der Frau Karoline das meiste beitrug, verständigte man sich, und rasch zerstoben die Mißverständnisse, die sich auf beiden Seiten angehäuft hatten. Zu ihrem freudigen Erstaunen nahmen die Herders wahr, wie Goethe die Persönlichkeit des Generalsuperintendenten und seine amtliche Wirksamkeit keineswegs so aus dem Auge verloren hatte, wie sie meinten; wie er vielmehr recht wohl wußte, daß Herder litt, aber wie er es auch beklagte, daß der reiche Geist sich so mit Grämlichkeit versetzt hatte. Ja, sie erfuhren zu ihrer Verwunderung, daß der viel beneidete Fürstengenosse und Staatsmann gar nicht so auf Rosen gebettet war, wie sie geglaubt hatten, daß vielmehr auch er allerlei

Schwieriges und Mißliches zu tragen hatte, ohne darüber in ungerechte bittere Klagen laut auszubrechen.

Jedenfalls hatte Goethe den Entschluß gefaßt, Herder aus den äußeren Bedrängnissen herauszuheben und dem ungehinderten Schaffen seiner reichen Seele wiederzugeben, so viel er konnte. Er begann damit, daß er auf Herders schulische Reformpläne einging, auf deren weite Gedanken bisher niemand in Weimar Rücksicht genommen hatte. Am 29. August schrieb er an Herder: „Deine Frau wird Dir gesagt haben, was für ein Mißverständnis obwaltet. Ich bitte Dich deswegen zum Anfang meines neuen Jahres, Deine Gedanken über unser Schulwesen zu sammeln, und mit mir, wenn ich wiederkomme, darüber zu sprechen. Ich will gern zu allem, was Du ausführbar hältst, das Meinige beitragen." Weiter bedankte er sich für „das gestrige Gute". Und so hatten sich beide Männer wiedergefunden. Herder fand einen Freund, der innerlich mitlebend ihn vollkommen verstand, der ihm half, der ihn hielt, der ihn erhob, das höchste Glück, das seiner nachgiebig weichen Seele begegnen konnte. Aber auch Goethe fand sich durch Herders feines Verständnis für alles Poetische auf das glücklichste ergänzt. Und wie die beiden Männer, die an geistiger Bedeutung keinen Gleichen neben sich sahen, sich aufeinander angewiesen wußten, so folgte nun eine Zeit herzlichsten Verkehrs. „Er ist doch ein edler Mensch, man muß ihn lieben," schrieb Karoline damals, und ihr Gatte besiegelte dieses Vorhaben mit dem Entschlusse: „Wir wollen ihn nicht mehr verlieren."

Jetzt strömen der beiden Ehegatten Briefe lange, schöne Jahre hindurch über von Lob über Goethe. Und als Schiller das erste Mal mit Herder zusammengetroffen war, berichtete er an Körner: „Goethe liebt er (Herder) mit Leidenschaft, mit einer Art von Vergötterung . . . . Herder will ihn ebenso und noch mehr als Geschäftsmann denn Dichter bewundert wissen. Ihm ist er ein allumfassender Geist."

Aber auch Goethe rühmt Herder; „denn eines edleren Herzens und weiteren Geistes ist nicht wohl ein Mensch," schreibt er an Lavater, und an Jacobi: „Von meinem Leben ist es wieder ein schönes Glück, daß die leidigen Wolken, die Herdern so lange von mir getrennt haben, endlich und, wie ich überzeugt bin, auf immer sich verziehen mußten." So verband beide Männer eine brüderlich herzliche Freundschaft von innigster Kraft. Und auch Goethes späteres, mehr ästhetisch-philosophisches Bündnis mit Schiller hat diesen Zauber engster Gemeinsamkeit und traulichsten Verkehrs längst nicht in dem Maße besessen, wie dieser Bund mit Herder. Ist er doch mit Schiller nie zu dem brüderlichen „Du" vorgeschritten, das er Herder gegenüber bis zum Ende ihres Verkehrs ausnahmslos angewendet hat. Jetzt sind Goethes Briefe an Frau von Stein voll von Berichten über Einladungen und Besuche bei und von Herders. In der Regel wöchentlich einmal findet man sich des Abends zu traulichen Zusammenkünften bei Goethe ein. Die beiderseitigen Arbeiten wurden dann vorgelesen und besprochen. Aber noch öfter erschien Goethe in Herders Hause zu heiterem Besuch und ernstem Meinungsaustausch.

Es war ein glückliches Hauswesen, dieses Pfarrhaus hinter der Stadtkirche. Mochte es verbaut und vom Kirchendach ungebührlich beschattet sein: darin lebten in holdester Eintracht die Glieder der Familie. Als ihr verehrtes Haupt waltete Herder selbst. Viel zu sehr haben wir uns gewöhnt, ihn uns als grämlichen Alten zu denken; er ist es vielleicht in seinen letzten Lebensjahren gewesen. Jetzt in der Blüte der Kraft war wenigstens

daheim gelassene Heiterkeit und munterer Geist sein bestes
Teil. Freilich hat Krankheit es ihm oft genug schwer,
ja unmöglich gemacht, diese liebenswürdigen Seiten seines
Wesens frei spielen zu lassen. In fortschreitender Stärke
hat ihn das alte Leber= und Gallenleiden gequält, und
in den letzten zehn Jahren kamen dazu noch häufige,
überaus schmerzliche Anfälle von Gicht. Da war es denn
kein Wunder, wenn dem vielbeschäftigten Manne gelegent=
lich die gute Laune versagte, wenn er grillig und reizbar
wurde. In seinem Kopfe häuften sich die herrlichsten
Pläne zu unsterblichen Werken, in seinem Studierzimmer
türmten sich die Akten, und er mußte müßig auf dem
Krankenbett liegen oder rang sich mühevoll eine Stunde
zur Arbeit ab, die er nur in höchster Pein erledigen
konnte. Das war dann nicht die Lebenslage, frohgemut
und heiter gestimmt zu sein. Dabei waren es durchaus
nicht etwa diätetische Fehler, mit denen er sich immer neue
Anfälle seiner Leiden zuzog. Er war eine durchaus
mäßige Natur und lebte vernunftgemäß nach jeder Rich=
tung hin. Auf Essen und Trinken legte er kein großes
Gewicht, aß gern die einfache Hauskost und hielt nichts
von auserlesenen Leckerbissen. War er zur Tafel geladen,
erzählte er daheim nie, was es zu essen gegeben hatte. Nur
für frisches Obst hatte er eine Lieblingsneigung und war
erfreut, wenn die Jahreszeiten kamen, die ihm diesen
Genuß erlaubten. Kaffee trank er gern, Wein nur in
bescheidenen Mengen. Nie hat ihn jemand durch den
Genuß geistiger Getränke auch nur angeheitert gesehen;
es hätte ganz seinem ästhetischen Empfinden und seinem
starken Gefühl für Wohlanständigkeit widerstrebt, wenn
er sich in solchen Dingen hätte gehen lassen und von
der Kraft des Weins überwältigt worden wäre. Das
Tabakrauchen gewöhnte er sich an, als man es ihm als

gutes Mittel gegen Kopfweh geraten hatte, und behielt diese Angewöhnung bei, ohne doch ein starker Raucher zu werden. Müller in seiner treuherzig devoten Art schreibt einmal in sein Tagebuch: „Seine Hochwürden schmauchten dabei ein halbes Pfeifgen Taback; denn Sie sagen, sobald's über die Hälfte sei, tauge er nicht mehr"; und er schildert, wie Seine Hochwürden beim Rauchen „ein sehr süffisantes Mündchen" gemacht habe.

Bewegung in freier Luft und Natur war Herder ein liebes und tägliches Bedürfnis. Noch in Weimar ist er anfangs gern geritten; später begnügte er sich mit regelmäßigen Spaziergängen, die ihn zumeist nach einem nahen Wäldchen, dem Webicht, führten. Auch am Schlittschuhlaufen ergötzte er sich gern.

Besondere Liebhabereien oder Steckenpferde hatte Herder nicht. Daß er gern gut gekleidet war, wurde schon erwähnt und entsprach ganz seiner Art, das Leben ästhetisch zu gestalten. Doch war sein Zimmer nur einfach eingerichtet. Nur Bücher schaffte er sich gern an. Die meisten las er zwar ungebunden und schickte sie dann in den Buchladen zurück. Und die öffentlichen Büchersammlungen in Weimar, Jena und Gotha halfen ihm bei seinen Arbeiten ausgiebig aus. Aber trotzdem wuchs seine eigene Büchersammlung stark an. Müller meinte, sie habe einen sehr großen Saal gefüllt und sei so groß gewesen, wie er noch keine Privatbliblithek gesehen habe. Als Herder starb, hinterließ er 4400 Taler Schulden. Da hat es die Witwe als einen rechten Gottessegen angesehen, daß ihr die Versteigerung seiner Bücherei die stattliche Summe von 4000 Taler einbrachte.

Eine sehr bedeutende Rolle in Herders Leben spielte die Musik, die er leidenschaftlich liebte. Er selbst spielte nur einfache Melodien und Lieder auf dem Klavier, ver-

stand auch etwas von Generalbaß und Harmonielehre;
doch beklagte er sich oft, daß er's in seiner Jugend nicht
besser gelernt habe. Aber er hörte allezeit gern den Vortrag
von Musikstücken und ließ sich in seinem Hause viel vor-
musizieren. In heiteren und trüben Tagen war ihm
Musik und Gesang der höchste und süßeste Lebensgenuß.
Von seinem Hause aus hörte er gern, wenn in der nahen
Kirche der Choralgesang der Gemeinde herüberklang. Für
besondere Feste und Feiertage schrieb er öfters den Text
zu Kirchenkantaten, die von tüchtigen Musikern vertont
und dann aufgeführt wurden. Zu Händels Messias, den
er besonders schätzte, schrieb er eine eigene wortgetreue
Übersetzung aus dem Englischen. In die Oper ging
er mit besonderem Vergnügen. Händel, Gluck und
Mozart hielt er für die größten Meister, denn er liebte
wie in der Poesie so auch in der Musik vor allem
das Einfache, leicht Ansprechende. Für Bachs und für
Beethovens die Gefühle tiefer erregenden Töne hatte er
— darin Goethe und vielen Zeitgenossen gleich — keinen
rechten Geschmack, wie denn die gewaltigsten Musiker ge-
meinhin nicht von ihrer Zeit, sondern erst von der Nachwelt richtig gewürdigt und verstanden zu werden pflegen.

Ein starkes Gerechtigkeitsgefühl war Herder eigen;
noch leicht gereizter war sein Ehrgefühl. „Ehre in Beruf
und Tat macht den Mann; Ehre ist des Mannes Kraft
und Leben," pflegte er zu sagen, und der Gedanke, öffentlich nicht hoch in Ehren zu stehen, war ihm äußerst peinlich.
Trotz seiner Neigung zu sanfter Schwermut war er im
Grunde ein Optimist, und trotz seiner weichen Nachgiebigkeit, die sich öfters als Schwäche und Empfindlichkeit
zeigte, war er im Grunde eine heitere Natur, die an
Freuden und Leiden anderer mit höchster Anschmiegungs-
fähigkeit teilzunehmen wußte und sich gern in froher

Laune äußerte. Freilich hatte dieser muntere Sinn oft einen bitteren Beigeschmack von verstecktem Spott, und gerade durch diese allzu häufig angewandte Ironie bekam sein Witz etwas Sarkastisches, das viele Leute verletzte und von ebensovielen nicht verstanden wurde. Aber es blieb ihm bis ans Ende unmöglich, eine beißende Bemerkung, die ihm auf die Zunge kam, herunterzuschlucken. Dabei war ihm doch jede Zweideutigkeit in tiefster Seele zuwider, und nie hat jemand von ihm eine unsaubere Rede vernommen.

Herder war ein unermüdlicher und rascher Arbeiter. Am Vormittag ging ihm Denken und Schreiben am leichtesten von der Hand; doch zwang ihn die Fülle seiner dienstlichen Obliegenheiten fast stets, auch die übrigen Tagesstunden geschäftig auszunutzen. Und immer steckte er voller Arbeitspläne. „Ach, wenn ich nur Zeit, Zeit, Zeit hätte!" seufzte er, und schrieb ein anderes Mal: „Man könnte mir keinen größeren Dienst erweisen, als mich einige Jahre auf eine Festung zu setzen, mit der Erlaubnis, arbeiten zu dürfen und die nötigen Bücher zu haben." In diesem Drange seiner Arbeiten müßigte er sich nur ungern die Zeit zum Briefschreiben ab und war im Grunde ein so schlechter Briefsteller, daß er sich häufig dadurch den berechtigten Tadel seiner Freunde zuzog, deren eindringlichen Schreiben er ein eisiges Schweigen entgegenzusetzen pflegte. Und schrieb er dann wirklich einmal, so geschah das so rasch und flüchtig, daß er zumeist gleich das Datum wegließ, was in jenen Zeiten mangelhafter Postverbindungen leicht Unstimmigkeiten nach sich ziehen konnte.

Alles Reden über Wohltätigkeit war ihm unangenehm; er konnte es auf den Tod nicht leiden, wenn von Werken der Barmherzigkeit viel Aufhebens gemacht wurde, und was er selbst tat, tat er im stillen. Aber er tat viel, und zahlreiche Studenten und Schüler, Witwen und Waisen haben neben seinen eigenen bedürftigen Verwandten einen tatkräftigen Helfer an ihm gehabt.

Dem Manne als treuste Gefährtin stand Frau Karoline zur Seite, ihm in innigster Gemeinschaft verbunden und ihm das Haus zu einer Stätte unendlicher Liebe bereitend. Dabei war sie nicht nur die Hausfrau, die ihm mit nicht zu großem Talente die Wirtschaftssorgen abzunehmen und mit großer Begabung ihm das Haus traulich zu gestalten bemüht war: sie war auch geistig ihm ebenbürtig und eine vertraute und verständige Genossin seiner Gedanken, seine Mitarbeiterin, Hörerin, Leserin, sein Korrektor und sein Sekretär. Gleim hatte nicht unrecht, wenn er sagte: wenn Karoline Herder nicht wäre, so wäre auch kein Gottfried Herder. Und der schrieb an Jacobi: „Ich habe eine Frau, die der Baum, der Trost und das Glück meines Lebens ist, selbst in schnellen, fliegenden Gedanken mit mir eins, worüber wir beide oft erstaunen. Sie leidet in der Seele nur, sofern sie mich leiden sieht, sonst ist sie die Ruhe und Tätigkeit selbst, immer voll guten Muts und sorgloser Aussicht."

Karoline war eine leidenschaftliche Natur, die mit wahren Argusaugen über dem Rufe ihres Mannes wachte, und wenn sie ihn gefährdet sah, nicht nur schweigend zu dulden bereit war. Goethe hatte ihr um dieser Feurigkeit willen den Namen Elektra gegeben: die leidenschaftliche Elektra im Gegensatz zur himmlisch ruhigen Iphigenie. Herder selbst hörte den Namen nicht gern für seine Frau und erfand für sie die Bezeichnung Ariadne. Aber Goethe war von der Richtigkeit seiner Benennung so überzeugt, daß er nicht abließ, sie zu gebrauchen. Er schrieb über sie an den Gatten, als der in Italien weilte: „Deine

Frau seh' ich von Zeit zu Zeit und öfter, wenn der geistliche Arzt nötig sein will. Ich habe manche Dose moralischen Cremor tartari gebraucht, um die Schwingungen ihrer Elektraischen Anfälle zu bändigen." Und an sie selbst richtete er einmal die Zeilen: „Nur bitte ich, tun Sie von nun an nichts im Elektrasinne und fragen mich hübsch." An Jacobi schrieb Goethe gelegentlich: „Die Herdern ist nach ihrer Art recht wohl, und ein wenig mehr Glauben, ein bißchen weniger Hypochondrie würde sie ganz herstellen."

Im Hause, dessen Glück Herder als den Gotteslohn für all seine Arbeit und Mühe empfand, wuchsen in munterer Schar die Kinder heran. Bei dem dritten Sohn, Wilhelm, dem ersten in Weimar geborenen Kinde, hatten 1778 die beiden Herzoginnen in Person Gevatter gestanden. Am 25. August 1779, Herders Geburts- und Verlobungstage, kam Adalbert an. Im April 1781 rückte endlich auch die erste Tochter ein, die kleine Luise. Und alle Kinder gediehen prächtig an Leib und Seele, hingen an ihrer Mutter mit zärtlichster Liebe und schauten zu dem Vater in traulicher Verehrung empor. Dem aber ward's warm ums Herz, so oft er mit den Seinen vereint war. Mochte draußen die Welt ihn ängsten und plagen, hier innen war der Quell seines Glücks, der mit seiner Erquickung ihm nie versagte.

Gerade dem Hause dicht gegenüber lag die Stadtkirche St. Peter und Paul, in der Herders amtliche Tätigkeit ihre reinste Höhe erreichte. Denn den unbestrittensten Erfolg seines Lebens hat er zweifellos als Prediger gehabt. Freilich ist es uns heute unmöglich, von dieser Seite seines Wirkens einen erschöpfenden Eindruck zu gewinnen. Die Predigtkunst hat mit der Schauspielkunst das gemein, daß ihre Lebenserweise für die Außenwelt

mit dem Augenblicke verhallen, in denen sie gesprochen
sind. Nicht das geschriebene, sondern das gesprochene Wort
ist der Predigt Hauptsache; und auch die sorgfältigste
Ausarbeitung eines Kanzelvortrags wird erst zur wirk=
lichen Predigt durch die lebendige Persönlichkeit des
Redners. Dazu kommt, daß wir von Herder nur sechsund=
zwanzig Predigten überkommen haben, und darunter
viele, die in besonders feierlichen Stunden vaterländischer
oder höfischer Freude und Trauer gehalten worden sind,
also den sonntäglichen Prediger gewöhnlicher Zeiten weni=
ger hervorkehren lassen. Herder war der verständigen
Ansicht, daß eine Predigt eine Rede und kein Aufsatz sei;
und wie man von einer wirklichen Rede lebendige Frische
verlangt, die aus dem Herzen und Geist des Redners
unmittelbar hervorströmt, so beschränkte er sich bei seinen
Predigten auf einen wohldurchdachten Plan und auf eine
ausführliche Skizze der Predigtgedanken, überließ aber
die eigentliche Formung dieser Gedanken der lebenspenden=
den Kraft des Augenblicks, wie das die wirklich rede=
begabten Prediger zumeist getan haben. Auch hatte er
die verständige Ansicht, daß Predigten zum Hören und
nicht zum Lesen da seien, und widerstrebte daher allezeit
dem Ansinnen seiner Zuhörer, Predigten, die beson=
ders gefallen hatten, drucken zu lassen. Wir sind dem=
nach, wenn wir uns einen ungefähren Eindruck von
seiner Predigtweise hervorrufen wollen, wesentlich auf
das angewiesen, was er selbst als Theorie der Predigt
gelehrt hat, und vor allem auf das Urteil seiner Zeit=
genossen über die von ihm gehaltenen Predigten.

Herders theoretische Anforderungen, die an eine gute
Predigt zu stellen sind, bewegen sich alle in den Ge=
danken, die er einst in jenem Jugendaufsatz vom Redner
Gottes ausgesprochen hat, wenn er sie auch mit zu=

nehmender Reife klarer auszudrücken und tiefer zu be=
gründen vermochte, wie das namentlich in den theologischen
Briefen meisterhaft geschah. Er stand dabei im schroffen
Gegensatze zu den hergebrachten Schulmeinungen über
eine ordnungsmäßige Predigt, denn er haßte alle festen
Sätze und Regeln, in welche nach dem System der
Professoren diese Lebensäußerung der Religion einge=
schnürt worden war. Gewiß sei die Predigt ein Kunst=
werk, aber der Hörer dürfe das nicht merken; ihm müsse
alles glatt, natürlich, abgerundet und so einheitlich er=
scheinen, als verstünde sich das Gesagte ganz von selber und
als könnte es gar nicht anders gesagt werden. Man dürfe
die Lampe des Studierzimmers nicht an ihr riechen. Die
Arbeit, die sie gekostet, dürfe ihr nicht an der Stirn
stehen. Darum verwarf Herder auch das übliche Ein=
teilungswesen. Er spottete über die berühmten Predigt=
einleitungen, die von irgend welchem weitabliegenden
Gedanken mit ausgeklügelter Künstelei auf das Predigt=
thema überleiten sollen, das doch den Hörern schon vom
Vorlesen des Textes her in seinen Grundgedanken bekannt
sei. Er mißbilligte das Voranstellen von Thema und
Teilen, diese ausdrückliche Anführung der Gedankenzer=
legung, die wohl dem Redner in seiner Vorbereitung nötig
sei, für den Zuhörer aber nur störend wirken könne. Der
Prediger soll sich vielmehr ängstlich vor der scholastischen
Einförmigkeit hüten, „welche das Tier mit dem armseligen
Körper erzeugt, das zwei Köpfe nebeneinander vorstreckt,
zwei oder drei Zähne bleckt und einen fünf= oder zwei=
fachen Schweif, der unkräftig wedelt, nach sich zieht."
Der Zweck der Predigt sei, daß durch sie eine gute und
feste Bestimmtheit des Gemüts zur Tat und zur Geduld
zu stande komme. Die stille, heitere Entschließung zur
Besserung müsse des Predigers Ziel und sein liebster

Wunsch sollte sein, für eine stille, heitere Seele zu predigen, ein ernstes Nachdenken und heilige Entschlüsse zu erzeugen, die Lehre so wichtig, so anregend als möglich zu machen und zunächst Geschmack an der Wahrheit hervorzurufen, ehe er auf Annahme derselben mit stark bewegten Worten bringe. Auch sei ein Predigen nach der Parteischablone zu vermeiden. Weder gelte es, nach philosophischen Regeln die Vernunftmäßigkeit des Christentums zu beweisen, noch mit salbungsvollen Reden die gesunkenen Massen durch das allgemeine Gerede kirchlicher Lehrsätze zu heben, sondern man müsse in glücklicher Mitte zwischen aufklärender Verständigkeit und überlieferter Christlichkeit auf das rein Menschliche drängen, wie es aus der Religion der Bibel hervorleuchte. Aber damit sei das noch keine biblische Predigt, die bloß eine Kette von biblischen Ausdrücken ohne Zusammenhang und Geist aneinander reihe, sondern diejenige, die nach den Lehren der Schrift, aber in der Sprache der Gegenwart so deutlich und so nachdrücklich sei, als der Vortrag der Bibel zu den Zeiten war, in denen sie geschrieben wurde. Die Predigt müsse das Biblische demnach erst in unser Fleisch und Blut verwandeln, die Vorzeit in die gegenwärtigen Verhältnisse übertragen und auf die öffentliche und persönliche Lage anwenden, den göttlichen Geist aus dem fremden Kleide der Schrift enthüllen, bevor sie Anspruch auf wirklichen Wert erheben könne. Der Hauptgrundsatz aber solle stets bleiben: Vertiefet euch in die Schrift! Prediget nach diesem Muster! Nicht bloße Moral, denn diese ist nur von der Religion getragen etwas. Nicht bloße Dogmatik, denn diese ist leer und kalt, blind und einseitig. Christus als der Mittelpunkt der Menschheit und das Vorbild aller Vollkommenheit sei auch Mittelpunkt und Ziel der Predigt. So lautet es in der weimari=

schen Antrittspredigt: „Ich darf nichts tun, als einfach erklären, dem linden, sanften Strome des Wortes Christi nachgehen und nur bei jedem Tritte etwas schöpfen, so viel als meine Hand faßt, was für mich und meine Zuhörer in diesem Augenblick erregend und stärkend sein kann." Das muß aber schlicht und persönlich geschehen ohne Kanzelstellung und Kanzelphrase. Das Wesen der meisten Prediger habe aber in Stimme, Vortrag, Periodenbau und Gebärden etwas so Feststehendes angenommen, das so bleibend sei, wie die Kanzel, darauf sie stehen. Wer würde sie nachher in Gesellschaft an Ton, Stimme, Denkart und Vortrag wieder erkennen? Viel richtiger sei es, sich all der Ausdrücke zu enthalten, die durch den Katechismus gebräuchlich und abgegriffen seien, und die biblische Sprache in die fließende Sprache der gegenwärtigen Zeit und des gegenwärtigen Lebens zu übersetzen, um sie dadurch zu erläutern.

Es ist kein Zweifel, Herder hat dieses hohe Leitbild eines Predigers, wie er es sich dachte, als das Bild eines wahren Redners Gottes und wie es uns in seiner natürlichen Verständigkeit so freundlich anmutet, selbst in die Wirklichkeit umgesetzt. Er hat fesselnd und schlicht, geistreich und menschlich, interessant und neu gepredigt und nie nach bewundernswerter Form noch nach überraschendem Inhalt, aber stets nach einem vollen Lebensgehalt gesucht, wie er von seinem eigenen religiösen Geiste getragen und in frischer Unmittelbarkeit ausgesprochen wurde, kein Kunstredner, aber ein rechter Gemeindeprediger, der Menschen vor sich weiß und nicht Ketzer oder Kinder oder verworfene Sünder. Und so strömten sie denn alle unter seine Kanzel, der schlichte Bürger und der akademisch Gebildete, der Beamte und der Hofmann, Männer und Frauen, Jünglinge und Greise; sie alle wurden von seinen Predigten erfüllt, bewegt, belebt. Seine Kirche war eine Wallfahrtsstätte für Nahe und Ferne, seine Predigt eine Macht ersten Ranges und von höchstem Verdienste angesichts des weltlichen Treibens bei Hofe, sein Vortrag der Religion in all seiner Einfachheit, Innigkeit und Wärme von unermeßlichem Einfluß auf die Gemeinde und ein Vorbild für das junge, aufstrebende Theologengeschlecht. Daß dabei die üblichen Schattenseiten des Modepredigers nicht mangelten, daß es schließlich zum guten Ton in Weimar gehörte, in Herders Kirche gewesen zu sein, daß seine Predigt am Sonntag nachmittags oder in den abendlichen Teegesellschaften zu den beliebten Gesprächsgegenständen gehörte, war nicht seine Schuld. Und diese Gebrechen höfischer und kleinstädtischer Modetorheit wurden doch überreichlich dadurch aufgewogen, daß gerade die Gebildetsten und Besten die edelste geistige Nahrung aus den Worten des verehrten Mannes schöpften. Vielerlei Urteile dieser Art sind von seinen Zeitgenossen uns überkommen.

Bezeichnenderweise tritt uns dabei Goethe nicht nur als kritikloser Bewunderer Herderscher Predigten, sondern auch als Rezensent derselben entgegen. Als ihm Herder seine bei der Geburt und Taufe des Erbprinzen gehaltenen Predigten vorlegte, bedankte er sich bei dem geistlichen Freunde für das langentbehrte Zutrauen, deutete aber zugleich mit zartester Schonung die Punkte an, die er, bei aller Zufriedenheit mit dem Ganzen, anders gewünscht hätte. Er vermißt ein tröstlich wohltätiges Wort für den Herzog; er legt eine Fürbitte für die von dem Redner zu stark gegen die ernsteren Wohltätigkeits- und Nützlichkeitspflichten des Regenten zurückgeschobenen schönen Künste und Wissenschaften ein, und gibt endlich zu verstehen, daß er weit mehr, als es Herders Meinung sein mochte, den Wert zu schätzen wisse, der den Motiven der christlichen Religion für die Erbauung der Gemeinde zukomme. Doch ist Goethe immer ein hoher Bewunderer der Herderschen Predigtart gewesen und gibt uns in seiner Selbstbiographie eine ansprechende Schilderung davon, wie Herder, völlig entfernt von aller dramatisch=mimischen Darstellung, alles ernst und schlicht vorgetragen habe, ohne doch monoton zu sein. Diese Art des Vortrags habe deshalb aus seinem Munde einen unendlichen Reiz gehabt, weil er alles, was er sagte, selbst aufs tiefste empfunden hätte.

Wieland berichtete wenige Wochen nach Herders Ankunft in Weimar an Jacobi: „Er predigt, wie noch niemand gepredigt hat, so wahr, so simpel, so faßlich, und doch alles so tief gedacht, so rein gefühlt, so schwer an Inhalt! Und was das Wunderbarste ist, so reinen Menschensinn, so lautere Wahrheit, und doch alles so orthodox, so himmelweit von dem Begriffe und der Lehrart unserer Mode=Theologen verschieden!"

Der glaubenseifrige Friedrich von Stolberg schrieb an Voß über Herder: „Die beste Predigt, die ich je gehört, hielt er am Pfingsttage ohne Schmuck der Eloquenz, ohne allen Schein der Prätension, nein, herzlich, gewaltig wie das Evangelium."

Charlotte von Kalb, die geistvoll=pathetische Frau, eine fleißige Besucherin Herderscher Predigten, fand seine Wesenheit am besten in diesen Kanzelvorträgen wieder und rühmte darüber die „würdige Haltung, der Stimme reinen, volltönenden Klang in reinem Fluß des Bewußtseins und der Beteuerung; ja göttliche Liebe, in dem Menschen verliehen."

Der freigeistige Schiller, der gelegentlich erklärt hatte, eine gute Predigt sei ein unmögliches Ding, war

sehr überrascht, als er einmal in Herders Kirche geraten
war und ihn mit großer Feinheit das schwierige Gleichnis
vom ungerechten Haushalter auslegen hörte. Es schien
ihm, wie er an Körner schrieb, als ob Herder nur einen
Satz aus der praktischen Philosophie auf gewisse Einzel=
heiten des bürgerlichen Lebens angewandt und Lehren
entwickelt habe, die man ebensogut in einer Moschee als
in einer christlichen Kirche erwarten könne. „Die ganze
Predigt glich einem Diskurs, den ein Mensch allein führt,
äußerst plan, volksmäßig, natürlich. Es war weniger eine
Rede als ein vernünftiges Gespräch. Einfach wie sein
Inhalt ist auch der Vortrag: keine Gebärdensprache, kein
Spiel mit der Stimme, ein ernster, nüchterner Ausdruck...
Herders Predigt hat mir besser als jede andere, die ich
in meinem Leben zu hören bekommen habe, gefallen..
Die Kirche war gedrängt voll, und die Predigt hatte
das große Verdienst, nicht lange zu dauern."

Helferich Peter Sturz, der Herder in Pyrmont hatte
predigen hören, erzählte darüber an Boie: „Sie hätten
es sehen sollen, wie er all das Aufbrausen von Zer=
streuung, Neugier und Eitelkeit in wenigen Augenblicken
fesselte, bis zur Stille einer Brüdergemeinde. Alle Herzen
öffneten sich, jedes Auge hing an ihm und freute sich
ungewohnter Tränen; nur Seufzer der Empfindung
rauschten durch die bewegte Versammlung. Über das
Evangelium des Tags ergoß er sich ganz ohne Schwär=
merei, mit der hohen Einfalt, welche keiner Wortfiguren
und keiner Künste der Schule bedarf. Da wurde nichts
erklärt, weil alles faßlich war, nirgends an die theologische
Metaphysik gerührt, die weder leben noch sterben kann.
Es war keine Andachtsübung, kein in drei Treffen geteilter
Angriff auf verstockte Sünder, oder wie die Kurrentartikel
aus der Kanzelmanufaktur heißen; auch war es keine

kalte heidnische Sittenlehre, die nur den Sokrates in der Bibel aufsucht und also Christum und Bibel entbehren kann; sondern er predigte den von dem Gott der Liebe verkündigten Glauben der Liebe, der vertragen, dulden, ausharren, hoffen lehrt und unabhängig von Freud' und Leid der Welt durch eigentümliche Ruhe und Zufriedenheit lohnt. So dünkt mich, haben die Schüler der Apostel gepredigt. Sie wissen, wie ungleich ich mit dem Schriftsteller Herder denke; wir gehen nur eine kleine Strecke Weges miteinander, so entbraust er mir glänzend und hell, wie eine Rakete; aber als Prediger und Mensch ist Herder mein Mann und auf der kleinen Ecke Weges, die wir zusammengehen, einer meiner liebsten Gefährten. O, daß alle, die ihn so orthodox hassen, ihn hätten hören mögen!"

Wenn man sich klar macht, wie alle diese glänzenden Zeugnisse über Herders Predigtweise von Leuten geschrieben sind, die eigentlich keine regelmäßigen Kirchengänger und überhaupt keine Kirchenchristen waren, so wird man ihren Wert umso höher einzuschätzen geneigt sein und deutlich erkennen, daß Herder unter den zahlreichen Meistern deutscher Kanzelberedsamkeit mit an allererster Stelle steht.

Am anschaulichsten und vollständigsten hat uns den Prediger Herder der weimarische Konsistorialrat Böttiger geschildert, der zwar nicht zu den großen Zeitgenossen jener goldenen Tage gehört, aber um der seinen Beobachtungsgabe willen Aufmerksamkeit verdient, mit der er die überragenden angeschaut hat. Er hatte von Herder eine Predigt über das Evangelium von den zehn geheilten Aussätzigen gehört. Sie sei an dem Wunder vorübergegangen und zu einer „hinreißend schönen Betrachtung" über das Gefühl der Dankbarkeit als ein wahres menschliches und menschenwürdiges Gefühl ge=

worden. Die Teile sanft und unbemerkt ineinander übergehend, nur etwa die einfache Haupteinteilung allgemein bemerkbar — ganz wie nach den Vorschriften und in den Beispielen des theologischen Briefstellers. „Bei aller scheinbaren Prunklosigkeit und Einfachheit blühte doch in jedem Satze ein an dieser Stelle natürlich hervorsprießendes Blümchen. Nichts war gehascht oder gesucht. Man sah gleichsam sein Entstehen aus dem augenblicklichen Bedürfnis des Redners. Offenbar bildete und formte sich jede Periode erst jetzt, so wie sie ausgesprochen wurde, in die liebliche Rundung und honigsüße Fülle des Ausdrucks, dessen allbiegsame Gewalt ich nicht genug bewundern konnte ... Herder macht von Anfang bis zum Ende keine einzige Bewegung mit den Händen, die er immer im Priesterrock zusammengeschlagen hält. Aber desto sprechender ist die übrige Haltung des Körpers, desto ausdrucksvoller jede Hebung und Beugung seiner schönen, sonoren Stimme, die jedoch, da sie in stetem Flusse schnell fortläuft, eine größere Kirche kaum ausfüllen kann."

Nicht so glänzend wie die Kanzelwirksamkeit, aber immerhin doch ersprießlicher als anfangs gestaltete sich in diesen schönen Jahren der Goethe=Freundschaft die übrige amtliche Tätigkeit Herders. Zunächst hatte er gelernt, daß die Schwierigkeiten, die seinem Reformeifer in Kirche und Schule entgegengestemmt wurden, nicht an der Gleichgültigkeit Goethes oder an der mangelnden Teilnahme des Herzogs lagen, sondern in der tatsächlich bestehenden Dürftigkeit des armen Kleinstaats. Auch das war ihm aufgegangen, daß man bis dahin unerhörte Neuerungen nicht mit einem kühnen Wurfe durchzusetzen pflegt, sondern daß, wie das ganze Leben, so auch das Regieren aus einer Reihe von Vermittelungen zwischen Idee und Wirklichkeit und aus einer Menge von Anbequemungen an vorhandene

Persönlichkeiten und lang bestehende Zustände besteht und daß man mit leiser vorwärtsschreitender, aber steter Beharrlichkeit mehr durchzusetzen vermag, als durch feuriges Aufbrausen und rasche Entschließungen. Als sich so in ihm das wenige, was an staatsmännischen Talenten in ihm lag, herausgebildet hatte, fand er alsbald unter dem nie erkaltenden, freundschaftlichen Einfluß Goethes den Herzog für sich und seine Pläne geneigt, und konnte nun auf den Willen Serenissimi gestützt allerlei durchsetzen, was ihm bis dahin zu verwirklichen wegen des konservativen Übelwollens seiner Amtsgenossen im Konsistorium unmöglich gewesen war. Nicht als ob Herder nun irgendwie amtlich auf Rosen gebettet gewesen wäre: die Klagen über den stillen oder lauten, aber immer hartnäckigen Widerstand der Kollegen und über den Mangel an verfügbaren Mitteln verstummen nie. Aber immerhin war es ihm nun doch vergönnt, unter Sorgen und Kämpfen allerlei ins Leben zu rufen, was ihm als dringendstes Bedürfnis auf der Seele lag. Sein erster bedeutender Erfolg war die Errichtung eines Schulmeisterseminars, das nach unsäglicher Mühe und Schreiberei am 31. März 1788 eröffnet wurde. Damit war mittelbar für die Hebung der Schulen gesorgt. Unmittelbar suchte er darauf durch sein „Buchstaben- und Lesebuch" zu wirken, das an die Stelle des bisherigen veralteten A-B-C-Buchs treten und das Lernen zum ergötzenden Spiel machen sollte, ein rührendes Zeugnis Thüringischer Dürftigkeit und Sparsamkeit in seiner ganzen Ausstattung, aber auch ein bescheidener Vorläufer jener heute so viel reicher ausgestatteten Lesebücher für die Volksschule. Auch die Lehrergehälter der damaligen Zeit, oft nur fünfundzwanzig bis fünfzig Taler betragend, redeten laut von Armut und Entbehrungen. Herder war emsig und mit Erfolg bemüht, hier Wandel zum Bessern zu schaffen, „denn," sagt er, „was hülfe alle erlernte Salomonische Weisheit, wenn der Schulmeister bei Mißwachs oder einem teuren Jahr Gefahr läuft, mit Weib und Kind zu verhungern?" Einer besonderen Fürsorge Herders erfreute sich das Gymnasium in Weimar, das allein durch sein Verdienst auf eine höhere Stufe gehoben wurde. Die köstlichen Eröffnungs- und Schlußreden bei den Prüfungen, die er als Ephorus dieser Anstalt gehalten hat, bieten ein besonders anschauliches Bild nicht nur seiner pädagogischen Grundsätze, sondern seiner ganzen wissenschaftlichen und sittlichen Gesinnung und seiner Ansichten über alle göttlichen und menschlichen Dinge. Er spricht da von der Schulzucht und deren ersprießlicher Notwendigkeit, von den Vorteilen und Nachteilen der heutigen Studiermethode, von Schulübungen, vom Begriff der schönen Wissenschaften, insonderheit für die Jugend, vom Nutzen der Schulen, er preist die Annehmlichkeit und Nützlichkeit der von ihm so sehr gegepflegten, geschätzten und geförderten Geographie, er feiert die Alten als wahre Menschheitsbildner im Gegensatz zu den Neueren, er handelt von der Ausbildung der Rede und Sprache in Kindern und Jünglingen, er berührt allerlei vorgekommene und drohende Schäden und gibt Lehrern und Eltern praktische und zuweilen auch anderen Leuten deutliche Winke. Von vielen Seiten, selbst aus katholischen Landen wurde damals Herder um Rat bei deren Schuleinrichtungen und Schulreformen gefragt, so groß war der Ruf, den er als Pädagog genoß. Er blieb dabei hohlem Formalismus und einseitiger Verlateinerung der Schulen abhold; aber als die unverrückbare Grundlage gediegener höherer Bildung hielt er die grammatischen und humanistischen Studien der Alten fest, und die griechische Literatur hat er erst wieder von neuem in die

Schulen eingeführt. Auch für die neueren Erscheinungen heimischer Erziehungswissenschaft und Kunst hatte er lebhafte Teilnahme und war unter den ersten, die auf Pestalozzis herrliches Volksbuch „Lienhard und Gertrud" aufmerksam gemacht haben. Nur an Basedow und seinem wirren Treiben fand er kein Gefallen.

Die Schule war damals im Aufschwung begriffen, und die Lehrerschaft wurde zu dem aufstrebenden Stande mit hohen Zielen und großen Forderungen, der er jetzt noch ist. Wer wie Herder die tiefe, innere Berechtigung dieses Aufstrebens mit vorurteilslosem Auge erkannte, hatte reichlich Gelegenheit, durch Rat und Tat diesen Fortschritt nach oben hin zu unterstützen. So bot er das erfreuliche Bild eines geistvollen und vielvermögenden Kirchenmannes, dem es doch nicht darauf ankam, die Kirche als Vormünderin der Schule anzusehen und mit kleinlicher Eifersucht auf allerlei schulische Unterordnung zu achten, sondern der vor allen Dingen nur das eine im Auge hatte: Hebung des Unterrichts und des Lehrerstandes. Anders stand es mit der Kirche. Das war eine altbewährte Anstalt mit starken, festen Überlieferungen und einem Pfarrerstand, der zwar auch nur ein sehr dürftiges Einkommen bezog, aber doch eine gesicherte soziale Stellung einnahm. Hier brauchte daher mit Reformen nicht so bei den Anfangsgründen begonnen zu werden wie bei der Schule, und es gab für Neuerungen allerlei Anknüpfungspunkte an der Vergangenheit. Herder hatte auch hier viele Pläne, deren Ausführung nur ersprießlich gewesen wäre. Aber hier stieß er weit mehr als bei den Lehrern auf das Beharrungsvermögen, das mit dem Erbe der Väter bequem zufrieden ist und sich ungern aus seiner beschaulichen Ruhe aufscheuchen läßt. Besonders groß waren auch die Schwierigkeiten, die ihm hierbei die konsistorialen Amtsgenossen bereiteten. Im ganzen fand er, daß zu viel gepredigt würde und zudem nach dem gewöhnlichen, kraftlosen Schlendrian. Er hat darum in Weimar die Garnison=Predigerstelle eingezogen und anderwärts die Verminderung der Wochengottesdienste eingeführt, da die Leute in der Woche „arbeiten und nicht Predigt hören sollen". Was helfe es, wenn die Geistlichen vor leeren Bänken predigten? Und „das ewige Gesinge" in den Gottesdiensten müsse auch eine Beschränkung erfahren. Sein leitender Gesichtspunkt war hier wie überall: „das überflüssige, Entbehrliche abzuschneiden, damit das Notwendige desto besser gedeihe." Als er aus diesen Erwägungen heraus die Gottesdienstordnung einer erneuernden Durchsicht unterziehen wollte, ist er freilich hart mit dem Konsistorium zusammengestoßen. Er wollte aus der Taufformel die Teufelentsagung als anstößig und unzeitgemäß herausgebracht wissen; er fand die tändelnden Worte und Anreden bei den Fastengebeten mehr für Nonnen vor dem Muttergottesbilde oder einem nackten Kruzifix, als für eine protestantische Gemeinde geeignet und wünschte auch das veraltete Trauformular geändert; aber nicht gewaltsam und hastig, sondern mit der Zeit, allmählich. Dieses ganz praktische allmähliche Einführen der Neuerungen, ohne erst viel Aufhebens davon zu machen, nannten die Herren Kollegen aber eine unwürdige „Clandestinität", worüber Herder nicht mit Unrecht so heftig erzürnte, daß er sich bitter bei dem Herzog über dieses Verhalten der Konsistorialräte beschwerte. Dieser entschied auch diesmal für ihn und gegen das übrige Konsistorium; er genehmigte das Herdersche Gutachten seinem ganzen Umfange nach und übertrug ihm die Abfassung und Bekanntgabe der verbesserten Trau= und Taufformel nach seinem eigenen Ermessen.

2. Denker und Dichter.

Herders „Beitrag zur Philosophie der Geschichte" war vergriffen und wurde doch viel verlangt. Der Verleger Hartknoch erbat eine neue Bearbeitung; und da Herder ohnehin jetzt beabsichtigte, „nackt ausgestoßene Kinder neu zu kleiden", d. h. seine „unreifen Jugendarbeiten aus der Welt zu bringen oder sie in einem erträglichen Lichte zu zeigen", so kam ihm dieser Auftrag sehr gelegen. Er begann mit Eifer die neue Bearbeitung, für die er schon seit langem reiche, neue Gedanken mit sich herumtrug; doch stockte der Fortgang bald genug, als erst die leidigen Kirchrechnungen und dann andere Amtsgeschäfte hindernd dazwischen traten. Erst im Dezember 1783 kam es zu richtiger Arbeit, und die hat während der nächsten Zeit angehalten, oft unterbrochen durch Zerstreuungen, Kümmernisse und sonstige Abhaltungen. Er schrieb an Hamann: „Alles wäre im Hades des Ungeborenen geblieben, wenn meine Frau, die eigentlich autor autoris meiner Schriften ist, und Goethe, der durch einen Zufall das erste Buch zu sehen bekam, mich nicht unablässig ermuntert und getrieben hätten." So erstreckte sich die Abfassung des neuen Werkes über mehrere Jahre; aber es waren die Jahre männlicher Reife und anregender Goethe-Freundschaft, und so wurde die Arbeit, an die er seine besten Kräfte setzte, gleichsam zur Summe alles seines Lebens und Strebens, sein umfassendstes (wenn auch unvollendet gebliebenes) und berühmtestes Werk, die „Ideen zur Philosophie der Geschichte". 1784 ist der erste Teil erschienen, 1791 der vierte. Erst ein halbes Jahr nach Vollendung des ersten wurde der zweite ernstlich in Angriff genommen, zwischen dem zweiten und dritten Teil lagen anderthalb Jahre, seit 1787 rang Herder mit der Ausarbeitung des letzten Teils, der erst lange nach der

Italien=Reise herauskam. Das Werk mit seinem geradezu wunderbaren Reichtum der darin wogenden Gedanken und seinen nach hundert Richtungen hin gespendeten genialen Anregungen muß selbst gelesen werden, seinen schier un= ermeßlichen Inhalt kann man nicht in wenigen Zeilen wiedergeben. Übrigens läßt es sich auch sehr gut mit Genuß lesen, leichter vielleicht als irgend eine andere Herdersche Schrift. Seinen Grundgedanken mag man etwa darin zusammenfassen, daß in der Geschichte ebenso wie in der Natur sich alles aus gewissen natürlichen Bedingungen nach festen Gesetzen entwickle. Poesiereich und geistvoll sucht Herder aus der Beschaffenheit der Erde und der Natur eine Fortbildung und Stufenleiter der Geschöpfe nachzuweisen, aus der Organisation des Menschen, seiner Vernunftfähigkeit und äußeren Bildung seine Anlage zur Humanität und Religion herzuleiten und ihn als Mittelglied zweier Welten darzustellen. Dann baut er mit schöpferischer Phantasie, die doch der ge= schichtlichen Kenntnisse als Grundlage nicht entbehrt, ein kühnes Gebäude von vorweltlichen Überlieferungen auf, von denen Wissenschaften, Künste, Regierungen usw. hergeleitet werden, und stellt die Religion als älteste und heiligste der ererbten Überlieferungen dar. „Die ganze Geschichte der Völker" — sagt er — „wird uns in diesem Betracht eine Schule des Weltlaufs zur Erreichung des schönsten Kranzes der Humanität und Menschenwürde. So viele glorreiche, alte Nationen er= reichten ein schlechteres Ziel; warum sollten wir nicht ein reineres, edleres erreichen? Sie waren Menschen wie wir sind; ihr Beruf zur besten Gestalt der Humanität ist der unsrige, nach unseren Zeitumständen, nach unseren Gewissen, nach unseren Pflichten. Was jene ohne Wunder tun konnten, können und dürfen auch wir tun; die Gottheit hilft uns nur durch unseren Fleiß, durch unseren Verstand, durch unsere Kräfte. Als sie die Erde und alle vernunft= losen Geschöpfe derselben geschaffen hatte, formte sie den Menschen und sprach zu ihm: sei mein Bild, ein Gott auf Erden! herrsche und walte! Was du aus deiner Natur Edles und Vortreffliches zu schaffen vermagst, bringe her= vor; ich darf dir nicht durch Wunder beistehen, da ich dein menschliches Schicksal in deine menschliche Hand legte; aber alle meine heiligen, ewigen Gesetze der Natur werden dir helfen."

Um wenigstens flüchtig den Gang des Werkes an= zudeuten, sei darauf hingewiesen, daß der erste Teil die kosmische und geographische Bedingtheit der Menschen= geschichte entwickelt. Der Mensch ist ein Gewächs der Natur, das höchste Produkt der genetischen Kraft unseres Planeten. Er ist bedingt durch seine Wohnstätte, die Erde, und unter den Tieren der Erde ein Mittelgeschöpf. Im weiteren Verlauf werden Pflanzen und Tiere in ihrem Bau verglichen mit der Organisation des Menschen, und als organischer Unterschied zwischen Tier und Mensch der aufrechte Gang aufgestellt. Dieser gibt dem Menschen die Organisation zum ganzen Beruf seiner Gattung. Aus ihm ist alles abzuleiten, was den Menschen auszeichnend charakterisiert. Er ist durch diesen aufrechten Gang organisiert zur Vernunftfähigkeit, zur Sprache, zu feine= ren Sinnen, zur Kunst, zu feineren Trieben, daher zur Freiheit, zur zartesten Gesundheit, zur stärksten Dauer, zur Ausbreitung über die Erde, zur Humanität und Religion, zur Hoffnung der Unsterblichkeit. — Im zweiten Teil wird das naturgeschichtliche Fundament erweitert und dabei mehr ins Besondere gegangen. Mannigfach verschieden sind die äußeren Organisationen der Völker. Sie werden nach den Berichten der Reisebeschreiber ge=

schildert, die ja Herder immer gern und fleißig gelesen hat. Aber trotz dieser verschiedenen Organisation und Rassen ist das Menschengeschlecht doch nur eine Gattung. Überall ist der Mensch zur Glückseligkeit und zur Humanität gebildet. Der wirkliche, innere Genuß unseres Daseins, nicht die Menge der Gedanken und Empfindungen bereitet diese Glückseligkeit, die also immer und überall möglich ist. Durch den Zusammenhang des Einzelnen mit dem Geschlecht vollendet sich in den Zeiten die Humanität. „Immer verjüngt in seinen Gestalten blüht der Genius der Humanität auf und zieht palingenetisch in Völkern, Generationen und Geschlechtern weiter." Mittel zum Fortschreiten der Humanität und zur Bildung des Menschengeschlechts sind Sprache, staatliche Ordnung und vor allem die Religion. — Im dritten und vierten Teil wird dann die große Übersicht über die Geschichte aller Völker gegeben, „zumeist muster= und meisterhaft, in kühner, schwunghafter Zeichnung und in glänzenden Farben, mit ungemeinem Tiefblick und seltener Feinfühligkeit für das Eigenartige und Unterscheidende der einzelnen Länder, Völker und Zeiten." Dabei wird vom Eintritt des Christentums gesagt, daß die echteste Humanität in den Reden Jesu enthalten sei, und daß es nichts anderes als Humanität gewesen wäre, was er im Leben bewies und durch den Tod bekräftigte, wie er sich denn selbst mit einem Lieblings= namen den Menschensohn genannt habe. Als ein geistiger Erretter seines Geschlechtes wollte Jesus Menschen Gottes bilden, die aus reinen Grundsätzen anderer Wohl beförderten. Nur hat sich die Religion Christi, jener lebendige Entwurf zum Wohl der Menschen, größtenteils in eine „Religion an Christus", d. h. in eine gedankenlose Anbetung seiner Person und seines Kreuzes den Völkern mitgeteilt. Durch eine geschichtliche Wanderung zeigt

Herder, wie der „Tropfe des Christentums" in ein Meer
von anderem fiel, um die sonderbarsten Mischungen und
Gärungen hervorzubringen. Nur bis zum Ende des
Mittelalters geht diese Wanderung, und das leuchtet jetzt
nicht mehr in so hellen Farben wie früher in den Bei=
trägen von 1774. — Der fünfte Teil des Werkes hätte
das Werden unserer ganzen Staatsverfassung bis zur
großen Revolution dargestellt. Aber er ist nicht zur Aus=
führung gekommen.

Das herrliche, mit poetischem Schwung und edlem
Enthusiasmus, in bilderreicher Sprache verfaßte Werk
ist das eigentliche Evangelium der klassischen Zeit ge=
worden. Alle Gebildeten, die dem dürren Symbolglauben
der Orthodoxen ebenso abhold waren, wie der zerstörenden
Denkgläubigkeit der Neuerer, flüchteten sich zu Herders
Humanitätsideal und Religionspoesie, die der Phantasie
und dem Gemüte Nahrung gaben, ohne den denkenden
Geist in Fesseln zu schlagen. Als die Herzogin Luise
ihr Töchterchen verloren hatte und Goethe nach einer
Trostschrift suchte, die er ihr vorlesen könnte, um ihren
Geist aus dem Vergänglichen ins Unendliche zu erheben,
wußte er nichts besseres als Herders „Ideen". Und als er
kurz darauf nach Italien reiste, begleitete ihn selbst dieses
Buch als ein freundlicher Genosse. Aus Rom schreibt
er: „Herders ‚Ideen' hab' ich nun durchgelesen und mich
des Buches außerordentlich gefreut. Der Schluß ist herr=
lich, wahr und erquicklich, und er wird, wie das Buch
selbst, erst mit der Zeit, und vielleicht unter fremdem
Namen den Menschen wohltun. Je mehr diese Vor=
stellungsart gewinnt, je glücklicher wird der nachdenkliche
Mensch werden . . . Ich müßte wieder ein Buch schreiben,
wenn ich sagen sollte, was ich bei dem und jenem Buch
gedacht habe. Ich lese jetzt wieder Stellen, so wie ich

sie aufschlage, um mich an jeder Seite zu ergötzen, denn es ist durchaus köstlich gedacht und geschrieben." Und an andrer Stelle sagt er: „Es ist fürtrefflich und wird gar gut aufs Publikum wirken. Zu dem ganzen Inhalte sage ich Ja und Amen, und es läßt sich nichts Besseres über den Text ‚Also hat Gott die Welt geliebt!‘ sagen. — Es ist auch sehr schön geschrieben, und was du nicht sagen konntest, noch jetzo schon wolltest (Goethe schreibt nach Empfang des zweites Buches), ist schön vorbereitet und in glückliche Hüllen und Formen gebracht."

Von unübersehbarer Wirkung sind die „Ideen" Herders geworden. Die Philosophen Baader und Schelling, Hegel und Lotze haben aus ihnen reiche Anregung geschöpft. Hier waren die grundlegenden Anfänge einer Geschichtsphilosophie zu finden, wie wir sie heute zu üben pflegen. Denn wir denken nur darum so gering über die Geschichtkonstruktionen, die von irgendwelchem Grundgedanken aus geschmiedet werden, weil wir durch das Verdienst Herders eine von Ideen durchdrungene Geschichtschreibung besitzen. Er selbst war kein Geschichtschreiber, aber er entriß die Geschichtschreibung der Gedankenlosigkeit, der Roheit und Trockenheit, die der damaligen Reichs-, Kaiser- und Kirchengeschichte anhaftete. Ausdrücklich hat später der Philosoph Lotze erklärt, daß sein eigenes ganzes Unternehmen nichts sei, als die mit den veränderten wissenschaftlichen Anschauungen der Gegenwart versuchte Wiederholung des Unternehmens, das in Herders „Ideen" glänzenden Beginn gefunden habe. Ebenso ist von Alexander von Humboldt und Ritter oft darauf hingewiesen worden, wie sie aus diesem Buche für ihre wissenschaftliche Geographie reiche Belehrung geschöpft hätten. Und erst ganz neuerdings ist von dem Göttinger Juristen Ehrenberg dargetan worden, daß man auf Herders „Ideen" zurückgehen müsse, um das richtige Verständnis für die Geschichte der Rechtswissenschaft während der letzten Jahrhunderte zu gewinnen: Herder stehe an der Spitze unserer heutigen Anschauungen vom Werden und Wirken des Rechts, die er mit genialem Tiefsinn uns erschlossen habe. Dafür sei namentlich der neunte Abschnitt des zweiten Buches hochbedeutsam. Nehmen wir hinzu, daß Herder der Begründer der wirklichen Literaturgeschichte war, daß er die werdende deutsche Philologie beeinflußt und die allgemeine Sprachwissenschaft befruchtet hat, so erhalten wir einen ungefähren Begriff von der umfassenden Bildung dieses genialen und universalen Kopfes.

Goethe hat als Greis geurteilt, daß Herders Hauptwerk, welches unglaublich viel auf die Bildung der Nation eingewirkt habe, nun, da es seine Schuldigkeit getan habe, so gut wie vergessen sei; seine „Ideen" seien dergestalt in die Kenntnis der ganzen Massen übergegangen, daß nur wenige, die sie läsen, dadurch erst belehrt würden, weil sie durch hundertfache Ableitung von demjenigen, was damals von großer Bedeutung gewesen, schon völlig unterrichtet seien. Das war denn das höchste Lob aus berufenstem Munde und hat heute noch volle Gültigkeit. Bei seinem Erscheinen ist das Buch doch allenthalben jubelnd begrüßt, viel gelesen und gekauft worden.

Nur einer war nicht damit zufrieden: Kant. Er rezensierte das Buch nicht günstig. Darin sei zwar die Einbildung kühn und sein Verfasser ein fruchtbarer Kopf, der alles Lobes wert sei; aber ein Philosoph der Geschichte im strengen Sinne sei er nicht. Und so griff der behutsame und genaue Denker mit sicherer Hand Punkt für Punkt alle Schwächen des Buches heraus, um dem Verfasser zum Schluß den Rat zu geben: bei der Fortsetzung seines Werkes möchte er „seinem lebhaften Genie einigen Zwang auferlegen". Der Tadel war berechtigt, denn Herder war weniger ein geschulter Philosoph und Naturkundiger, als ein geistvoller Anreger voll schöpferischer Phantasie; und die von ihm angeführten naturwissenschaftlichen und geschichtlichen Tatsachen waren ebenso häufig unbegründete Erfindungen einer reichen Einbildungskraft, als seine vorgetragene Erkenntnistheorie lückenhaft war. Aber Kant übersah nach seiner Weise doch den inneren Reichtum dieser Schrift. Jedenfalls wurde damals schon klar, daß sich hier zwei in ihrer Grundanlage und Eigenart so verschiedene Köpfe gegenübertraten, von denen ein gegenseitiges Verständnis kaum mehr zu erwarten war. Herder empfand natürlich den Tadel des alten, einst so hoch verehrten Lehrers aufs bitterste, hat aber doch soviel von dem Rezensenten gelernt, daß in den späteren Teilen seines Werkes Kantscher Einfluß unverkennbar zu Tage trat. Als dann freilich Kant seinen „mutmaßlichen Anfang der Menschengeschichte" erscheinen ließ, zeigte es sich, daß der bestehende Gegensatz der beiden Männer zwischen den strengen Gedanken des einen und den bedeutsamen Anschauungen des anderen unüberbrückbar war.

Zu dem reichen Kranz von Freunden, die in jenen Tagen wie Sterne zweiter Größe um die Geistesgewaltigen kreisten, gehörte mit in vorderster Reihe Friedrich Heinrich Jacobi, ein feingebildeter Kaufmann voll edler Gesinnung. Sein Landhaus Pempelfort am Rhein versammelte gastlich die hohen Geister Deutschlands. Er hatte sich eine eigenartige Philosophie zurechtgelegt, nach der er mit dem Verstand ein Heide und mit dem Gemüte ein Christ war, wie er selbst sagte. Da ihm alle zunehmende Erkenntnis das Wesen Gottes immer mehr verbarg, machte er — um mit seinen eigenen Worten zu sprechen —

einen kühnen salto mortale vom philosophischen Wissen zum religiösen Glauben, den er für das menschliche Gemüt für unerläßlich hielt. Herder hatte lange gezögert, mit diesem geistvollen Manne in Verbindung zu treten. Erst auf das Andringen des Wandsbecker Boten schrieb er von Hamburg aus im Frühjahr 1783 seinen ersten Brief an ihn. Rasch entwickelte sich daraufhin eine Befreundung, die eine kurze Spanne Zeit lang sogar einen enthusiastischen Zug annahm. Ihre allmähliche Abkühlung brachte das verschiedene Verhältnis zu Spinoza mit sich, in dem die beiden Männer standen. Jacobi hatte als eine unangenehme Wahrheit, die er nur heimlich raunend und schmerzbewegt mitteilte, entdeckt, daß Lessing, wenigstens gegen Ende seines Lebens, ein Spinozist gewesen sei. Das aber sei gleichbedeutend mit Fatalist und Atheist. Dem gegenüber hatte sich Herder bereits brieflich gegen Jacobi als entschiedenen Spinozisten bekannt, in dem Sinne, daß Gott das höchste, lebendigste, tätigste Eins sei, nicht in allen Dingen, sondern durch alle Dinge, welche sinnliche Darstellungen für sinnliche Geschöpfe seien. Atheismus sei demnach durchaus nicht die Folge der Spinozaschen Lehre.

Im Herbst 1783 kam Jacobi nach Weimar: zum ersten Male sah man sich von Angesicht zu Angesicht. Die Unterhaltung drehte sich naturgemäß vorwiegend um Spinoza, und Herder fand einen starken Bundesgenossen an Goethe, der ganz wie er selbst dachte. „Herders Seele öffnete sich mir gleich nach den ersten Umarmungen" — schrieb Jacobi —; „es war uns allen unaussprechlich wohl." Nach seiner Abreise wurde die schriftliche Verbindung lebhaft fortgesetzt. Herder las mit Goethe zusammen Spinozas Werke von neuem und überzeugte sich immer mehr von Jacobis irriger Auffassung. „Gott ist freilich außer Dir und wirkt zu, in und durch alle Geschöpfe (den außerweltlichen Gott kenn' ich nicht)," schrieb er ihm; „aber was soll Dir Gott, wenn er nicht in Dir ist, und Du sein Dasein auf unendlich innige Art fühlst und schmeckst, und er sich selbst auch in Dir als in einem Organ seiner tausend Millionen Organe genießt? — Ich muß Dir gestehen, mich macht diese Philosophie sehr glücklich; könnte ich nur meinen innersten Sinn aufschließen, sie ganz und unverrückt zu genießen." So blieb es dabei, daß nach Herders Ansicht Jacobi ein Ketzer an Spinozas Lehre war, während der meinte, Herder mißverstände und entstelle diese Philosophie. Um das zu erhärten, verfaßte Jacobi eine ausführliche, wohlgeordnete und höchst verdienstliche Darstellung des Spinozaschen Lehrgebäudes und gab diese 1785 als Buch: „Über die Lehre des Spinoza in Briefen an den Herrn Moses Mendelssohn" heraus. Danach war also Spinoza ein Atheist, und alle seine Anhänger Lessing, Goethe, Herder u. a. m. verfielen der gleichen Verurteilung, wobei man beherzigen muß, daß Spinoza bis dahin immer nur mit Abscheu und Schauder genannt worden war, sodaß es für eine rechte Schande galt, ein Spinozist zu sein. Goethe und Herder blieben trotzdem dabei, daß Spinozismus und Atheismus zweierlei sei. Herder erwiderte auf Jacobis Übersendung seiner Schrift, Jacobi habe sich als wahrer orthodoxer Christ gehalten, seinen außerweltlichen Gott gerettet; er selbst wolle sich vor der Hand nicht einmischen und mit seiner Schrift über Spinoza und Shaftesbury zu Hause bleiben. Schließlich hat er sie doch ausgegeben, wenn auch in anderer Fassung, als er ursprünglich beabsichtigt hatte; denn nach seiner Neigung, Denkmäler zu stiften und verkannte oder doch nicht genug geehrte Männer zu gebührender Ehre zu bringen, hatte er lange einen Plan mit sich herumgetragen, eine „Parallele der Dreimänner Spinoza, Shaftesbury und Leibnitz" zu schreiben, in der er denn sein eigenes philosophisches Lehrgebäude als eine Vereinigung von Leibnitzscher Harmonielehre und Spinozistischem Pantheismus mit dem Optimismus Shaftesburys niederlegen wollte. Jetzt begnügte er sich damit, die Spinozistische Philosophie darzustellen. Und während er in Weimar einsam auf die Rückkehr des fernen Freundes wartete, der nach Italien geflohen war, schrieb er, die eigenen mit Goetheschen Gedanken innig verwebend, das Büchlein, das 1787 in Gotha erschien: „Gott. Einige Gespräche." Es galt ihm hier nicht eine eigentliche Ehrenrettung Spinozas, deren dieser bei Verständigen nicht bedürfe; die Schrift sollte bloß die Handhabe eines Opfergefäßes sein, aus welchem er einige Tropfen dem Altar seiner Jugend darbringen wolle. Fern liege ihm die Absicht, sagte er in der Vorrede, irgend einer gangbaren Philosophie vor- oder zwischenzutreten, sie zu verdrängen, Parteien herauszufordern oder zwischen Parteien unberufen den Schiedsrichter zu machen; über Gott werde er nie streiten. Er wäre zufrieden, wenn dieses Büchlein, das er nur als eine kleine Vorarbeit zu einer größeren Arbeit ansähe, einige unbefangene Liebhaber der Philosophie erfreute, Kennern gefiele und hie und da einem Irrenden den Weg zeigte. In neun Gesprächen, deren Gedankenführung meisterhaft geleitet und voll edelster Beredsamkeit ist, unterhalten sich Philolaus, Theophron und Theano über Spinozas System, das dabei freilich nicht objektiv dargestellt, sondern geistreich umgebildet und ausgelegt wird, bis es die Herdersche Gotteslehre selbst darstellt, die Meinung von dem Gott, der als das Leben die Welt durchflutet und die allem zu Grunde liegende Idee des Wahren, Guten und Schönen ist. Die Paulusworte aus der Apostelgeschichte: „In ihm leben, weben und sind wir" und „wir sind göttlichen Geschlechts" bildeten dazu mit gutem Recht den biblischen Leitspruch.

Jacobi war über diese Ehrenrettung Spinozas, der danach kein Atheist, sondern ein „metaphysisch=moralischer Schwärmer" war, so erzürnt, daß er fürs erste allen Verkehr mit Herder abbrach. Auch andere fanden die Schrift bedenklich. Matthias Claudius war entrüstet über ihren Mangel an Mysticismus, und Lavater nannte sie ein leichtsinniges Buch. Aber der, von dessen Geist sie Geist war, Goethe, empfing die Schrift, die just zu seinem Geburtstag nach Rom kam, mit herzlicher Freude, fand sie „voll würdiger Gottesgedanken" und las sie sich zum Trost und zur Erquickung.

Der Arzt hatte Herder empfohlen, gegen sein hart=näckiges Leber= und Gallenleiden einmal die Badekur in Karlsbad anzuwenden. Auch seiner Frau, die an den Nerven litt, war der Aufenthalt dort geraten worden. So rüsteten sie sich denn beide zur Reise ins böhmische Bad. Nur fehlte es dazu wieder einmal am Nötigsten: an Geld. Da riet Karoline, „um einen Reisepfennig ins Karlsbad zu sammeln", die Herausgabe alter und neuer Aufsätze und Dichtungen, die dabei zugleich der Tiefe des Schreib=pultes zu fruchtbringendem Leben entsteigen würden. Herder ging darauf ein, und so entstand in seinen Muße=stunden zwischen den schweren amtlichen Dienstgeschäften und den erwähnten großen schriftstellerischen Arbeiten jenes Sammelwerk, das unter dem Titel „Zerstreute Blätter" erschien und in sechs kleinen Sammlungen in den Jahren 1785, 1786, 1787, 1792 und 1797 bei Ettinger in Gotha herauskam. Dabei wurden in rascher Folge alte Stücke erneuert und neue dazugeschaffen, je nach der jeweiligen

Stimmung des Verfassers und der Gedankenwelt, in der er gerade lebte. Es war eine sehr liebenswürdige Gabe, die Herder auf diese Art der Lesewelt darbot, eine Menge kleiner Kunstwerke, nicht alle vollendet oder bedeutend, aber jedes in seiner Weise anziehend und in ihrem Zusammenklange von schönster Wirkung. Nicht absichtslos trägt die Vorrede der dritten Sammlung das Datum des 28. August. Gerade sie wurde, mit den ersten beiden Heften vereint, an Goethe nach Italien geschickt und erntete dessen vollstes Lob. Aber auch das große Publikum kargte nicht mit seiner Anerkennung, und Herder erlebte die Freude, gerade diese kleinen, anspruchslosen Schriften wiederholt vergriffen zu sehen, so daß er sich zu neuen Auflagen entschließen mußte.

In der dritten und sechsten Sammlung veröffentlichte Herder zum ersten Male eigene Gedichte. Er hatte ja schon als Knabe und Jüngling Reime geschmiedet, den Dichtern nacheifernd, die er just in sich aufgenommen hatte. Und so schmecken seine Verse stark nach den Vorbildern, deren poetische Eigenart er mit seinem feinen Spürblick für das Charakteristische rasch zu erfassen pflegte. Pope, Haller, Klopstock, Kleist, Lessing, Gleim von den Neueren, Pindar und Horaz von den Alten, aber auch die Psalmen und Propheten waren seine Leitbilder. In den Tagen seines Liebesglücks schwieg seine Leier. In der späteren Bückeburger Zeit und dann in Weimar tönte sie häufig. Aber ihre Klänge trösteten und erquickten nur den Dichter selber, welcher von seiner Dichtkunst eine bescheidene Meinung hatte und ihre Schwächen wohl kannte. „Ich bin kein Dichter, will's auch nicht sein noch werden," versicherte er der Herzogin Anna Amalie bei Übersendung einiger poetischen „Kleinigkeiten" für das Tiefurter Journal. Und an Merck schreibt er voll

Selbsterkenntnis: „Was kann ich . . dafür, daß das, was in mir dichtet, eine Mischung von Philosophie und Empfindung ist . . . An Guß der Empfindung, wenn sie bloß Empfindung ist, ist Klopstock weit über mir, aber von seinen Oden bleibt auch nichts als Dämmerungston dunkler Empfindungen in der Seele! Nachhall der Glocke! Ich glaube, meine läßt hier und da was Kläreres, — Funke, Bild, Sentenz, Maxime zurück, wie Sie das nennen wollen." „Bilder und Träume" nannte er die sechsundsiebzig Gedichte, die er in den „Zerstreuten Blättern" veröffentlichte, und ganz demütig sagte er in der Vorrede, er würde ihnen gern einen noch bescheideneren Namen geben mögen, wenn er einen solchen gewußt hätte. „Es sind Jugendbilder und Jugendträume, die, so wenig sie Gedichte sein mögen, ihrem Verfasser den Namen eines Dichters zu erwerben auch ganz und gar nicht im Sinne haben . . Ich bitte also diese Kleinigkeiten nicht als Kunstwerke höherer Art, sondern als alte Verse oder gar als Prosa zu lesen. Es wäre mir lieb, wenn einige darunter der Musik angemessen wären; denn durch die Kunst der Töne wird eine abgemessene Sprache dieser Gattung erst lebendig. Auf den Wellen der Musik fortgetragen, träumen wir lebhafter und sanfter."

Er hatte in seiner anspruchslosen Bescheidenheit recht: Kunstwerke höherer Art waren diese lyrischen Gedichte so wenig wie seine späteren weltlichen und geistlichen; er war kein Dichter. Alle Anmut und Milde ihrer Verse können darüber nicht hinwegtäuschen, daß der Inhalt sich nur höchst selten mit der Form deckt und daß diese zumeist eine Härte hat, die den vollen musikalischen Genuß der Lieder nicht aufkommen läßt. Er, der anderswo so fein die ungekünstelten Naturlaute von nachempfundener Gedichtmacherei unterscheiden konnte, vermochte bei sich selbst nicht schöpferisch für die einfachsten Empfindungen eine anschaulich-plastische Gestaltung zu finden, sondern blieb unklar und wurde wortreich. Dazu verraten seine Dichtungen viel zu viel Kunst und Mühe, als daß sie unmittelbar wirken könnten, und doch auch wieder sind sie zu wenig durchgebildet, um in den Rang von Kunstwerken hinüberzutreten. Auch ist der Lyriker häufig vom Prediger verdrängt worden, der moralisierend überreden wollte, wo er hätte anschaulich bilden müssen. Nach Herders Tode sind noch viele seiner Gedichte in die Gesamtausgabe der Werke übernommen worden, die er selbst verborgen gehalten hatte. So wenig man es den pietätvollen Herausgebern verargen darf, daß sie veröffentlichten, was noch an dichterischen Schöpfungen unbekannt geblieben war, so wenig war doch durch diesen Druck dem Andenken des Dichters ein wirklicher Dienst geleistet; es ist viel Spreu dabei und nur vereinzeltes, was Wert hat. Sonderbarerweise erwiesen sich darunter die zahlreichen geistlichen Lieder des geistlichen Poeten als die schwächsten. Er hat viele verfaßt, vielleicht in der Absicht, sie für ein Gesangbuch zum Gemeindegottesdienst zu verwenden. Aber sie sind erstaunlich schwach in ihrer trocknen, lehrhaften Art und ein recht bezeichnendes Beispiel dafür, wie schwer es gerade ist, Geistliches zu dichten. Zumeist stehen diese pastoralen Poeten im Geiste auf der Kanzel und bringen's nur zu gereimten Predigten, wovon in neuerer Zeit Karl Gerok und Julius Sturm die bezeichnendsten Zeugen sind; und sie haben Herder zum Vorgänger. Nur Mörike blieb auch bei religiösen Liedern ein wirklicher Dichter.

Herders Dichtergeist und Dichterkunst trat dann am prächtigsten in die Erscheinung, wenn er die Dichtungen anderer nachbildete und die Werke fremder Zungen und ferner Zeiten für seine Gegenwart neu gestaltete. Davon zeugen in den „Zerstreuten Blättern" vor allem die „Blumen aus der griechischen Anthologie", übersetzte oder nachgedichtete griechische Epigramme, und häufig sind's so mehr Herdersche als hellenische Epigramme geworden. Heyne, sein alter Freund und späterer Herausgeber der Gesamtwerke, sagte dazu treffend, wenn auch im Ausdruck recht unbeholfen: „Nicht übersetzen wollte er, sondern den Geist der Griechen, den oft flüchtigen, duftenden Geist, den feinen Gedanken, mit der Feinheit der Darstellung in unserer Sprache, nach unserer Art, wenigstens nach seiner Art, zu empfinden, wollte er wiedergeben."

Eine Reihe allegorischer Prosa-Dichtungen aus der griechischen Sage, ebenfalls in den „Zerstreuten Blättern" erschienen, nannte Herder „Paramythien". „Paramythion" — so sagte er selbst — „heißt eine Erholung; und wie Guys erzählt, nennen noch die heutigen Griechinnen die Erzählungen und Dichtungen, womit sie sich die Zeit kürzen, Paramythien. Ich konnte den meinen noch aus einem dritten Grunde den Namen geben, weil sie auf die alte griechische Fabel, die Mythos heißt, gebauet sind und in den Gang dieser nur einen neuen Sinn legen." Halb Fabel, halb Märchen, sind es weiche, gelegentlich sentimentale Gebilde eines zarten Gefühls, das die griechischen Fabelgeschichten geschickt, wenn auch nicht immer griechisch, zum allegorisierenden Moralisieren verwendet.

Auch „Dichtungen aus der morgenländischen Sage" enthielten die ersten Sammlungen unter dem Namen „Blätter der Vorzeit". Und zu allen diesen poetischen Erzeugnissen eigener und fremder Kunst kamen Abhandlungen zur Poetik und zur Geschichte der Dichtkunst, wie die „über Geschichte und Theorie des Epigramms" in Weiterbildung Lessingscher Gedanken und die andere „über Bild, Dichtung und Fabel". Zur Altertumskunde gehörten die „Gespräche über Seelenwanderung", der Herder immer eine besondere Teilnahme und gemäßigte Anhängerschaft widmete, und der Aufsatz „Nemesis ein lehrendes Sinnbild", in dem die furchtbare Göttin als weise und schöne Notwendigkeit geschildert wird. Auch die Arbeit „Persepolis, eine Mutmaßung" gehört hierher; darin führte Herder das in Ruinen erhaltene Persepolis in einer überkühnen Hypothese auf Dschemschid zurück und versuchte in etwas stürmischer Konstruktion die Deutung ihrer Bildwerke.

III

Die italienische Reise

1. Pläne.

Herder konnte das Seufzen nicht lassen, und so enthielten auch die Briefe jener Jahre, die er in trautester Gemeinschaft mit Goethe verlebte, oft genug bittere Klagen über Hof und Stadt, Amt und Dienst. Allezeit leicht verstimmt und von der Last der Geschäfte bedrückt, strebte er danach, das Land zu verlassen, in dem nichts wachse und nichts werde. Und die Freunde rings im Vaterlande waren daraufhin geschäftig, dem verehrten Manne irgendwo eine neue, freie Heimat zu verschaffen. Göttinger Pläne, die im Jahre 1784 neu auftauchten, wurden durch Braunschweigische Einflüsse rasch durchkreuzt. Die Stelle eines Abtes von Klosterberga war nur im Gleimschen Freundessinn vakant gewesen; die Gedanken, die dahin zielten, zerflossen rasch in nichts. Aber im Juli 1787 kam an Herder eine ernstgemeinte vorläufige Anfrage aus Hamburg, ob er einen Ruf als Hauptpastor dahin anzunehmen geneigt sei. Goethe selbst konnte nichts dagegen sagen; verbessere er sich auch nicht, so verändere er sich doch, und seines Bleibens sei einmal in Weimar nicht, da er sich in seiner Stellung gedrückt fühle. Aber er hatte in Hamburg viel Gegner, die im Namen der

Aufklärung seiner Berufung Widerstand entgegensetzten; sie meinten, er könne dort durch seine Art zu schwärmen mehr Schaden anrichten, als Goeze durch sein Gebell getan hätte. Und so fiel auch dieser Plan ins Wasser.

Nun wandten sich Herders Gedanken nach Preußen, wo nach dem Tode des großen Friedrich ein neues Regiment einen neuen Kurs einschlug. Tatsächlich war Friedrich Wilhelm II. darauf verfallen, Herder nach Berlin zu ziehen und ihn zunächst dem greisen Spalding als eine Art Gehilfe zur Seite zu setzen. Herder aber war das begreiflicherweise eine höchst peinliche Aussicht, gegen die er sich sträubte; und da er ohnehin zu dieser preußischen Veränderung nicht allzu große Lust hatte, zerschlug sich auch dieser Entwurf bald.

In Weimar empfand es Herder damals als eine persönliche Kränkung, daß man dem erst vor zwei Jahren nach Jena berufenen Theologieprofessor Döderlein den Titel eines Geheimen Kirchenrats zugesagt hatte, während er selbst sich doch noch mit dem simpeln Kirchenrate begnügen mußte. Den ihm auf seine Klagen hin vom Herzog angebotenen gleichen Titel anzunehmen weigerte er sich als nun für ihn nur noch von zweifelhaftem Werte. Goethe riet ihm, wenn er Lust, Aussicht und Hoffnung habe, von Weimar wegzukommen, auf seiner Weigerung zu beharren; wolle oder müsse er aber bleiben, so möge er das Unangenehme des Augenblicks überwinden und den Titel, auch mit Widerstreben, wie er selbst den ihm aufgedrängten Adelsbrief, annehmen, da seine Weigerung alle Verhältnisse unerträglich verbittern würde. So gab denn Herder nach und wurde widerwillig „befördert". Kurz darauf tauchte der Plan einer Jenaer Professur auf. Er wollte aber neben der theologischen Professur noch einen außerordentlichen Sitz in der philosophischen Fakul=

tät haben, um seine literarischen und philosophischen Studien entsprechend verwenden zu können, und die Weimarische Oberhofpredigerstelle wollte er dabei auch noch behalten, denn er hing an seiner Prediger-Tätigkeit. Diese seine reichhaltigen Pläne entwickelte er dem Herzog in einem ausführlichen und höchst offenherzigen Schreiben. Sie kamen nicht zur Ausführung, denn schließlich trat die erwartete Vakanz in Jena gar nicht ein. Aber der Herzog hatte die Eingabe mit all ihren Klagen und Anklagen, Bitten und Forderungen sehr freundlich aufgenommen. Großdenkend wie er war, erkannte er von neuem, was er an seinem Oberhofprediger besaß und was er mit ihm verlieren würde, wenn er ihn gehen ließe, ohne zuvor versucht zu haben, seine Pfade in Weimar zu ebnen. Er ließ Herder zu sich kommen und sprach sich in vertrauter Unterredung mit ihm offen über alles aus, was das Herz des Geistlichen bedrängte. Er bewilligte sofort eine jährliche Gehaltszulage von 300 Talern aus der herzoglichen Schatulle, zahlbar vom 1. April 1788 an, und Herder war darüber, aber noch weit mehr über des Herzogs Gnade, Teilnahme, Güte und Billigkeit tief gerührt.

Zu gleicher Zeit (10. März) erhielt er durch die Post ein anonymes Geldgeschenk von 2000 rheinischen Florins in Dukaten. Die Sendung war ihm franko Eisenach zugegangen, der Briefumschlag wohl versiegelt und so abgegriffen, daß Herders meinten, er müsse aus weiter Ferne gekommen sein. In dem Begleitschreiben hieß es: „Verwerfen Sie nicht das geringe Opfer größter Verehrung, vergelten Sie nicht mit Verachtung meinen guten Willen, und benehmen mir nicht den schönen Trost, daß auch ich etwas zur Beruhigung und Zufriedenheit eines großen Mannes beitragen konnte; halten Sie sich ja nicht für beleidigt, denn mein Wunsch und Zweck ist rein, vergessen Sie den Unbekannten, der dieses Blatt schreibt und auch die Veranlassung dazu. Sie werden nie erfahren, wer ich bin; schweigen Sie, denn ich werde ewig schweigen." In ihren Erinnerungen schrieb Karoline über diese Sendung: „Zur glücklichen Stunde kam uns dies Geschenk wie von Gott selbst. Unsere Gefühle von Freude, Wehmut und Dank lassen sich nicht beschreiben. Poetische Menschen hoffen immer auf etwas Unerwartetes — wir waren solche — hofften von Gott alles — und ein solches Ereignis, wie nährt, stärkt es diesen Glauben. Tausend Segnungen haben wir dem großherzigen Herzen und Geber, dieser unbekannten Hand aus den Wolken zugesandt. Diesen ungenannten Freund haben wir nie erfahren." Aber auch Herder war durch das ihm wie unmittelbar von Gott zugekommene Geschenk tief gerührt. Von der Kanzel aus gab er seiner Dankbarkeit in diesem Sinn Ausdruck; durchaus schicklich „nach dem Gebrauche, den er von der Kanzel macht" — so urteilte mit Recht Schiller, als er den Vorfall an Körner meldete und dabei zugleich seine Bewunderung über den geheimnisvollen Geber aussprach, „dessen schöne Handlung an einem so gut gewählten Gegenstand" auch ihn tief ergriff.

Herders vermuteten in dem Markgrafen von Baden den Geber, erfuhren aber bald durch den Herzog Karl August selbst, daß der es nicht sei. Auch andere Personen, auf die sie rieten, erwiesen sich an der hochsinnigen Gabe unbeteiligt. So haben Herders nie erfahren, wer ihrer so teilnehmend gedacht hat, und bis in die Gegenwart ist der Schleier von dieser großherzigen, geheimnisvollen Persönlichkeit nicht gelüftet gewesen. Erst ganz neuerdings ist es Eleonore von Bojanowski gelungen, den feinen Faden aufzuspüren, der von der goldenen Gabe zu

dem goldenen Herzen des Spenders führt, und hat in
ihrem trefflichen Buche über die Herzogin Luise*) unwider=
leglich dargetan, daß es niemand anders als diese edle
Fürstin selbst gewesen ist, die ihrer Verehrung und Dank=
barkeit auf diese zartfühlende Weise den beredtesten Aus=
druck gegeben hat. Sie wußte, wie bitter not dem Herder=
schen Hause in all seinen Geldsorgen eine materielle Aus=
hilfe war; aber direkt mit Gold zu danken, wo sie den
höchsten geistigen Reichtum empfangen hatte, mußte ihrer
feinen Natur als eine Verletzung dieser freundschaftlichen
Beziehungen erscheinen. So hat sie in zartestem Groß=
sinn diesen heimlichen Weg gewählt.

Zu dieser Freude gesellte sich eine neue für das Pfarr=
haus hinter der Stadtkirche. Am 14. April des gleichen
Jahres kam für Herder eine Einladung Friedrich v. Dal=
bergs zu einer gemeinsamen Reise in „das schönste und
seligste der Länder". Friedrich war der jüngste Bruder des
Erfurter Statthalters, späteren Fürsten Primas und Groß=
herzogs Karl v. Dalberg, der ja mit Herder längst in guter
Freundesbeziehung stand. Er war jetzt achtundzwanzig
Jahre alt, körperlich etwas mißgestaltet, geistvoll und
voll strebsamer Liebhaberei für Wissenschaften und Künste,
vor allem der Musik mit Verständnis zugetan. Seines
Zeichens war er katholischer Geistlicher und Domherr in
Trier, Speier und Worms. Als dieser Einladungsbrief
ankam, der den Weimarischen Generalsuperintendenten
aufforderte, der Gast des katholischen Amtsbruders zu
sein, war es Herder, als ob ihm ein Brief aus den
Wolken zugefallen wäre. Er hätte kein Deutscher, er
hätte nicht Herder sein müssen, wenn ihm nicht der Ge=

---

*) Luise, Großherzogin von Sachsen, von Eleonore von Boja=
nowski, Stuttgart 1903.

danke, Italien zu sehen, wie ein großes Glück erschienen wäre. Schon der Knabe hatte einst seiner Schwester auf der Landkarte Italien gezeigt und mit unbeschreiblicher Freude ausgerufen: „O mein Italien! dich muß ich einmal sehen!" Nie war im Jüngling der Traum erloschen, das Land der deutschen Sehnsucht zu betreten, und auch dem Manne war er unter der Last der Sorgen und Dienstgeschäfte nicht verflogen. Und gerade jetzt, wo aus Rom des Freundes Goethe begeisterte Briefe nach Weimar eilten, die von der Lebensherrlichkeit dieser seligen Gefilde und von der eigenen dort erlebten Wiedergeburt beredteste Kunde boten, war die heimliche Sehnsucht mächtig angeschwollen. Nun winkte dem Traume Erfüllung, und diese Erfüllung sollte zugleich eine Befreiung aus dem Joche sein. So faßte es auch Herzog Karl August auf, der, auf die Meldung Herders hin, ihm den prächtigen Brief zusandte: „Der Antrag (Dalbergs) . . überraschte mich sehr angenehm; schon lange wünschte ich eine gute, angenehme Gelegenheit, die Ihnen den Vorteil verschaffen könnte, Ihre Atmosphäre zu erfrischen, welche hinter dem hohen Schieferdache der Stadtkirche zusammengepreßt werden mag . . . Ich wünsche Ihnen recht herzlich Glück zu diesem angenehmen Zufalle . . . Wenn das Wo? Wie? und Wann? bestimmt ist, so schreiben Sie mir die Einrichtung desselben. Daß Sie Ihre Abwesenheit nach Ihrem Gefallen einrichten können, versteht sich von selbst."

Mitten in die Reisevorbereitungen, die nun mit freudigem Eifer getroffen wurden, fiel die Nachricht von dem Tode Hamanns, der am 4. Juli in Münster gestorben war, als er eben im Begriffe stand, von dort aufzubrechen, um nach mehr als zwanzigjähriger Trennung den „Dechanten seiner Freunde" noch einmal von Angesicht zu Angesicht zu sehen. Herder empfing die Nachricht mit größtem Schmerze; war er doch dem Heimgegangenen innig verbunden geblieben, trotzdem ihre Lebenswege nicht nur äußerlich, sondern auch innerlich auseinandergegangen waren. Hamanns schwärmerische Gläubigkeit hatte er verlassen; dieser war aber in all seiner Tiefsinnigkeit so frei geblieben, daß er Herders Schriften alle mit der Teilnahme und Parteilichkeit eines Lehrers und väterlichen Freundes las. So schrieb er einst nach Weimar: „Sehen Sie mich bloß als Ihren innigsten Leser an, der wie der Freund des Bräutigams steht und sich hoch freut über des Bräutigams Stimme. Dieser Freund wächst mit jeder Ihrer jüngsten Schriften. Bei dieser Ruhe eines ganz sympathetischen Genusses habe ich weder Aktivität noch Suffisance zu urteilen." Und Herder wartete sehnlichst auf jede Lebensäußerung des nordischen Magus. „Schweigen Sie doch nicht, wenn ich schweige" — rief er ihm zu — „Ihre Briefe stärken und erquicken mein Herz!" Jeder Brief, der von Hamann kam, bereitete ihm einen Festtag; Müller sah dann in seinen Augen Freudentränen, „er konnte nicht mehr im Zimmer bleiben, er mußte hinaus ins Freie, seine ganze Seele war bewegt". Nun war der alte, treuste Freund tot. Tiefergriffen rief Herder aus: „Er stirbt, und ich habe ihn nicht gesehen. O, ich kenne ihn, wie ihn Einer kennt, und ehre seine Asche wie die eines Propheten!" An Frau von Diede schrieb er: „Die Nachricht hat meinen Kopf heute so verwirrt, daß ich mich noch gar nicht zu finden weiß. Abermals ein großes Band meines Lebens zerrissen! und allmählich wird's immer einsamer um mich her."

Noch einen Zug aus dem Kelch der Leiden mußte Herder trinken: sein Söhnchen Alfred starb nach einem flüchtigen Leben von achtzehn Wochen. Dann aber kehrte Goethe aus Italien zurück und konnte dem Freunde noch

in kurzen, genußreichen Tagen den Weg ins Wunderland
durch guten Rat bahnen helfen. Nun warf Herder mit
frohem, kräftigem Ruck all den Kleinkram seiner dienstlichen
Geschäfte und all die Sorgen seiner Seele von sich und
war bereit, in die goldenste Freiheit zu ziehen.

2. Die Reise.

Am 6. August 1788 trat Herder in Begleitung seines
Dieners die Reise an. Der Weg ging über Gotha hinauf
zum Thüringer Wald, auf dessen Gipfelhöhe er „die
erste Pfeife Toback" rauchte, die ihm sehr gut schmeckte,
wie er getreulich nach Hause berichtete. Während seiner
ganzen elfmonatlichen Reise unterhielt er einen überaus
regen Briefwechsel mit Karoline. Diese Briefe sind ein
neues Zeugnis der innigen Gemeinschaft, die zwischen
beiden Gatten bestand. Sie sind je nach der Stimmung
geschrieben, in der sich der Schreibende befand, und so
als Kinder des Augenblicks sind sie auch Zeugnisse der
schlimmen Launen, der Eifersüchteleien, der Verstimmun=
gen, und sie sind darum für einen Dritten oft so wenig
erquicklich zu lesen wie die Brautbriefe der früheren Jahre.
Namentlich die Briefe Karolinens sind voll sonderbarster
Selbstquälerei und leidenschaftlich hochgespannter Liebe.
Aber auch die des Ehemanns tun sich in Liebesquälereien
eine Güte und enthalten zugleich dazu noch den ganzen
Reiseärger. Immerhin berührt es wieder wohltuend,
wie eng die beiden Gatten zusammenhalten, wie stark
und treu ihre Liebe ist. Mitten aus seiner katholischen
Umgebung heraus schrieb Herder der Gattin, die er da=
heim mit den Kindern „Mutter" zu nennen gewohnt
war, wie sie ihn „Vater" hieß: „Gute Nacht, liebes Weib,
Du meine einzige, wahre Mutter Gottes auf Erden. Lebe
wohl mit Deinen und meinen Lieben und sei mir

hold und gewogen." Ein andermal heißt es: „Deine Briefe sind mein Gebetbuch", und an den Gestaden Großgriechenlands nennt er sie seine Penelope, sich aber den alten, gewanderten Ulysses. Und weil es ihn heimlich wurmt, daß Goethe daheim sein liebes Weib immerfort Elektra nennt, so sucht er für sie nach einem passenden Namen und ist froh, als er ihn unter den Marmorbildern Roms gefunden hat: „Deinen Charakter habe ich auch gefunden, und wir wollen den Namen Elektra jetzt fahren lassen. Du bist Ariadne." Auch der sechs Kinder daheim dachte der Reisende nicht nur in zahlreichen Grüßen, Fragen und Wünschen, sondern er schrieb ihnen auch selbst ausführliche Briefe. Und wie er in Italien selbst über mancherlei, was ihn bedrückte, oft versäumte, seiner Frau eine genaue Schilderung des Wunderlandes und seiner Herrlichkeiten zu bieten: den Kindern hat er auch von da aus und in gedrücktester Stimmung ausgiebig und munter geschrieben. Und es war nicht nur eine väterliche Verheißung, sondern ist durch die Tat später köstlich ausgeführt worden, was er von Rom aus in den ersten Tagen den Kindern schrieb: „Dir, lieber Gottfried, will ich von römischen Altertümern, Dir, lieber August, von schönen Göttern und Göttinnen, Dir, braver Wilhelm, von vortrefflichen Gebäuden, der Rotonda u. a., Dir, Du kernfester Adalbert, von italienischen Ochsen, Kühen, Bäumen, Dir, liebes Luischen, von Gärten und hübschen Bildern, Dir, Du lieber Emil, von Weintrauben und anderen Sachen schreiben." Goethe, der in der Abwesenheit Herders noch häufiger das Pfarrhaus auf dem Topfberge besuchte und der verlassenen Ariadne-Elektra ein treusorgender Freund und Berater war, fand, wenn er die Reisebriefe von ihr zum Lesen empfing: „Wieviel menschlicher ist er, wie viel menschlicher reist er als ich," und rühmte „die gute Art und das reingewaschene Auge", mit dem Herder sehe.

Die ersten Briefe sind voll Jubelns und Rühmens. Über Schmalkalden, Meiningen und Koburg war die Fahrt nach Bamberg gegangen. Mit unermüdlicher Beweglichkeit sah sich Herder allenthalben die Sehenswürdigkeiten an, nachdem er so lange „wie ein eingeschlossener, angeketteter Missetäter auf seiner Stube gesessen" hatte, ohne große Eindrücke zu gewinnen. Er erlebte in der streng katholischen Bischofsstadt die Freude, die Früchte seiner Berühmtheit genießen zu können, denn alle kamen ihm auf das zuvorkommendste entgegen und bemühten sich, dem hochgeschätzten Gaste das Reiseleben zu erleichtern. Er freilich sah auch an diesem fürstbischöflichen Hofe mit all seinem Glanz und seinen Ehren mit heiterer Verwunderung auf „das Gewirr in den katholischen Köpfen" und schrieb belustigt nach Hause: „Du hast keinen Begriff von der katholischen Hochachtung, die zumal Professoren, Regenten, junge Geistliche vor allem bezeugt, was aufgeklärt sein will. Man muß sich ordentlich wie ein Gott hinstellen, oder, da ich dies nicht kann, entsetzliche Gegenbücklinge machen, und sehr selten weiß jemand nur den Namen meiner Bücher." Dabei blieb ihm doch hier wie auf der ganzen Reise das katholische Kirchen- und Kultuswesen unausstehlich; er hatte so wenig romantisches Empfinden, daß ihm nicht einmal das Sinnige, Altertümliche und Schöne dieser glänzenden Gottesdienste Freude machte. Umsomehr ärgerte er sich dann freilich, wenn er unterwegs in protestantischen Kirchen jene katholisierenden Liturgien hörte, mit denen man einen altkirchlichen Eindruck hervorrufen wollte, ohne doch etwas anderes zu erzielen, als eine schlechte und dürftige Nachahmung des katholischen Wesens.

In Nürnberg machte die damals noch so sehr ver=

kannte altdeutsche Kunst, besonders Dürers Malerei, einen mächtigen Eindruck auf ihn und erregte seinen Grimm gegen die Fürsten, welche den Geist der deutschen Nation so „verkannt, unterdrückt, verschlemmt und vergeudet" hätten. In Ansbach lernte er den greisen Uz kennen und lieben. Heiterste Stimmung atmet der erste Brief aus Augsburg: „Ich kann nicht sagen, wie gut mir alles geht, wie gut mich alles aufnimmt und wie mir alles glückt über Erwartung."

Dalberg hatte zugesagt, sich in Augsburg mit Herder zu treffen, damit von da an die gemeinsame Reise beginne. Er war nicht anwesend, wie es der Verabredung gemäß gewesen wäre. Und Herder meldete nach Weimar: „Dalberg hat seine Ankunft auf morgen oder übermorgen im Briefe zugesagt und geschrieben, daß er für die Zögerung mir ein angenehmes, unerwartetes Geschenk mitbringe." Es war das denkbar Unangenehmste, was der Domherr mitbringen konnte, denn es war nichts geringeres, als seine Freundin Frau von Seckendorff, die Witwe eines hohen preußischen Beamten. Also sollte nun die Reise zu dritt unternommen werden, und Herder sollte dabei der überflüssige Dritte sein. Das war hart, und es ist schwer zu begreifen, wenn auch aus der italienischen Sehnsucht zu verstehen, daß Herder nicht sofort seine weitere Reisebeteiligung aufgab. Für unser heutiges Empfinden würde es höchst anstößig sein, wenn ein protestantischer Generalsuperintendent mit einem katholischen geistlichen Würdenträger und dessen Geliebter zusammenreisen wollte. Damals ist das nicht für anstößig, sondern nur für unangenehm angesehen worden. Frau Karoline schalt wohl darüber, daß sich eine Frau aus vornehmer Familie so wegwerfen könne, und sie konnte auch melden, daß man in Weimar dieses Mitlaufen als für die Frau entwürdi=

gend ansah; aber daß es auch von dem geistlichen Herrn von Dalberg recht wenig schicklich war, in solcher Begleitung zu reisen, und daß dieses Zusammensein für ihren eigenen Gatten peinlich und entwürdigend sein müsse — das empfand sie so wenig wie das ganze damalige Geschlecht. Bedenklich ist ihr dieses Zusammensein eigentlich nicht, und sie findet in geradezu erheiternder Unbefangenheit für Herder das Fatale dieses Dalbergschen Reisegeschenks lediglich in den unangenehmen Folgen, die dieses Reisen für ihren Mann haben könnte; sie schreibt nur: „Mir und den Kindern tut's leid, daß Du nun rücklings fährst und also das schöne Land mit dem Rücken zuerst siehest."

Für Herder wurde die Reise von nun an zur bittersten Qual. Mußte er sich von vornherein als lästig vorkommen, wenn er als Dritter das Beisammensein der zwei im Reisewagen fortwährend störte, so stellte sich's auch rasch heraus, daß die gnädige Frau launenhaft, herrschsüchtig und knauserig war. Der große Aufwand, den das kostspielige Mitreisen einer Dame machte, sollte auf jede mögliche Art anderswo eingespart werden. So fing Herder bald an, den Kaffee, den er trank, selbst zu bezahlen, und von Roveredo an auch Quartier und Kost. Dadurch wurde wiederum für ihn die Reise viel teurer, als wenn er für sich allein gereist wäre. Und dabei war doch die selbstverständliche Voraussetzung der ganzen Abmachung gewesen, daß er völlig auf Dalbergs Kosten reisen werde.

Weil die Dame wenig Gefallen an italienischer Natur und Kunst fand, wurde die Reise zudem noch in übereilter Hast unternommen. Kaum das Nötigste wurde angesehen, und Herder schrieb nach Hause, daß sie geradezu „auf den Stiefel herunterrutschten". Über Verona, Ancona, Loreto, Spoleto, Terni ging die rasche Fahrt nach Rom, wo sie am 19. September nachmittags ankamen.

Hier begannen für Herder die schlimmsten Nöte. Frau von Seckendorf war launenhafter und anspruchsvoller wie je und ließ es ihn allenthalben fühlen, wie lästig ihr seine Begleitung sei. Schließlich führte sie die Verhandlungen wegen einer Wohnung auf eine so kränkende Weise, daß Herder sich entschloß, für sich allein zu ziehen und bei Dalberg nur noch zu speisen. Das blieb denn freilich ein unerquickliches Mittelding, und zu all den Verdrießlichkeiten kam noch die Krankheit des treuen Dieners Werner, der die großen Anstrengungen der Reise nicht vertrug und wochenlang bettlägerig war. Und ohne ihn konnte sich doch der unpraktische Mann so schlecht behelfen. Ingrimmig schrieb er nach Hause: „Ich esse bei ihm (Dalberg) und quäle mich mit der vermaledeiten Gesellschaft, wo mir die gnädige Frau zu sehen fatal, beim Durchgehen der Herren Kammerdiener zu stehen abscheulich ist, und mir im Grund alles in Rom Gift und Galle ist... Verdorben ist einmal meine Reise, und ich hätte sie nie tun sollen; doch wer weiß, wozu auch sie gut ist! Mir gibt sie einen Ruck auf mein ganzes Leben, ob sie mir gleich nie eine angenehme Erinnerung sein wird."

Man hätte meinen sollen, die Herrlichkeiten Roms würden das Mißliche dieser Lage einigermaßen ausgleichen. Aber dem war nicht so. Da es den trefflichen Bädeker damals nicht gab, waren die Romreisenden wesentlich auf die sachkundige, persönliche Führung stadtkundiger Leute angewiesen. Man vereinbarte also mit dem tüchtigen Hofrat Reiffenstein, der in Rom lange ansässig war und für besonders geschickt in der Führung galt, den „Kurs" d. h. die Besichtigung der römischen Sehenswürdigleiten nach einem bestimmten Plane unter seiner Leitung. Anfangs ging das leidlich. Aber bald genug ward diese Regelmäßigkeit der gnädigen Frau, „die von allem nichts weiß und versteht", langweilig. Sie ward unwohl und blieb zu Haus, sie war herrisch und ließ auch die anderen nicht fort. So wurde der Kurs oft tagelang ganz unterbrochen und schließlich aufgegeben.

Auch als Anfang Oktober die Herzogin Anna Amalie, die wenige Tage nach Herder von Weimar abgereist war, nach Rom kam, war das für Herder zunächst nur eine Quelle neuen Verdrusses. Er fand, daß die hohe Frau sich auf die Seite der Seckendorf stellte und daß er dadurch „zwischen den Weibern garstig in der Mitte" sei.

Endlich ermannte sich Herder zu einer entscheidenden Auseinandersetzung mit Dalberg. Er zeigte ihm an, daß er, da sein Geld zu Ende gehe und er nicht länger bei ihm essen könne, 1000 Taler für den Aufenthalt in Italien und 600 zur Rückreise haben müsse. Nach einigen Zwischenfällen, die weniger durch Dalbergs Unfreundlichkeit als durch seinen eigenen Geldmangel verursacht waren, kam eine entsprechende Einigung zu stande. Dalberg zahlte nach und nach das Reisegeld, und Herder wurde somit selbständig. Mitte November bezog er eine eigene, neue und behagliche Wohnung. Zu gleicher Zeit fand er auch engeren Anschluß an die Herzogin Mutter, die ihm nun sehr herzlich entgegenkam, sodaß er sich viel in ihrer Gesellschaft befand. Ja, er konnte rühmen, daß er mit ihr und ihren Begleitern, Herrn von Einsiedel und Fräulein von Göchhausen, „wie in einer Familie" lebte. Durch sie kam er in die Kreise der vornehmsten römischen Gesellschaft und spielte da als Bischof von Weimar eine Rolle, die ihm wohltat.

Goethe hatte gleich anfangs sehr vorsichtig und milde
an den leicht verletzten Freund geschrieben: seine Eigen=
heit sei Zartheit und Nachgiebigkeit, unter der er leide
und die er beiseite setzen müsse. Und er hatte ihm ernstlich
zugeredet, in männlichem Stolze sich aus der unwürdigen
Gesellschaft loszureißen. Herder war aber ärgerlich auf
Goethe, der Rom so ganz anders angesehen hatte als er.
Er verstand nicht, wie Goethe nur lustig mit jungen
Malern und anderem ausgelassenen Volk hätte leben
können, ohne die hohe gebildete Gesellschaft aufgesucht zu
haben. Er in seiner wohlgesetzten, fast steifen Art wußte
mit diesen muntern Künstlern nichts anzufangen und zog
die vornehmen Kreise vor. So schrieb er verdrießlich
an seine Frau: „Goethe hat gut reden; alle seine Rat=
schläge in Ansehung Roms taugen nichts; er hat wie ein
Künstlerbursche hier gelebt. Da schwatzt er und warnt
mich vor dem schwarzen Rock, und macht, daß ich den
meinigen nicht mitnehme, und nun muß ich mir hier
einen machen lassen, weil ich mit keinem andern in eine
Gesellschaft kommen kann." Karoline aber meinte, violett
sei eigentlich die Farbe der Bischöfe, und er solle sich doch
lieber ein violettes Gewand schneidern lassen. Er hat sich
dann ein schwarzes und ein violettes machen lassen und fand,
daß Rom im Zeremoniell und Anstand die hohe Schule sei.
Goethe hatte gelegentlich gescherzt, es würde Herdern nicht
eher in Rom wohl werden, als bis er liebte. Karoline
hatte das getreulich, wenn auch etwas bang, ihrem Ulysses
mitgeteilt. Der aber beruhigte sie: „Ich lebe in der
Sinnlichkeit von außen so ästhetisch=unsinnlich, daß ich
selbst keinen Begriff davon in Deutschland gehabt hätte.
Bloße Wollust ist wider meine Natur .. Mein innerer
Zustand ist Sehnsucht zurück nach den Meinen und nach
Dir, meine Liebe ... Wo alles sinnlich ist, wird man

unsinnlich, man sucht mit seiner Seele etwas, das man mit den Sinnen nicht findet."

Das trübselige Regenwetter, das zumeist herrschte, war auch nicht angetan, Herders Laune aufzuheitern. Doch setzte er unermüdlich seine Wanderungen durch Roms Kunstschätze und Altertümer fort. Das Schauen der vielen Kunstwerke brachte ihm aufs neue seine „Plastik" nahe, an welche er in Weimar zuerst wieder zu gehen trachtete. Die Werke der Bildhauerkunst reizten ihn weit mehr, als „alle Zeichen und Wunder Raphaels". „Ich vergesse bei ihnen Zeit und Stunde wie ein Verliebter." Er betrachtete sie als einen Codex der Humanität in den reinsten, ausgesuchtesten harmonischen Formen. Mit ihren Göttern und Heldengestalten habe die griechische Kunst anschauliche Kategorien der Menschheit gegründet, unter welche sich alles Unsterbliche in Menschengedanken, Werken und Charakteren gleichsam sinnlich ordne. Mit solchen geschichtsphilosophischen Gedanken stand er vor den Marmorbildern. Die eigentliche Kunst ohne allerlei moralisierende und philosophierende Nebengedanken blieb ihm aber fremder als je. „Mit den Künstlern ist für mich nichts anzufangen," gestand er; er verabscheute die Buhlereien und Affereien der Kunst und wollte in unbegreiflicher Einseitigkeit von ihren Werken nur die gelten lassen, die sich zur Förderung der Humanität und der sittlichen Vollkommenheit brauchen ließen. Dabei konnte denn freilich eine rechte, volle Freude an Rom nicht gedeihen.

Da ihm zudem die Benutzung der Bibliotheken erschwert wurde, die Gesellschaft der römischen Großen rasch langweilig war und der ganze Pomp des Katholizismus ihm in der Seele zuwider blieb, so kam ihm Rom je länger je mehr nur als ein Grab vor, das zu verlassen er sich freute.

Auch in den Wochen, in denen er angenehm und heiter lebte, blieb ein Stachel in seiner Seele zurück, er konnte den gehabten Ärger nie ganz verwinden und beteuerte immer wieder, er habe eigentlich in Rom nichts zu suchen. Doch schrieb er jetzt ausführlich an die Herzogin Luise, gab auch endlich dem Herzog das erste und einzige Lebenszeichen von der Reise. In diesem Briefe bedauerte er sehr, daß er zu unvorbereitet und in zu spätem Lebensalter (vierundvierzig Jahre alt!) in diese überreiche Welt gekommen sei. Dieser Fülle gegenüber fühlte er sich nicht gewachsen. „Ich bin in einem Meere, wo große, zuweilen etwas plumpe Wellen einen umbrausen, prächtig heben und dann unvermutet an eine Klippe werfen, wo man nur sein Haupt sichern muß... Körperliches Vergnügen, weiche Bequemlichkeit und Anmut hat bisher für mich diese Reise wenig oder nichts gehabt; vielmehr habe ich in meinem ganzen Leben nie unbequemer und unbehaglicher gelebt, als ich hier lebe; selbst das geistige Vergnügen muß in Rom und in Italien mit mehr Mühe erkauft werden, als manches derselben wert ist."

Wie so keine reine Freude an Rom in ihm lebendig werden wollte, schwoll in seiner Seele mächtig die zärtliche Sehnsucht nach seiner geliebten Ariadne und den Kindern daheim. Noch aber sollte der Kurs weiter gehen.

Am Neujahrstage 1789 brach Herder mit der Herzogin Mutter nach Neapel auf, das die Reisenden am 4. Januar erreichten. Trotz der eingetretenen Kälte fühlte er sich in dieser balsamischen und erquickenden Luft nach dem drückenden Rom wie neugeboren, und das campanische Zauberland tat voll an ihm seine schöne Schuldigkeit. Seiner Gattin meldete er: „Hier ist's nicht möglich, daß jemandem ein Wölkchen auf die Stirn kommen oder lange darauf weilen sollte, man gibt's der Luft und den Winden. Gott sei herzlich gelobt, daß ich hier wenigstens in der Luft einen Genuß meiner Reise habe! Wenn Ihr alle hier wäret, gingen wir auf den Sommer auf die Insel Ischia und lebten da von aller Welt abgeschlossen, und als ob uns alle Welt gehörte .. Hier wünschte ich dich, nicht im verwünschten Rom. Hier ist eine Welt, die Gott gemacht hat: Gesundheit, Ruhe und Leben." So genoß denn Herder hier endlich italienische Sonnentage, soweit seine ernste, unsinnliche Natur diese frische Heiterkeit irgendwie gestattete. Mit Goethes Freunden Meyer und Tischbein verlebte er trauliche Stunden. Auch machte er eine besonders angenehme Bekanntschaft mit dem Erzbischof von Tarent, Giuseppe Capecce=Latro, den er „den gescheutesten, lebhaftesten, gelehrtesten, sinnreichsten, liebenswürdigsten Geistlichen" nannte, den er je gesehen habe, und der einst nach Jahren eine würdige lateinische Elegie auf Herders Tod sang. Als ein eigentümliches Zwischenspiel faßte es Herder auf, daß in Neapel zweimal Amtshandlungen von ihm erbeten wurden. Der deutsche Generalsuperintendent traute dort in französischer Sprache nach der englischen Liturgie zwei Brautpaare, die ohne ihn noch länger auf einen protestantischen Geistlichen hätten warten müssen.

Auch in diesen genußreichen Tagen verließ ihn die Sehnsucht nicht, und voller Zukunftsträume wanderte er durch diese gegenwärtige Pracht. General Salis bot ihm an, mit ihm im März oder April nach Sizilien zu gehen. Aber ihn zog es unwiderstehlich nach der Heimat zurück, wo er wieder sich selbst und den Seinen leben könne, während er hier durch tausend Dinge zerstreut und von anderen abhängig sei.

So kehrte er am 20. Februar mit der Herzogin nach

Rom zurück und bezog mit ihr die Villa Malta hoch
oben auf dem Pincio mit dem weiten Blick auf die drunten
sich breitende Stadt. „Seit gestern sind wir wieder in
Rom, und statt des hellen, ewig beweglichen Meeres stehen
stille, dunkle Chpressen mir vor den Augen, an denen
sich kein Wipfelchen reget. Alles ist stumm und tot um
uns her." Es blieb bei dem ersten Eindruck, wozu das
anhaltend unfreundliche Wetter wohl mit beigetragen hat.
Von neuem sah Herder alles Bedeutende in Rom und
suchte die früheren Lücken zu ergänzen; aber immer wieder
klingen die Klagen, Rom sei nur ein totes Meer, und
die Blasen, die darauf emporstiegen, um bald zu zer-
knallen, seien für ihn nicht erfreulich. Es fehlte ihm das
ruhige, ohne Grübelei betrachtende Auge, die sorglos stille
Gelassenheit des Gemüts, um alle Schätze wirklich genießen
zu können. Wirre Gedanken, geschichtsphilosophische Pro-
bleme, Rätsel und Geheimnisse wälzten sich unablässig
durch seinen Kopf und ließen eine ruhige Freude nicht aufkommen; zu oft drängte sich das Sittliche bei ihm vor, als
daß er in empfänglicher Sinnlichkeit die Schönheit der
Form als solche hätte erkennen können. Ein Bekenntnis
seines Seelenzustandes legte er damals in Stanzen nieder,
die er seiner Frau sandte. Es ist eine Art poetische Reise-
beschreibung, die er selbst kein Kunstwerk, sondern einen
Abdruck seines Herzens nannte. Voller Schwermut, Un-
befriedigtheit und Heimatssehnsucht klingen diese Verse
wie eine Generalbeichte über die ganze Reise; mit diesem
Endurteil:

„Dank also euch, ihr göttlichen Medusen,
Die mich gelehrt, daß ihr Medusen seid.
Dank euch, ihr toten Künste, kalte Musen,
Zerfallne Mauern, Grab der Eitelkeit.
Wenn je dem falschen, je dem Marmorbusen
Statt wahrer Herzen Wahrheit ich gestreut,

So nehmt von mir den letzten Zoll hienieden,
Der Reue Zoll, und laßt mich ziehn in Frieden.

Du, Göttin, weißt, daß ich an jedem Bilde
  Des schönsten Marmors dich, nur dich gelernt;
Daß du so freundlich und mit Weisheit milde
  Durchs Schöne mir nur den Betrug entfernt.
Dann schlich ich mich in andere Gefilde,
  Als die man mit Palett' und Meißel lernt
Ich lernt' an eurem Knie, an eurem Busen
Nichts als — Humanität, erhabne Musen.

Daneben sah ich, darf ich dich auch nennen,
  Du inhumanes, alt — und neues Rom!
Doch wer wird dich im Namen nicht schon kennen,
  Du Kapitol, und du, Sankt Peters Dom?
Du Pfuhl, aus dem, die Erde zu verbrennen
  Ausging ein alter und ein neuer Strom,
Von Kriegern einst bewohnt und Senatoren,
Von Pfaffen jetzt bewohnt und Monsignoren."

Aus den folgenden Strophen geht mit unmißverständlicher Deutlichkeit Herders ganzer zorniger Abscheu vor dem römischen Katholizismus hervor, der ihn auch kalt und innerlich unbeteiligt an dem vielgepriesenen Zauberwesen der römischen Karwoche teilnehmen ließ. Es blieb ihm dabei: „Ich kann der Hauptstadt der Welt keinen Geschmack abgewinnen, vielmehr wird sie mir von Tage zu Tage mehr lästig."

Und doch erhielten die letzten Monate seines römischen Aufenthalts noch einen sonnigen Glanz durch seine Befreundung mit der seelenvollen Malerin Angelika Kauffmann. Er bewunderte die anmutige Frau, die älter als er selbst, mit dem Fleiß, dem Verstande und dem Studium von fünfzig Männerseelen alle Grazie ihres Geschlechts vereine; mehr aber als das, sie ist ihm eine „schöne Seele" im eigentlichen Verstande des Wortes, eine „Heilige", ein „überirdisches Wesen". Die Malerin hat ein Bildnis von ihm gefertigt, und oft war er bei ihr. Begeisterte Schilderungen über sie gingen nach Haus. „Ich sehe es als eine Güte des Himmels an, daß er mir die Bekanntschaft und Freundschaft dieser edlen Frau noch zu guterletzt verschafft und mich damit von allem abgewandt hat, was irgend auf eine törichte Art die Sinne empören könnte; denn sie reizt nicht die Sinne, sondern besänftigt sie, und ist wie ein zartes, gütiges Wesen .. Der Engel hat in den letzten Monaten oder Wochen mir den Aufenthalt hier über alle Maße erfreulich gemacht, so viel es in ihren Kräften gestanden; ich wollte, ich hätte sie früher kennen lernen, die honette, stille, schöne Seele . . . Ich bin bei ihr so gern, und immer in dem Zustande einer süßen und stillen Verehrung, wie auch sie es gegen mich zu sein scheint und wirklich ist."

Je näher die Abreise kam, desto mehr drängten sich die Leute an Herder heran; und er genoß die Freuden seiner Berühmtheit nicht ungern. Er schrieb: „Es ist wunderbar, welche Sensation ich mit meiner armen, verschlossenen Existenz selbst hier in dem wüsten Rom und bei Leuten gemacht habe, die ich bloß für Menschen aus und für die große Welt hielt."

Noch einmal unternahm er mit der Herzogin Ausflüge in die Campagna; Frascati wurde besucht und vor allem Tivoli, dieser „große Hymnus der Natur". Der Einladung der fürstlichen Freundin, sie im Sommer nach Neapel zu begleiten und vorher noch Florenz zu besuchen, widerstand er aber, so freundlich diese ihn auch bat. So verließ er am 15. Mai allein die ewige Stadt und fuhr fröhlicher zur Porta del Popolo hinaus, als er vor acht Monaten hineingefahren war. Er reiste schnell und war von gutem Wetter begünstigt. In Florenz ging ihm wieder das Herz auf. „Hier sind Fortschritte von Menschen" — schrieb er — „nicht Heilige und Götzenbilder allein." Mit dem dortigen Großherzog hatte er eine zweistündige Unterredung. Über Bologna ging die Reise nach Venedig, wo er mit lebhafter Teilnahme den reichen geschichtlichen Erinnerungen lebte, ohne doch auch hier die Kunst als Kunst zu genießen. In Mailand befiel ihn ein beschwerlicher Husten, der ihn schon in Rom zeitweilig arg gequält hatte. Er ward tief verstimmt und konnte vor Sehnsucht nach der Heimat nicht essen, nicht trinken, nicht schlafen. Eine ursprünglich geplante Schweizerreise gab er auf. Ihn drängte es heimzukommen, und so fuhr er über Innsbruck, München und Nürnberg rasch nordwärts den Seinen entgegen.

3. Die Heimkehr.

Am 9. Juli 1789, morgens zwei Uhr, kam er in Weimar an, wie er launig wenige Tage darauf an Anna Amalie nach Rom schrieb, „ohne andere Festivitäten, als daß der schönste Mond an der einen, die schönste Morgenröte an der anderen Seite des Himmels stand und die Nacht sehr schön war. In meinem Hause war alles bereit, mich zu empfangen, nur fehlte der Hausschlüssel, und mußte ich also die Gefälligkeit haben, etwas zu warten, bis meine Frau vermutlich ihren Liebhaber zur Hintertür in den Garten geschafft hatte; da ich denn recht kam und mich alles groß und klein mit großer Freude empfing . . . Der deutsche Wein und die deutschen Gerichte tun mir sehr wohl; weiter ist mir's noch unmöglich an etwas zu denken, und tun kann man nach einer Reise in Italien gar nichts. Man ist wie eine geschwungene Glocke, die still steht und in sich selbst so wieder tönt."

Was ihn so rasch heimwärts gedrängt und in Italien zuletzt so beunruhigt hatte, war doch nicht nur Reiseärger und Heimweh gewesen. Am 1. April hatte er in Rom einen Brief von Heyne erhalten: „Kurz, ich habe Ihnen im Auftrag des Ministerii unter höchster Genehmigung den feierlichen Antrag zur Professio theologiae ordinaria und ersten Universitätspredigerstelle mit dem Charakter eines Konsistorialrats, der in unseren Landen der höchste ist, mit Stelle in der Fakultät, mit einem Gehalt, den Sie nach Ihrer jetzigen Lage selbst bestimmen können und müssen, mit zweihundert Talern jährlichem Witwengehalt, mit vierzig Pistolen Antrittskosten zu tun." Da war er also wieder, der Ruf nach Göttingen; dieses Mal der dritte. Wie er der Gattin alsbald die Nachricht übermittelte, fügte er hinzu: „Guter Engel, das Schicksal ist wieder über uns in Bewegung." Im ersten Augenblick hatte Herder keine Lust nach Göttingen; Professor der lutherischen Theologie zu werden, erschien ihm fast so, als sollte er in Rom zum Kardinal ernannt werden. Aber bald genug änderte sich seine Ansicht, und in ihm erwachte das lebhafte Verlangen, dem Rufe Folge zu leisten. Dabei spielte freilich die Abneigung gegen Weimars Leben und Last die größte Rolle; weit mehr als daß ihn sein Herz nach Göttingen zog, drängte es ihn von Weimar fort. So vertraute er der Frau daheim: „Die Herzogin, weißt du, liebe ich am meisten; du kennst aber ihre unkräftige Güte. Der Herzog ist gut und brav; was kann, was mag er aber für mich tun? Und überhaupt, wie müde ich des Zusammenhangs mit Fürsten und Fürstinnen geworden bin, die immer unverständige Kinder bleiben, deren Unsereines nicht lenken kann, vermag ich dir nicht zu sagen. Daß Goethe für uns wenig mehr sein kann, wird mir beinahe einleuchtend; er ist's im öffentlichen Bezuge

nie gewesen. Die Damen gehen ihren Weg hin, und
überhaupt ist ja für uns eigentlich keine Sphäre in
Weimar. Wir sind einsam und werden es mit jedem Jahr
mehr werden." In so einseitiger Verbitterung bohrte
sich Herder immer tiefer in die Abneigung gegen Weimar
ein, und in entsprechender Steigerung leuchtete ihm das
Lockbild der Professur, nach der er von Brief zu Brief
stürmischer verlangte.

Daheim verlief die Stimmung in umgekehrter Art.
Karoline war erst in ihrer Art Feuer und Flamme für
den neuen Plan gewesen; als aber das Nachdenken kam
über das, was sie in Weimar sicher besaßen und was ihnen
in Göttingen nur unsicher winkte, schlug ihre Empfindung
um und sie war je länger je mehr für das Bleiben. Goethe
war es, der diesen Stimmungswechsel bewirkte, denn mit
treuem und klugem Freundesrat stand er der Einsamen
zur Seite, bei all seinen Reden das Beste des Freundes
suchend. Und so schrieb Karoline nach Rom: „Goethe
bringt darauf, daß wir den Antrag allein von der ökonomi=
schen Seite betrachten und gebrauchen müssen. ‚Glaubt
nicht' — sagte er — ‚daß Herder dort frei von Verdruß
und Ärger sein wird; er wird überall die Neider und
Heuchler, und wie sie heißen, finden; sein Gemüt trägt
er ja überall mit. Also von dieser Seite ist's dort nicht
um ein Haar besser als überall. Kurz, laßt euer Gemüt
aus dem Spiel und bleibt bei dem äußerlichen Vorteil
stehen. Der Herzog kann und darf ihn nicht gehen lassen,
er ruiniert sich Jena und Weimar zugleich. Auch nicht
einmal nach Jena wünsche ich Herdern; ich hab' ihn viel
zu lieb, er ist zu gut zum Professor; er kennt ihre klein=
lichen Leidenschaften noch nicht. Es ist gut, daß der
Antrag gekommen ist; jetzt kann ihm durch das Muß,
und mit Ehren, ein gutes und sicheres Etablissement

für ihn und die Seinigen gemacht werden, und die ganze Stadt wird damit zufrieden sein und es wünschen!"' Auch mit dem Herzog beriet Goethe in seinem bekannten umsichtigen Eifer und in all der Großherzigkeit, die ihm eigen war, die Angelegenheit. Karl August war sogleich in liebenswürdigster Fürsorge bereit zu helfen und zeichnete seine Vorschläge kurz und köstlich auf: „1. Will ich seine Schulden bezahlen, und zwar auf eine Art, daß im Publiko nichts davon eklatiere. 2. ihn zum Vizekonsistorialpräsidenten mit der Versicherung ernennen, daß er nach Abgang von Lynckern die wirkliche Präsidentenstelle erhalte. 3. ihm vom Quartal seiner Rückkunft an 500 Taler, inklusive der 300, welche er jetzt schon von mir hat, jährlich zulegen. 4. ihm die Versicherung geben, daß ich es bei denen Conutritoren der Akademie Jena durchsetzen wolle, daß ihm das Universitäts-Kanzelariat übertragen würde. 5. seiner Wittib ein Versicherungsdekret eines Witwengehaltes von 200 Talern geben. 6. will ich für die Kosten des Studiums seiner Kinder und für deren Unterkommen sorgen. Weimar, den 3. Mai 1789. Karl August H. z. S.-W."

Hierzu ist zu bemerken: zu 1: Die Schulden betrugen etwa 1800 bis 2000 Taler; zu 2: es geschah so; zu 3: durch Goethe wurden aus öffentlichen Mitteln noch 200 Taler zugelegt, sodaß das Gesamtgehalt Herders 1800 Taler betrug, eine für damalige Zeit sehr stattliche Summe, die auch die höchsten Beamtengehälter des Landes weit überstieg (Schiller heiratete damals auf 200 Taler Gehalt hin); zu 4: da Goethe gegen die Übertragung des Kanzleramtes war, wurde aus dem Vorschlage nichts; zu 5: Frau Karoline fand diesen Witwengehalt zwar zu wenig, aber es blieb dabei; zu 6: gab zu der nachmaligen Entfremdung Herders vom Hof und von Goethe den stärksten Anlaß, da das Blatt mit den Vorschlägen des Herzogs verloren gegangen war, der aber an die Kosten für die Söhne nicht wieder dachte; Herders aber waren so töricht, ihn nicht daran zu erinnern.

Goethe hatte in Gemeinschaft mit Karoline harte Arbeit, bis Herder aus seinen Träumen ins Reich der wirklichen Tatsachen herabgezogen wurde. Schließlich gelang es ihnen und den anderen Freunden; die ganze Stadt, die Freunde, der Hof — alle drangen sie in ihn zu bleiben. Karoline schrieb: „Sie sehen Dich doch alle als den notwendigen moralischen Schutzengel an." Erst schalt Herder auf Goethe, daß der sich so in seine Angelegenheiten mische. Aber die Gattin beschwichtigte sein Murren: „Goethe liebt dich, und ist's vor allen Menschen wert, von dir geliebt zu werden. Wende dich nicht von ihm ab." Goethe selbst wurde über all dem Zureden fast etwas bang und er schrieb einem Freunde ahnungsvoll: „Herder zeigt leider in seinen Briefen eine große, fast entschiedene Neigung, sich zu verändern. Es wird schwer sein, ihn zu bestimmen, und wenn er bestimmt ist, ihm gute Tage zu machen." Noch immer sträubte sich der Italienfahrer: „Ich schätze alles, wie ich's soll; aber aufs neue Dupe zu werden, nachdem ich's so lange gewesen bin, sollte mich in der Seele schmerzen. Was kann ich in Weimar angreifen, woran nicht alter Kummer und Verdruß hängt? Fast mag ich keine Person in Geschäften wiedersehen, so sehr ist mir alles verbittert und verleidet." Schließlich gab er dem vereinten Drängen der ihm Wohlgesinnten nach und mit schwerem Herzen schlug er den Ruf nach Göttingen aus. Noch der Heimgekehrte hatte zu verhandeln, bis alles neu geordnet war. Als das geschehen, bestieg er Ende August nach langer Unterbrechung wieder seine

Kanzel, um sich dort vor Gott von neuem der Gemeinde, der Stadt, dem Fürstenhause zu geloben. Wir finden diese Erörterung persönlicher Erlebnisse an einem so bedeutsamen Wendepunkt des Lebens natürlich; Schiller urteilte damals an Körner, Herder habe bei dieser Predigt seine Persönlichkeit doch zu stark hervorgehoben.

In Weimar herrschte allgemeine Befriedigung über diese Lösung der Angelegenheit. Und namentlich die Herzogin Luise war froh darüber, daß diese „moralische Mauer" der Stadt und dem Hofe zum Segen erhalten blieb. Herder selbst ist nicht recht froh geworden. Dieses Bleiben war ihm zu gewaltsam abgerungen worden, nachdem er sich zu tief in den Gedanken der Professur hineingeträumt hatte. Es ist sehr fraglich, ob Göttingen ihm wirklich das gewährt hätte, was er von dort erwartete; es ist vielmehr wahrscheinlich, daß Goethes Freundesrat der richtige und verständige gewesen ist. Aber Herder wurde von da an das unbestimmte Gefühl nicht los, daß er einen falschen Schritt getan habe, als er sich dauernd an Weimar band, und hat seitdem manchmal geklagt, daß nach seinem äußeren Verlaufe sein Leben ein verfehltes wäre.

IV
Die letzten Jahre

1. Der Oberkonsistorial-Vizepräsident.

Der Anfang des neuen Lebens mit dem gewaltigen Titel war hoffnungsreich. Ein Sohn ward dem Hause geboren und erhielt als einen Nachklang der italienischen Reise auf Betreiben der Herzogin Mutter den klingenden Namen Rinaldo. Auch kamen zu den alten Freunden neue, die Glück und Freude mit sich brachten, unter ihnen vor allem Charlotte von Kalb. Dazu waren viele beschwerliche Geschäfte dem Vizepräsidenten abgenommen worden: er brauchte keine Beerdigungen mehr zu halten; auch von den Wochenpredigten war er entbunden — nur alle vier Wochen erwartete man von ihm eine Predigt in der Stadtkirche —, und was es sonst noch an amtlicher Erleichterung gab. Dazu war ihm eine größere amtliche Unabhängigkeit zugesichert; er hatte freies Vorschlagsrecht bei der Besetzung der Pfarrstellen und die alleinige Aufsicht über das gesamte Schulwesen des Landes. Aber da er um seiner mißlichen Geldverhältnisse willen bei der Neuregelung seiner Stellung allzusehr auf die wirtschaftliche Seite hatte achten müssen, hatte er doch eine genaue Regelung seiner amtlichen Obliegenheiten und Rechte herbeizuführen versäumt. Und rasch genug stellte es sich heraus, daß ihm dadurch neue Verdrießlichkeiten erwuchsen. Der Konsistorialpräsident von Lyncker wurde

augenleidend und konnte die eigentliche Geschäftsführung nicht mehr übernehmen; aber er verzichtete weder auf das Amt noch auf die Anwesenheit in den Sitzungen und verhinderte dadurch ein freies Wirken Herders, dem er nörgelnd und krittelnd allenthalben dreinredete. Dazu kam eine echt fiskalische Sparsamkeit: um die Gehalts=
zulage für Herder aufzubringen, wurde die bis dahin bestehende etatsmäßige Stelle eines ständigen Ober=
konsistorialrats eingezogen; die dienstlichen Pflichten der=
selben sollten fortan von sämtlichen Regierungsräten der Reihe nach je ein Jahr lang unentgeltlich übernommen werden. Der fortwährende Wechsel dieser Beigeordneten trug natürlich nicht zu einer schnelleren und besseren Erledigung des Geschäftsganges bei; auch hatten die Herren wenig Neigung, sich in diese kurze unbezahlte Mehrarbeit besonders zu vertiefen, und Herder hatte nur erneute Mühe und Beschwerde von seinem neuen Amte.

Zudem hatte ihn die Reise nicht gestärkt, sondern körperlich geschwächt: die vierzehn Jahre, die ihm noch zum Leben vergönnt waren, sind ein fast beständiges, nur durch kurze gesunde Zeiten unterbrochenes Leiden ge=
wesen. Ein Leiden, dem die amtlichen Verdrießlichkeiten auch nicht gerade zur Abhilfe dienten. Immer wieder mußte er Kuren gebrauchen, nach Karlsbad ging die Reise wiederholt, und als noch zu den alten Leber= und Hämor=
rhoidalbeschwerden sich die Gicht gesellte, mußte auch Aachen aufgesucht werden. Aber immer wieder quälten ihn die peinvollsten Gallenschmerzen, und durch schmerz=
haften Krampf ward ihm das rechte Bein gelähmt und gekrümmt. Kein Wunder, daß sich Herder bald genug „so alt, so alt" fühlte; daß ihm die großen Gedanken zu versagen begannen und daß er seufzte: „Was mir hier und da einfällt, sind unkräftige Träume eines

Kranken„ die ihm auch selbst als Träume kein Vergnügen gewähren."

Aber zu reich und kräftig war sein Geist, um sich völlig von Leibesnot und Seelenärger niederschlagen zu lassen. Auch der kranke und vergrämte Mann hat sich mit reinstem Eifer und höchster Gewissenhaftigkeit jedem durch sein Amt ihm auferlegten Dienste gewidmet. Unermüdlich war er, den langen, ermattenden Sitzungen beizuwohnen, unermüdlich im Lesen der Akten, im Schreiben von Berichten und Erlassen, unermüdlich Besuche zu empfangen und dabei die kleinlichsten Angelegenheiten freundlich und eingehend zu erörtern. Für manchen Reisenden, der nach Weimar kam, die großen Geister der Zeit zu begrüßen, war es ein geradezu niederdrückendes Gefühl, einen so gewaltigen Genius unter Stößen von Akten vergraben zu sehen, und wir verstehen den Ausruf des Einen: „Jetzt leider kenn' ich das Land, wo man an Lorbeerbäumen die schwarze Wäsche trocknet. Es ist Deutschland."

Halb humoristisch, halb elegisch, schrieb Herder an Müller: „Kund und zu wissen sei es auch zugleich hiermit, daß ich die Musen beinahe abgedankt habe. Seitdem ich Oberkonsistorial-Vizepräsident bin — — gebe ich Bescheide, Resolutionen, Auflagen, Weisungen, mache untertänigste Berichte, freundliche Kommunikate oder Kommunikationsschreiben, vor allen Dingen aber stattliche Reskripte, halte Termine, trenne Eheverlöbnisse und Ehen, erkläre sie für null und nichtig, hebe sie quoad vinculum oder zu Tisch und Bett auf, mache Regulative usw." Tatsächlich war Herder gezwungen, da die Herren Regierungsräte ihm nur widerwillig mit Rat und Hilfe zur Hand gingen, sich in alle Einzelheiten der juristischen Fragen und in das rein Formelle des Prozeßverfahrens einzustudieren. Und da es ihn besonders ärgerte, daß Eheprozesse oft drei, vier und fünf Jahre schwebten, wußte er es durchzusetzen, daß das lange Prozeßverfahren wesentlich gekürzt wurde. Er meinte, das edle Amt des Richters sei dazu da, die Prozesse zu verkürzen, nicht zu erweitern, und freute sich herzlich darüber, wenn es ihm gelang, die Prozesse schon bei dem ersten Termine durch gütlichen Vergleich niederzuschlagen. So sehr das auch zur Zufriedenheit der streitenden Parteien geschah: den sportelsüchtigen Advokaten gereichte das Verfahren des geistlichen Herrn zum hellen Verdrusse.

Zu dem Schulwesen, das Herders Fürsorge anvertraut war, gehörte die Universität Jena an sich nicht. Doch war er schon früher gelegentlich bei Berufungssachen zu Rate gezogen worden. Jetzt brauchte man auch in anderen akademischen Dingen seine Meinung. So wurde von ihm ein Gutachten über das Projekt zulässiger landsmannschaftlicher Verbindungen auf Universitäten eingefordert. Er sprach sich für eine liberale Duldung und gelinde Überwachung der bestehenden Verbindungen aus; bei vernünftiger Handhabung der akademischen Gesetze sei die allgemeine Sicherheit nicht gefährdet, und Freiheit bleibe einmal das Losungswort deutscher Akademien. Doch gab er den Rat, daneben bessere Gesellschaften mit wissenschaftlichen Zwecken zu fördern, auch das gemeinsame Essen „an der Krippe" in der „verachteten Kaldaunengesellschaft" des Konvikts durch Geldunterstützungen zu ersetzen. Als orthodoxer Übereifer von Eisenach her durch den dortigen Generalsuperintendenten Schneider eins jener Attentate auf die freie Wissenschaft der Jenaischen theologischen Fakultät versuchte, mit denen man je und je die freie Forschung auf der Thüringer Hochschule hat unterbinden wollen, verfaßte Herder auf Wunsch Karl Augusts ein

Gutachten, das so kräftig und nachdrücklich für Jenas Genius eintrat, daß die scheltenden Stimmen verstummen mußten.

Das Gymnasium zu Weimar hatte sich seiner besonderen Gunst und Fürsorge auch ferner zu erfreuen. Nach dem Tode des langjährigen Rektors Heinze hat Herder die Anstalt eine Weile selbst geleitet und auch fernerhin als Ephorus vieles in ihr gewirkt. Einer ihrer Schüler, Peucer, berichtet, Herders Nähe als Vorgesetzter sei wohltuend gewesen wie die Wärme der Frühlingssonne. „Mit unbeschreiblicher Liebe und Ehrfurcht hingen sämtliche Schüler an ihm, und jedes Wort, das er sprach, war uns ein Orakelspruch. Wenn er das Katheder betrat, um öffentlich zu uns zu reden, so war es, als umflösse ihn ein Heiligenschein; sein Blick und sein Ton waren die eines Sehers. Er sprach einfach, aber jedes seiner Worte drang tief in die Herzen. So schlicht und herzlich er sprach, dennoch standen wir durch und durch erschüttert vor ihm. Im Tadel war er ernst und gemessen; wenn er lobte, war er zum Entzücken liebenswürdig."

Das Schullehrerseminar und die Verbesserung der Schullehrerstellen blieben ihm stets eine Sache des Herzens, und er hörte nicht auf zu bitten und zu quälen, bis Maßregeln, die er zur inneren und äußeren Hebung des Lehrerstandes für unumgänglich notwendig hielt, mit Hilfe des Herzogs durchgesetzt wurden. Auf dem Grenzgebiet zwischen Schule und Kirche, die damals noch durchaus vereinigt waren, lag Herders Tätigkeit als Verfasser eines neuen Katechismus. Daß der Katechismus-Unterricht einer gründlichen Reform bedürfe, war ihm schon längst klar gewesen. Zwanzig bis dreißig Katechismen der neueren Zeit hatten ihm vorgelegen; von keinem war er befriedigt. Nun schrieb er selbst einen neuen, blieb aber dabei bei Luther, denn lange habe ihn keine Arbeit so an sich gezogen und festgehalten, wie des Reformators geniales Volksbüchlein. So nahe er innerlich den Aufklärern stehen mochte: dadurch unterschied er sich doch wesentlich von ihnen, daß er den Sinn für den Zusammenhang neuer und alter Auffassung besaß, der jenen fehlte, und daß er ein mitfühlendes Verständnis für jedes echte religiöse Gefühl hatte, mochte es in altfränkische Form gekleidet sein oder in neuerer Sprache ausgedrückt werden. Er versteht allenthalben in der Hülle den Kern zu finden, und dieser Kern ist eben der Geist des Christentums. So gibt er zunächst den reinen Wortlaut der sechs Hauptstücke in Luthers Fassung. Dann folgt eine kurze volkstümliche Anweisung zum Gebrauch des Katechismus. In derselben verbietet er sehr weise alles Auswendiglernenlassen der Fragen und Antworten, denn die Lehre Jesu, die leicht und faßlich sei, müsse mit Lust und Liebe gefaßt und dürfe nicht zur Qual und zum Ekel der Jugend werden. Im ganzen dürften die Kinder nicht mit Sprüchen und Liedern, am wenigsten mit dogmatischen überhäuft werden, da sie nicht gelehrte und streitende Theologen, sondern verständige, gute und überzeugte Christen werden sollten. So stellt Herder, dem die Volkstümlichkeit der Sprache und des Denkens in hohem Maße zu Gebote stand, das Nächstliegende, das Notwendige, das sittlich Erbauende in den Vordergrund und betont als den religiösen Mittelpunkt eine schlichte und innige Gottesliebe. Die feingesponnenen Kirchenlehren, die von diesem Mittelpunkte weit abliegen oder nicht unmittelbar und praktisch auf ihn hinzielen, werden dabei mit feinem, pädagogischen Takte unerörtert gelassen.

Auch die Gesangbuchfrage hatte Herder schon längst beschäftigt. Er fand in Weimar zwei unsäglich veraltete privilegierte Gesangbücher in Gebrauch. Eins davon hatte er schon 1778 ein wenig verändert und verbessert „mit elender Mühe", deren er sich noch jetzt (1787) schäme. Nachdem viele Hindernisse und Einwürfe mühsam beseitigt waren, machte er sich dann von neuem daran, um nun gründliche Arbeit zu leisten. Er fühlte sich aber auch hier von tausend Rücksichten gebunden und gestand: „Beim Gesangbuch bin ich sehr geniert gewesen; für meine Arbeit und Sammlung ist's also nicht zu halten." Dennoch ist dieses Gesangbuch, das 1795 fertig vorlag, eine hochbedeutende Leistung, auf die sich die moderne Verjüngung des hymnologischen Geschmacks völlig zurückführen läßt. War er doch auch als ästhetischer Kritiker, als Historiker der Religion und als Weltpriester mit dem aufgeschlossenen, feinfühlenden Sinne vor allem dazu berufen, den kirchlichen Volksgesang aus der Tändelei und gezierten Unnatur des Pietismus und aus der geschmacklosen Verderbnis der moralisierenden Prosa zu retten. Von den mehr als tausend Liedern des alten Buches ließ er zunächst nur 358 stehen und bildete aus ihnen, deren ursprünglichen, unverdorbenen Text er wieder herstellte, den ersten Teil seines neuen Buches. Sie waren ihm besonders wertvoll, weil sie durch Ursprung, Inhalt und Form der Gesamtheit angehörten, während den neueren Liedern, die sich bloß mit dem Ich und seinen Bedürfnissen und Fühlen beschäftigten, dieses kirchliche Gesamtbewußtsein zumeist ganz abgehe. Doch hat er auch diese neuen Lieder nicht verschmäht und aus 236 von ihnen den zweiten Teil seines Buches gebildet. So stand Altes und Neues schiedlich-friedlich nebeneinander. Der Herausgeber stand innerlich zweifellos auf der Seite der alten Kernlieder, aber seine ganze Auswahl verrät eine große, unbefangene Vielseitigkeit und ließ auch die schlichte, herzliche, zu lehrhaften Betrachtungen neigende Poesie der Gellertschen Schule voll zu Worte kommen. Das Buch hat sich ohne Zwang von oben bald in den Gemeinden des Herzogtums Bahn gebrochen, obwohl es den Orthodoxen ein Ärgernis war. Jüngst ist es zur Grundlage für eine noch durchgreifendere Reform geworden.

Daß die Prediger alljährlich über dieselben Bibeltexte predigen mußten, war für Herder gleich anfangs ein Greuel gewesen. „Alle" — so sagte er — „sind wahre Winkel und Heckenzäune im großen Garten der heiligen Schrift, die den Eingezäumten behindern, daß er die jenseits stehenden Früchte ja nicht berühre, sondern in diesem Winkel, anderthalb Schritte weit, jahrjährlich auf- und abpromeniere, und ihm dabei die Freiheit lasse, zuletzt über das Wörtlein ‚und' in drei Teilen, nach den drei Buchstaben zu predigen, was dies bedeute." Auch hier galt es erst viel alten Schlendrian zu beseitigen, ehe es Herder durchsetzte, daß endlich den Geistlichen wenn nicht volle Freiheit in der Textwahl, so doch ein weiteres Arbeitsfeld zugewiesen wurde: die vorgeschriebenen Textreihen wurden um mehrere Jahrgänge erweitert.

Des Predigens war ihm noch immer zu viel. Er drang darum darauf, daß die Garnisonpredigerstelle in Weimar aufgehoben und ihre Besoldung unter die Schullehrer und einige dürftige Stadtgeistliche als Zulage verteilt wurde. Es gäbe so wie so zu viele Predigten. „Offenbar ist ein großer Teil derselben vergebliche Mühe; sie werden nicht besucht, und die Geistlichen predigen vor leeren Bänken. Über das Verderben der Zeit hierbei zu seufzen ist eine vergebliche Mühe, denn durch Seufzen wird der Genius der Zeit einmal nicht geändert. Vielmehr ist unparteiisch zu fragen, wie man abhelfen könne. Zur Zeit der Reformation waren die unzähligen Predigten ein Bedürfnis und entsprachen dem Geist der Zeit. Der Geist der Zeit hat sich aber jetzt verändert; man besucht die Gottesdienste umso seltener, je mehr sie sich einander jagen." Hat Herder so die rednerische Tätigkeit der Pfarrer oft beschnitten, so drang er umso eifriger auf ihre größere wissenschaftliche Ausbildung. Ein Kandidatenseminar zu gründen blieb ihm freilich trotz aller Mühe versagt, aber er zog die jungen Leute persönlich an sich, so viel er konnte, und erreichte durch seine unablässige Fürsorge und sein unermüdliches Wohlwollen, daß schließlich die Mehrzahl der Geistlichen in ihm den hochverehrten Vertrauensmann sah, dem sie von Herzen zugetan war.

Von seiner eigenen geistlichen Tätigkeit geben die zwei Unterredungen Zeugnis, die er vor der eigentlichen Konfirmationshandlung am 20. März 1799 mit dem Erbprinzen Karl Friedrich und am 15. April 1802 mit der Prinzessin Karoline Luise abhielt, und die für einen beschränkten Kreis von Lesern gedruckt wurden. Einige Stufen höher als der Landeskatechismus, sind sie in ihrer die ganze christliche Religionslehre umfassenden Betrachtungsweise ein lebendiger Beweis dafür, wie Herder es verstand, seine großen Ideen mit den religiösen Erlebnissen der Vergangenheit in Einklang zu bringen, ja wie er es liebte, sie in das Gewand der altkirchlichen Sprache zu kleiden. Nicht als ob er die formulierte Glaubenslehre der Väter irgendwie für sich oder die Gemeinde als unfehlbar beansprucht hätte. Er stand der alten Dogmatik vollständig frei gegenüber. Aber er fand, daß die religiösen Erfahrungen der Menschenseele ihren kräftigsten und ursprünglichsten Ausdruck in jenen von alters her überkommenen Redewendungen und Formulierungen gefunden hätten. Was er an religiöser Sprache in seiner Zeit fand, erschien ihm kraftlos und abgeschmackt. Das

Vermögen, für die innigsten religiösen Gefühle und für die höchsten Gedanken einen treffenden, volkstümlichen Ausdruck zu finden, schien ihm der Gegenwart ganz abzugehen, aber in der Vergangenheit traf er's allenthalben an. Dadurch bekommt Herders ganze theologische Stellung leicht etwas Schillerndes, unklar Vermittelndes, und nicht jedem ist es möglich, diesen schwanken Pfad mitzuwandern: den „Gläubigen" pflegt er zu freisinnig, den kritisch gerichteten Geistern zu orthodox zu sein. Aber ihm persönlich war es eben doch gegeben, gerade diese Art der Auffassung zu gewinnen und in ihr für sich selbst Befriedigung zu finden. Seine Ehrlichkeit ist über alle Zweifel erhaben. Er fühlte sich bei all seiner spinozistischen Gotteslehre als guter Christ und wußte, daß seine reine Menschheitsreligion ihre volle Verwirklichung im Christentum und seiner Geschichte gefunden hatte. All seine geistliche Wirksamkeit und all seine Tätigkeit als theologischer Schriftsteller ging darauf hinaus, nicht sowohl die christliche Religion zur reinen Menschheitsreligion herüber zu deuten, sondern vielmehr diese reine Menschheitsreligion als die Religion Christi zu erweisen. Er war der frömmste und freiste Mann, der für jedes religiöse Bedürfnis Verständnis und Anerkennung hatte und jede dogmatische Beschränktheit und pfäffische Anmaßung kräftig zurückwies. „Die harte Anmaßung einer allein seligmachenden Kirche ist dem Geiste des echten Protestantismus schnurstracks entgegen" — schrieb er —; „wir lassen sie den Stolzen, die sich mit ihr brüsten."

In diesem Geiste bewegten sich auch die „christlichen Schriften", die Herder zu dieser Zeit veröffentlichte, immer gern aus den harten Kämpfen der bewegten Zeitläufte zu diesem stilleren Gebiet seines eigentlichen Faches zurückkehrend, dessen gewiß, daß er auch so seine beiden großen

Anliegen erfüllen konnte: Einwirkung auf den Zeitgeist und Beförderung der Humanität.

Zuerst schrieb er über das Pfingst- und das Osterwunder. „Von der Gabe der Sprache am ersten christlichen Pfingstfeste" hieß die Schrift. Die Gabe der Sprachen wird hier nach morgenländischem Sprachgebrauche von der gottbegeisterten Rede verstanden. Zu dieser kecken Deutung wurde eine ungemein geistvolle Anwendung gefügt und eine bedeutende Betrachtung über das Wesen des Christentums und dessen Geschichte wie über den letzten großen Zweck aller menschlichen Gesellschaft angeknüpft. Das Ganze ist eine zur Abhandlung gewordene Pfingstpredigt, die gegen alles enthusiastische und wundersüchtige Wesen polemisiert. Die zweite Schrift hat den Titel: „Von der Auferstehung, als Glauben, Geschichte und Lehre" und zeigt, wie die wirkliche Auferstehung Jesu eine Wiedergeburt der Apostel zu neuen Ideen und Hoffnungen, zu einer Wirksamkeit bis an ihr Lebensende geworden sei. „Der Heilige ist wirklich auferstanden, und dadurch, eben nur dadurch wird das Christentum gegründet," ist Herders abschließende Meinung. Aber der eigentliche Wert dieser Geschichte oder vielmehr des Glaubens an sie bestehe in den sittlich geistigen Wirkungen, die davon ausgegangen seien, und in den ewigen Wahrheiten, Tröstungen und Verpflichtungen, die sich daran entwickeln lassen.

Weihnachtsgedanken befinden sich in den beiden Stücken der dritten Sammlung christlicher Schriften: „Vom Erlöser der Menschen. Nach den drei ersten Evangelien" (1796) und „Von Gottes Sohn der Welt Heiland. Nach Johannis Evangelium" (1797). Hier tritt die Evangelienkritik scharf hervor, ohne doch allenthalben die Höhe und Klarheit Lessingscher Gedanken zu erreichen. Das

Johannes-Evangelium nennt er der älteren Evangelien Nachhall im höheren Tone, einen tiefen, stillen See, in welchem sich, mit der Erinnerung der schönsten Jugendzeit im Leben Johannes' als einem anmutigen Ufer, der Himmel selbst mit Sonne und Gestirnen spiegle. Das Leben Jesu faßte er rein menschlich auf; seine Lehren findet er in dem alle Menschen zu Brüdern verknüpfenden Begriffe Gottes als des Vaters der Menschen; der Charakter Jesu ist ihm darin beschlossen, daß Christus als Sohn Gottes, d. h. als der Gottgeliebte, den Willen des Vaters als die höchste Regel befolgte und daß er das Werk Gottes als Menschensohn, d. h. aus reiner Pflicht und zum höchsten Zweck der Menschheit trieb. Das Werk Christi endlich erblickt er in der Begründung eines Reiches Gottes, d. h. eines lebendig wirkenden Instituts, das, durch alle Zeiten und Nationen Fortdauer hat und somit den reinen Grundsätzen der Vernunft und des sittlichen Gefühls je länger je mehr zum Siege verhelfen wird.

Die vierte Sammlung der christlichen Schriften enthält die „Vom Geiste des Christentums", in der er die Lehre vom Heiligen Geiste in ihrer edlen, herzerhebenden Reinheit darzustellen suchte, wobei er das Leben des Christentums in die freie Gemeinschaft des Geistes setzte.

Mit der fünften Sammlung „Von Religion, Lehrmeinungen und Gebräuchen" fanden die christlichen Schriften ihren Abschluß. Hier hebt er sich auf den freiesten, höchsten, überschauendsten Standpunkt und spricht sich scharf gegen das antichristliche, zu einem leeren Formalwesen entartete Christentum aus. Etwas anderes sei Religion, etwas anderes seien Lehrmeinungen und Gebräuche. Religion sei der Kern des Christentums; das Christentum selbst sei die Religion innerhalb der reinen

Humanität. Die wahre Christusreligion sei in aller Menschen Herzen unaustilgbar, unverfälschlich geschrieben; sie lehre Gewissenhaftigkeit in allen menschlichen Pflichten, reine Menschengüte und Großmut; sie sei das Mark der Gesinnungen eines Menschen, der Altar seines Gemütes. Lehrmeinungen seien Sätze, über die disputiert werden könne, Religion sei eine Gemütsverfassung, die kein Disputieren wolle, sondern pünktliche Befolgung einer unverletzten Pflicht, einer innigst erkannten Wahrheit, sie baue auf Glauben und wirke Glauben. „Wie nannte sich Christus? Den Menschensohn, d. i. einen einfachen, reinen Menschen. Von Schlacken gereinigt kann seine Religion nicht anders als die Religion reiner Menschengüte, Menschenreligion heißen." So wird Herder in dieser Schrift der rechte Nachfolger Lessings und der rechte Vorläufer Schleiermachers, der zwei Jahre später seine Reden über die Religion schrieb und darin unverkennbar durch Herder stark beeinflußt war.

Auch die letzten Sammlungen der Zerstreuten Blätter enthalten manche theologische Schrift. So finden wir in der vierten eine schöne Vorlesung „Über die menschliche Unsterblichkeit", die Herder vordem bei einem jener Leseabende gehalten hatte, die die Herzogin Mutter in dem Wittumspalais zu veranstalten pflegte und die für eine kleine Weimarer Akademie gelten mochten. Die sechste und letzte Sammlung ist sogar überwiegend theologisch: ihre Gedichte und Reime sind wesentlich religiös=philosophische Verse; ihre Prosaaufsätze durchweg ethisch=religiösen Inhalts, und außerdem enthält sie die „Legenden", christliche Fabeln und Märchen, die Herder dem lehrenden Idyll näher zu bringen suchte und in denen der innige Herzenston und die kindliche Einfalt der echten, alten Legenden durch eine allzu dick aufgetragene Absicht, lehrhaft zu wirken und die christliche Sage „nützlich zu machen", nicht erfreulich ersetzt worden ist.

2. Trübungen.

In einem Briefe an Frau von Stein vom Jahre 1790 sprach sich die Herzogin Luise mißbilligend über die „in einer Predigt sonderbarer Art" geäußerte Meinung Herders aus, die zwar die Notwendigkeit eines Unterschiedes der Stände auf der Welt anerkenne, aber den Personen eines höheren Ranges eine Menge angeborener Vorurteile vorwerfe, von denen sie sich nur mit Mühe frei machen könnten. Dieser neue, ungewohnte Ton klang noch schärfer aus der Taufrede, die Herder für den am 30. Mai 1792 geborenen Prinzen Bernhard hielt und in der er sagte, „der Prinz sei in einer Zeit geboren, die für seinen fürstlichen Stand, für die wahre Ehre und Würde seines Geschlechtes merkwürdig sei und wahrscheinlich bei seinen Lebzeiten noch merkwürdiger sein werde. Im Gegensatz zu einer einstigen Schmeichlerverehrung, die die Fürsten zu Göttern übertrieb, werde ihm jetzt durch die niedrige Leidenschaft des Gegenteils, aufgebrachten Haß, tollkühne Frechheit und scharfen Tadel Gelegenheit gegeben, durch von ihm zu erlangende und zu berührende Tugenden seine Berechtigung zu dem Vorrecht seiner Geburt zu erweisen." Es war das Echo der französischen Revolutionsbewegung, das aus diesen Worten tönte. Herder hatte immer ein starkes demokratisches Gefühl gehabt, Fürstendiener zu sein war ihm zeitlebens unsympathisch gewesen. Das persönliche Regiment des großen Friedrich blieb ihm fatal, auf Kaiser Joseph setzte er seine Hoffnung als den Hort deutscher Sitte und

Wissenschaft, der den Deutschen geben werde, wonach sie dürsten: ein Vaterland, eine Sprache und eine Religion. Auch von dem Fürstenbund, den sein Herzog so lebhaft unterstützte, erwartete er viel zur Verbreitung wahrer Humanität. Und wie nun drüben über dem Rhein so viele alte Mißbräuche abgestellt wurden und ein Hauch der Freiheit lebendig wehte, da ging dem alten Menschheitskämpen das Herz auf, und er ward Feuer und Flamme für diese Freiheitsbewegung. Als dann die Nachrichten von viel Unordnung und Gewalttätigkeiten kamen, fing seine Billigung der großen Sache wohl an ins Wanken zu geraten, und er schwankte zwischen Bewunderung und Abscheu. Aber im Grunde blieb sein Herz doch einer Sache zugetan, die dem Menschenglück und der Erfüllung reiner Menschheitspflichten gewidmet war. Wes aber das Herz voll ist, des geht der Mund über. Und Herder war nie gewohnt, in höfischer Ängstlichkeit seiner Zunge Zügel anzulegen. Offene Worte von ihm wurden verbreitet, die recht nach Volksherrschaft und Fürstenhaß klangen. Für einen Oberhofprediger waren's immerhin recht bedenkliche Worte. Denn bei Hofe war man natürlich grundsätzlich gegen jede Revolution, und wo der freie Denker den Anbruch einer neuen Morgenröte der Menschheit freudig anbrechen sah, erblickte der Herzog und fast noch mehr die Herzogin nichts als einen finster gähnenden Abgrund, in dem die bestehende Weltordnung zu versinken drohte.

Karl August hat sich damals häufig über seinen Hofprediger geärgert, und auch in die edle Freundschaft der Herzogin für Herder trug die leidige Politik einen schrillen Mißklang: an ihrer beiderseitigen Auffassung der sich in Frankreich vollziehenden Bewegung schieden sich ihre Anschauungen, ja schied sich ihr Lebensweg. Von da an war die alte Herzlichkeit getrübt, das Verhältnis blieb voller gegenseitiger Hochschätzung, aber ohne die alte Vertrautheit. Herder wurde von nun an vom Hofe aus nicht mehr mit der früheren Bewunderung angesehen: er war zu radikal geworden, und wenn er sich's auch immer wieder vornahm, die Zunge im Zaume zu halten, so ganz wollte ihm das doch nicht gelingen. Die Herzogin selbst hat in großer Herzensgüte immer wieder einmal versucht, den klaffenden Zwiespalt zu überbrücken; aber Herder brachte nicht mehr die alte, unbefangene Seele zu Hof, und vor allem blieb des Herzogs Verhalten der große Fels zwischen ihnen. Er hatte Herdern die alte Gnade entzogen.

Für Herder selbst trat eine Wandlung ein. Schon Goethe hatte bei der Rückkehr aus dem unseligen Champagnefeldzug an Karoline geschrieben: „Vergessen Sie nicht, Gott zu preisen, daß er Sie und Ihre besten Freunde außer stand gesetzt hat, Torheiten ins Große zu begehen", und er hatte Herder mündlich vieles von den Greueln erzählt, die in der Gefolgschaft der Revolution zu finden gewesen waren. Nun kam im Januar 1793 die Hinrichtung Louis Capets. Da schlug die Stimmung Herders gründlich um, und was er im ersten Revolutionsfieber mit wahrer, blutrünstiger Freiheitsliebe geschrieben hatte, das arbeitete er nun gründlich um, ehe er es als die „Briefe zur Beförderung der Humanität" veröffentlichte. Diese zwischen mehreren Freunden gewechselten Briefe sollten die Fort= und Rückschritte der Humanität, besonders in der neusten Zeit, behandeln und das Beste geben, was Herder in Herz und Seele trug. Bunt ist der Inhalt, locker das Band, das sie zusammenhält. Indem die Freunde sich über alles, was sie gehört, gelesen und gesehen haben, aufrichtig Rechenschaft geben, werden die Briefe zu einer Art von um=

fassendem Jahrbuch der Schriften für die Menschheit. Aber
anders wurde die Ausführung, als die Absicht war; und
gerade weil der ursprünglich beabsichtigte zeitgeschichtliche
Charakter ganz wegfällt und an die unmittelbare Gegen=
wart nur mit leisem Finger gerührt wird, kommt etwas
Unfertiges und Zwiespältiges in diese Schriften. Gewiß
fehlt es in diesen Briefen, die von 1793 bis 1797 in
zehn Sammlungen erschienen, „nicht an feinen Be=
merkungen und richtigen Urteilen, aus denen Herders
freies Herz und sein schöner Menschensinn sprechen; aber
das Ganze ist doch ein zersplittertes Wesen, dem der
mächtig gestaltende Geist fehlt; statt aus der frischen
Fülle zu schöpfen, lehnt er sich überall an, und besonders
seine Besprechungen der Dichter und Dichtwerke sind ein=
seitig beschränkt, indem sie (aus lauter Moralität) das
eigentliche Wesen der Kunst verkennen, ja ihm feindlich
entgegenstehen." Benjamin Franklins Jugendzeit wird
berührt, und der Mitbegründer der Unabhängigkeit der
Vereinigten Staaten wird der erste Stellvertreter Herder=
scher Gesinnungen. Friedrichs des Großen nachgelassene
Schriften werden gewürdigt und reichlich zitiert. Joseph II.
wird nach seinen Licht= und Schattenseiten charakterisiert.
Luther mit seiner Deutschheit und Derbheit wird als
Politiker beurteilt und seine Gedanken über Regiments=
änderung, über den Pöbel und die Tyrannen werden
wiedergegeben, sodaß sich der Reformator als nationaler
Prophet und Lehrer der deutschen Nation darstellt. Lessings
Andenken wird erneuert, gegen die Gallikomanie wird zu
Felde gezogen; in einer poetischen Epistel: „Der deutsche
Nationalruhm" faßt Herder alle seine Betrachtungen zu=
sammen, führt in grellen Farben die deutsche Misere vor
und predigt Unschuld und Mäßigung, Weisheit und Wohl=
tun, Bescheidenheit und nützende Verborgenheit als den

wahren Nationalruhm — was denn freilich ein allzu zahmer Ausklang dieser Briefe ist.

Goethe, der etwas bedenklich Herders Hinübertreten auf das politische Gebiet gesehen hatte, war doch beruhigt, als er die ersten Sammlungen der Briefe erhielt, die ihrer ersten Anlage nach fast eine Brandschrift dargestellt hatten, nun aber gar säuberlich und fürsichtig zu einer literarischen Konversation geworden waren. Auch der Herzog erklärte sich befriedigt und schloß seinen Dankbrief: „Lasse uns das gute Glück die Zeit erleben, wo man nichts mehr zu tun hat, als sicher und ungestört die Endzwecke eines jeden wohldenkenden Menschen erfüllen zu helfen." Der allgemeine Beifall, den diese ersten Sammlungen vielfach bei den Personen und Ständen fanden, von denen Herder die Briefe besonders gelesen wünschte, freute ihn sehr, und er konnte es wohl verschmerzen, daß in Österreich die Stellen über Joseph II. durch die Zensur verboten wurden. Aber er suchte umsomehr sich dieses allgemeine Wohlwollen zu erhalten und ließ von Sammlung zu Sammlung das Literarische mehr in den Vordergrund treten, sodaß es schließlich das Beherrschende wurde und die humanistischen Briefe als eine Zusammenstellung von Lesefrüchten endigten.

Gleichzeitig mit den ersten Briefen veröffentlichte Herder die fünfte Sammlung der zerstreuten Blätter, die er selbst „Herbstblätter" nannte; „keine Rosen und Myrten, aber Lilien, Cypressen, Lorbeeren, Ehrenpreis". Darin war besonders gelungen eine Abhandlung über den alten lutherischen Theologen Andreae, diesen „ausübenden Lehrer der echten Menschenliebe und Menschenweisheit", den Herder immer sehr verehrt hatte, und ein trefflicher Aufsatz über Reineke Fuchs, der dem Fabelfreunde als eins der anziehendsten poetischen Erzeugnisse

galt, das er mit sicherem Verständnis begriff und das
ihm mit seiner humoristischen Satire auf das Hofleben
noch besonders willkommen war. Außerdem enthielt die
Sammlung den Hinweis auf den Jesuiten Balde, der
zur Zeit des dreißigjährigen Krieges in München gelebt
und gedichtet hatte, aber der Vergessenheit anheimgefallen
war. Herder war von diesem Dichter, den er den un=
bekannten deutschen Horaz nannte, ganz berauscht, über=
setzte seine lateinischen Gedichte, und da er Geld brauchen
konnte, gab er sie als ein dreibändiges Werk aus, das
ein junger Lübecker Buchhändler verlegte und 1795 und
die folgenden Jahre unter dem Namen „Terpsichore"
herausgab. Es ist weniger ein übersetzter als ein verjüngter
Balde, den Herder hier bot, denn nach seiner Art übertrug
er auch hier frei und genial nach dem Geist, nicht nach dem
Buchstaben. Wenn er dabei Balde, dessen Namen er
übrigens erst im dritten Bande nannte (weil er fürchtete,
ein als Jesuit eingeführter Dichter würde ungelesen ver=
dammt werden), als einen Dichter Deutschlands für alle
Zeiten pries, hat er sich dabei doch stark geirrt. Ihn
selbst hatte in Jahren der Krankheit und der Einsamkeit
dieser Dichter mächtig ergriffen, gerührt und getröstet:
seinen Zeitgenossen wollten diese Poesien nicht recht zu=
sagen; nur Goethe sagte ihm darüber ein freundliches Wort
und verglich Balde mit einer Ananas, die den Genießenden
an alle gutschmeckenden Früchte erinnere und doch dabei
ihren eigenen Geschmack bewahre.

Es schien fast, als sei nach Herders Rückkehr aus
Italien der Freundschaftsbund mit Goethe noch inniger
geworden als früher. Dieser hatte sich durch die treue Be=
hütung des Hauswesens während des Vaters Abwesen=
heit und durch seine aufopfernde Vermittlungstätigkeit bei
den Veränderungsaussichten das Vertrauen in der Super=

intendentur so stark erworben, daß dort der Umgang mit ihm nur noch vertraulicher und gemütlicher wurde. Als er 1790 nach Venedig reiste, empfahl er sein Mädchen und sein Söhnchen der schützenden Obhut des geistlichen Freundes. In herzlichen Briefen spricht er davon, daß er neben seinem „Erotikon" nichts lieberes daheim habe, als das Herdersche Haus und seine Insassen. Und seinem Patenkinde August, dem begabtesten unter Herders Söhnen, zeigte er fortgesetzt besondere Zuneigung. Die ersten Spuren einer Trübung des schönen Verhältnisses zeigten sich, als die leidige Politik ihre Zersetzungskeime in das weimarische Paradiesidyll zu legen begann. Goethe hing in Treue an seinem Herrn und es verdroß ihn, wenn er hörte, wie im Herderhause unehrerbietige, ja verletzende Ausdrücke über den Herzog und seinen Hof fielen. Hieran wäre die Freundschaft jedoch kaum zerbrochen, denn Herder selbst kam ja von seiner kritiklosen Verehrung der Revolutionsbewegung zurück und lenkte in sanftere Bahnen ein. So schien es, als könnte es wieder wie vordem werden, und die unendliche Vereinsamung des Gemüts, über die Herder bereits mit bitteren Worten geklagt hatte, könnte sich von ihm lösen. Es war eine Täuschung, denn der beiden größen Freunde Lebenswege fingen an innerlich auseinanderzugehen.

Noch nach Rom hin hatte Karoline geschrieben, daß ihr Goethes Wesen oft rätselhaft sei „beinahe wie ein Chamäleon; bald bin ich ihm gut, bald nur halb." Schließlich aber hatte sie mit fraulicher Treffsicherheit die Lösung dieses Rätsels gefunden und schrieb: „Er fühlt sich als ein höheres Wesen, das ist wahr, aber er ist doch der Beste und Unwandelbarste unter allen. Seitdem ich weiß, was ein Dichter und Künstler ist, seitdem verlange ich kein engeres Verhältnis, und doch, wenn er zu mir kommt, fühle ich, daß ein sehr guter Geist um ihn und in ihm ist." Das war es: Goethe war wesentlich ein Künstler, Herder hatte immer geglaubt, auch ein Stück davon zu sein, und nahm nun in Italien unter Schmerzen wahr, daß er es nicht sei. Er rief aus: „Hole der Henker den Gott, um den alles rings umher eine Fratze sein soll, die er nach seinem Gefallen braucht; oder gelinder gesagt, ich drücke mich weg von dem großen Künstler, dem einzig rückstrahlenden All im All der Natur, der auch seine Freunde und was ihm vorkommt bloß als Papier ansieht, auf welches er schreibt, oder als Farbe des Paletts, mit dem er malet." Herder hatte in Italien das rein ästhetische Interesse ganz verloren, immer überwog bei ihm seither das geschichtsphilosophisch-moralische, während in Goethes Geist das künstlerische immer stärker zur Vorherrschaft kam. So konnte Herder in tiefster Verständnislosigkeit gegen Goethes künstlerisches Streben beim Erscheinen des „Wilhelm Meister" der Gräfin Baudissin das einseitige Urteil schreiben: „Goethe denkt hierin anders. Wahrheit der Szenen ist ihm alles; ohne daß er sich eben um das Pünktchen der Wage, das aufs Gute, Edle, auf die moralische Grazie weiset, ängstlich bekümmert."

Und nun schloß Goethe mit Schiller jenen Bund, in dem sich der Künstler mit dem Künstler zusammenfand, in dem aber der unkünstlerische Herder keinen Platz finden konne.

Als Schiller den ersten Besuch bei Herder gemacht hatte, schrieb er entzückt an Körner: „Er hat mir sehr behagt, seine Unterhaltung ist voll Geist, voll Stärke und Feuer, aber seine Empfindungen bestehen in Haß oder Liebe. Goethe liebt er mit Leidenschaft, mit einer Art Vergötterung... Herder ist erstaunlich höflich, man hat sich wohl in seiner Gegenwart. Ich glaube, ich habe ihm gefallen; denn er äußerte mehrmals, daß ich ihn wiedersehen möchte." Und ein andermal: „Ich bin willens, Herder diesen Sommer sozusagen zu verzehren."

Jetzt (1794) warb Schiller um Herders Mitarbeiterschaft für die von ihm herauszugebenden „Horen": je größeren Anteil Herder daran nehme, desto lieber werde es ihm sein; mit Bereitwilligkeit unterwerfe er sich allen Bedingungen. Als eine besondere Gunst bat er noch um die Erlaubnis, zuweilen über eingesandte Beiträge sein Urteil einholen zu dürfen, wie es Goethe bereits gestattet habe. Herder ging gern darauf ein und wirklich wurde er ein Jahr lang eifriger Mitarbeiter der „Horen", für die er 1795 fünf Aufsätze schrieb: „Das eigene Schicksal", von dem Schiller meinte, er führe ein glücklich gewähltes Thema glücklich aus, während Körner in diesem Mittelding zwischen Predigt und moralphilosophischer Abhandlung mit größerem Rechte etwas Sauertöpfisches und Steifes sah, eine trübsinnige Altersarbeit. Dann „Homer ein Günstling der Zeit", den Goethe vortrefflich geraten und als eins der besten Werke fand, die Herder geliefert habe, während die damalige homerische Autorität, Fr. Aug. Wolf, die Arbeit hart und hochmütig zerzauste. Sodann „Homer und Ossian", ein Aufsatz, in dem sich das Herdersche Talent der nachempfindenden Kennzeichnung poetischer Erscheinungen wieder einmal im schönsten Lichte zeigte. Ferner „Das Fest der Grazien", eine ziemlich abgeschmackte Mummerei ohne Grazie. Endlich „Iduna der Apfel der Verjüngung", worin in der losen Form eines Gesprächs in Herderscher Art der Gebrauch der nordischen Mythologie auf sinnige Weise empfohlen wurde.

So haben ein Jahr lang die drei Großen in Weimar freundlich und eifrig zusammengearbeitet. Gewiß war es dabei für Herder sehr schmerzlich, zu merken, wie weit er sich selbst immer mehr von dem alten Freunde innerlich entfremdete, der je länger desto stärker der Kantschen Grundlage von Schillers Auffassung zuneigte, und er mußte sich neben diesen beiden manchmal überflüssig und zurückgestoßen vorkommen, obgleich die zwei Neuverbündeten es nie an Gefälligkeit und Rücksicht ihm gegenüber fehlen ließen. Aber zu einem völligen Bruche hätte es nicht zu kommen brauchen, wenn nicht der unselige Geldmangel im Herderhause der innerlichen Loslösung die äußere Scheidung hätte folgen lassen.

Herders hatten sich bei dem neuen Anfange in Weimar vom Herzog die finanzielle Mitwirkung bei der Erziehung der Söhne versprechen lassen. Daß damit auch ein Einfluß des Fürsten auf die Art dieser Erziehung verbunden sein solle, war freilich nicht ausgesprochen worden, verstand sich aber von selbst. Herders nahmen indessen auf diese moralische Verpflichtung keine Rücksicht, sondern entschieden selbstherrlich über das Geschick der Söhne, von denen vier auswärts auf Schulen und Universitäten weilten. Das erforderte viel Geld, und durch die häufigen Krankheiten Herders und den dadurch bedingten Aufwand für Badereisen waren die Mittel schon völlig erschöpft.

Karl August hatte sich, als nicht darum angegangen, um alles das bisher nicht weiter bekümmert. Jetzt fand Karoline das Blatt mit seinen Zusagen, das eine Weile vergessen worden war. Ohne ihres Mannes Vorwissen schrieb sie ausführlich an die Herzogin und erzählte ihr alle ihre Geldnot. Auch an Goethe richtete sie einen Zettel: „Haben Sie doch einiges Mitgefühl für meinen Mann, nur ein Gefühl von Gerechtigkeit für ihn, o so reden Sie ein gutes Wort dazu." Goethe mochte die heftige und unangemessene Sprache der geängstigten Hausfrau und Mutter zu Gute halten: er sprach das Wort. Der Herzog war sofort bereit zu helfen, natürlich nach seiner Art knapp, wie es seinen Mitteln entsprechen mochte, aber voll gutem Willen. Karoline fand aber das Angebot zu niedrig und bestand auf ihrem Schein. Noch einmal bestürmte sie die Herzogin, die befremdet, aber milde und bestimmt in kühler Ablehnung erwiderte. Und in ihrer Angst um ihren leidenden Gatten und um ihre Kinder vergaß sie, daß dem treuen Freunde Goethe alles Aufgeregte im Innersten zuwider war; leidenschaftlich und voll heftiger Vorwürfe und Verdächtigungen schrieb sie auch an ihn: „Dulden Sie nicht, daß der Herzog sein Versprechen so schnöde brechen will. Hier ist es Ihre Pflicht, des Herzogs Ehre und Moralität zu retten . . . Wir brauchen Geld und müssen es vom Herzog erhalten. Er ist es uns schuldig." Da fuhr Goethe auf, rechnete der zornigen Elektra alle ihre Rechenfehler nach und schloß mit der bitteren Wahrheit: „Ich bedaure Sie, daß Sie den Beistand von Menschen suchen müssen, die Sie nicht lieben und kaum schätzen und deren Zufriedenheit zu befördern Sie keinen Beruf fühlen. Freilich ist es bequemer, in extremen Augenblicken auf Schuldigkeit zu pochen, als durch eine Reihe von Leben und Betragen das zu erhalten, wofür wir doch einmal dankbar sein müssen."

Schließlich wurden die Herderschen Forderungen doch im wesentlichen erfüllt. Der Herzog half durchgreifend durch eine bedeutende Summe, die er ihnen jetzt auszahlen ließ, und hat dann Jahre hindurch für die Erziehung der Kinder durch regelmäßige Bewilligungen gesorgt. Er tat es, weil er sich dafür durch seine einstigen Zusagen verpflichtet fühlte, und ließ seinen Ärger über Herders zurücktreten, als Goethe in lebhafter Fürsprache für die Verbitterten eintrat.

Aber der Bruch zwischen Goethe und Herders war damit vollkommen geworden. Goethe hatte nicht mehr Lust in einem Hause als Freund zu verkehren, in dem man so schnöde an seiner Redlichkeit und Treue zweifelte. Und Herders mochten nun um so weniger von ihm wissen, weil sie sich ihm gegenüber eine Blöße gegeben hatten. Sie fraßen sich in einen bitteren Groll gegen den alten Freund ein, spielten die Gekränkten und schalten über Goethes Persönlichkeit und Werke. Namentlich Frau Karoline ließ ihrer Zunge und Feder freisten Lauf; sie brachte es fertig zu schreiben: „Ein jeder Tag zeugt neue Niederträchtigkeiten (Goethes), und die Stirnen werden immer frecher."

Herder hatte sich so tief in sein einseitig und eigensinnig ausgebildetes Moralitäts- und Humanitätsideal eingesponnen, daß er fortan für die ganze klassische Literatur, die ihn so nah umgab, kein Ohr und kein Auge mehr hatte. Der „Musenalmanach" der beiden Dichter vom Jahre 1897 erregte nur seinen Unwillen, und die Xenien, mit denen sie ihren Sonderbund gemeinsam besiegelten, trieben ihn vollends von ihnen hinweg. Mit solchen Leuten wollte er fortan keinen Verkehr mehr haben, und er schrieb an Gleim: „Das Alte ist vergangen, sagt St. Paulus, das Neue herbeigekommen. Wir indessen, Lieber, Guter, Bester, wollen beim Alten bleiben und uns lieb und wert halten." Die ganze Schale seines Zorns über das arge moderne Schrifttum goß er in der siebenten und achten Sammlung der Humanitätsbriefe aus, in der er die europäische Dichtung seit dem Verfalle bei den Griechen und Römern behandelte, wobei er die Dichtung in weiterm Sinne nahm, als Werkzeug und Blüte der

Bildung und Humanität nach Völkern und Sitten. So schätzte er denn auch die neuere deutsche Dichtung mehr nach dem in ihr ausgeprägten deutschen Charakter, als nach der Kunstform. Dabei kam die zeitgenössische Dichtung natürlich nicht günstig fort, denn gerade Goethes und Schillers Streben war ja auf die Erkenntnis der reinen Kunstform gerichtet. Er aber stellte der schönen Humanität Schillers die moralische entgegen, denn die Poesie habe die echte, ganze moralische Natur des Menschen, die Philosophie des Lebens zu suchen. „Nach dem Lande der Einfalt, der Wahrheit und Sitten geht unser Weg." Vor zwanzig Jahren hatte Herder von „den alten Herren, die da sitzen und jammern", geschrieben, daß sie Apotheken alter, abgefallener Herbstblätter seien — „und sehen nicht, was da im Walde knospet und grünet." Jetzt knospete und grünte der Wald nicht nur, er hing voll duftender Blüten und goldener Früchte; nun aber saß er selbst jammernd da als der alte Herr und schalt auf die neue Zeit. Natürlich fiel das Urteil Goethes und Schillers entsprechend über ihn aus, und namentlich Schiller fand bittere Worte des Unmuts über die „pathologische Natur" Herders, der für das Gute kalt und für das Elende so tolerant sei. Beide fanden in diesen Schriften eine unglaubliche Duldung des Mittelmäßigen, eine Verehrung des Abgestorbenen und Vermoderten, eine Gleichgültigkeit gegen das Lebendige und Strebende, daß man den Zustand des Verfassers recht bedauern müsse.

Zum Streit um die Dichtkunst kam der um die Philosophie. In raschem Siegeszuge war die Kantsche Lehre vorwärts gezogen, hatte von den Universitäten Besitz ergriffen und war erobernd in die theologischen Kreise eingedrungen. Sie war im tiefsten Grunde Herder immer unsympathisch gewesen. Die von Kant und seinen An=

hängern gepredigte Religion als einer Sache der praktischen Vernunft ging ihm nicht ein, die Lehre vom radikalen Bösen war seinem optimistischen Humanitätsideal zu trübsinnig. Jetzt machte er bei den Kandidatenprüfungen von Jahr zu Jahr zunehmend die Erfahrung, daß die jungen Leute alle Kantianer sein wollten. Und wie das bei solchen neuen Systemen zu geschehen pflegt: sie begeistern und verwirren zugleich die jugendlichen Köpfe; auch da, wo sie in ihren Tiefen nicht verstanden werden, bleibt doch von ihnen das Radikale und Neue hängen. Jetzt konnten sich die jungen Kantianer gar nicht genug tun, mit ihren Worten die Welt umzuwerten. Da schrieb Fernow in Fichtes Stammbuch: „Gott sprach: es werde Licht! und es entstand die Kantische Philosophie." Und Reinhold in Jena versicherte: nach hundert Jahren werde Kant dieselbe Reputation haben, wie Jesus Christus. Von Fichte, der auch in Jena lehrte, wurde das Wort umhergetragen: in fünf Jahren sei keine christliche Religion mehr, die Vernunft sei jetzt die Religion. Die jungen Theologen kamen zum Examen nach Weimar, brüsteten sich mit ihrer Unwissenheit, gaben auf des prüfenden Herder Fragen freche Antworten und entschuldigten sich dann, sie seien's nicht anders gelehrt worden. Ein junger Geistlicher erschoß sich aus Verzweiflung über sein verfehltes Studium. Ein anderer talentvoller Kandidat schrieb einen Aufsatz gegen die Ehe, die er für ein Unrecht ansah, und forderte doch zugleich in ungestümen Bittschriften vom Oberkonsistorium ein geistliches Amt. Eine zügellose Arroganz, mit höhnender Verachtung alles Ehrwürdigen vermischt, verbreitete sich unter der akademischen Jugend. Kurz es zeigten sich alle jene fatalen Kinderkrankheits-Erscheinungen, die mit dem Eintreten einer neuen großen Wahrheit in die Welt verbunden zu sein pflegen.

Für einen Kirchenregenten mußten diese Erscheinungen beängstigend sein, er mußte ihnen zu steuern suchen, auch wenn er selbst ein Anhänger der neuen Lehre gewesen wäre. Für einen, der seit langen Jahren ein erbitterter Gegner der Kantschen Philosophie gewesen war und der dazu noch kränklich und vereinsamt lebte, hätte wohl mehr als menschliche Kraft dazu gehört, hier die trüben Folgeerscheinungen von der klaren Quelle reinlich zu scheiden. Herder aber zeigte sich menschlich, allzu menschlich, und meinte mit dem verhaßten System auch die ausrotten zu sollen, die es lehrten und verbreiteten. So sah er, der noch vor kurzer Zeit so warm für die Freiheit der akademischen Lehrtätigkeit eingetreten war, tatenlos und schadenfroh zu, als man um törichter Taktlosigkeiten willen auf Betreiben der kursächsischen Regierung Fichte in Jena seines Amtes entsetzte. Er schrieb mit eilender Feder zwei dicke Bände, die im Frühjahr 1798 erschienen und unter dem Titel „Eine Metakritik zur Kritik der reinen Vernunft" nichts waren, als eine gehässige und niedrig burleske Schmähschrift auf die Kantsche Philosophie. Und auch was er ein Jahr später als „Kalligone" herausgab, war nur eine leidenschaftliche Kritik dieser Lehre, in der sich neben vielem Häßlichen und Übertriebenen nur wenige Weizenkörner finden, wie etwa die schöne Erörterung über die Musik. In dem ganzen Streit mit Kant und seinen Schülern hat Herder in seiner grämlichen Verbissenheit nicht gut abgeschnitten. Und wie maßlos einseitig er dieser ganzen großen Geistesbewegung gegenüberstand, beweist sein Zorn, mit dem er 1800 eine Abhandlung seines Sohnes August, des Bergmanns, über den Galvanismus aufnahm und in der er zu seinem Entsetzen etwas von „Fichtianismus" zu wittern meinte: „Aller Fichtianismus muß weg, zu Anfang, Mitte und

Ende. Was soll dieser einem Werkmann? Wie unziemend ist er in seinem Munde... Tu mir aber nicht die Kränkung an, daß Du als ein Fichtianer schreibst... Ich hasse alle Isten und An'er auf den Tod und zerstoße Dir die Feder, wenn Du so erscheinst."

3. Ausklang und Ende.

Im Hause auf dem Topfberge wurde es einsam. Die Kinder waren herangewachsen, und eins nach dem andern verließ das väterliche Dach. Ihre Söhne könnten in Weimar kein Vaterland finden, klagten die Eltern. Nur das Nesthäkchen Rinaldo und die lieblich erblühende Luise blieben vorerst daheim. So war es denn eine große Freude für Herder, wenn er einmal wie im Herbste 1799 alle seine Söhne auf kurze Zeit um sich versammelt sehen konnte. Denn das stille Glück des eigenen Hauses mit all seinen Kämpfen und Sorgen ging ihm über alles, und je einsamer es um sie wurde, desto enger schlossen sich die beiden Gatten aneinander. Der älteste Sohn Gottfried ließ sich schließlich in Weimar als Arzt nieder und wohnte mit seiner jungen Frau oben im dritten Stock des elterlichen Hauses. Die Kinder aßen unten mit am Tisch, und die Schwiegertochter ist dem Schwiegervater oft ein David gewesen; so hat sie mit ihrer Musik verstanden, dem frühgealterten, vergrämten Manne die Stirne zu glätten.

Das bittere Gefühl der Vereinsamung hat Herder in dieser letzten Zeit nie mehr verlassen, und seine wie seiner Gattin Briefe sind voll von Seufzern und Bekenntnissen dieser Art. Weimar ist ihnen eine „gespensterbolle Einöde", wie er sagt, und sie meint: „mehr als Gespenster, boshafte Tiere" seien um sie her. So zieht sie denn auch die Summe aller Klagen in einen Brief an Knebel vom

Januar 1801: „Wer sich der Einsamkeit ergibt, ach, der ist bald allein! heißt es auch bei uns. Das Abschneiden ist so allmählich und unmerklich geschehen, daß ich glaube, auch der letzte Faden ist entzwei, ohne daß wir's recht inne sind, wie oder wann oder wo?"

Doch fehlte es auch nicht an alten und neuen Freunden in dem einsamen Hause. Freilich Goethe hatte sich ganz zurückgezogen, und auch mit dem Hofe waren die meisten Verbindungsfäden gelöst. Ging Herder einmal auf Einladung hin, so kam er immer still und stumm von da zurück. Nur gelegentlich erwachte noch die alte Freundschaft mit der Herzogin Luise zu einiger Stärke. So schrieb er ihr am 31. Dezember 1800: „Erlauben Euer Herzogliche Durchlaucht einem Ihrer treuesten Verehrer das alte Jahr und Jahrhundert mit tiefgefühltem Dank zu beschließen. Nicht bloß für das große Geschenk, das Euer Durchlaucht mir so unverdient und gewiß unerwartet gemacht haben, ... sondern noch viel, viel mehr für alle die Gütigkeiten, die ich im vorübergegangenen Äon, von 1776 an, fast also ein Vierteljahrhundert, selbst, hier und von wem mehr als von Euer Durchlaucht? genossen habe. Ganze Jahre haben Sie, gnädigste Fürstin, mir versüßt, Ihr edles Zutrauen erhob mich über mich selbst und wird in der Erinnerung der Vergangenheit mir immer eins der heiligsten Andenken sein." Luise antwortete: „Es hat mich sehr gefreut, lieber Herder, daß Sie meiner beim Anfang des neuen Jahrhunderts mit so vieler Güte gedenken. War eine Zeit, wo es mir gelang, Sie zu überzeugen, daß ich es herzlich gut mit Ihnen meinte, so wünsche ich, daß dieses Vertrauen, dieser Glaube an mich sich wieder erneuern könnte, denn gewiß und wahr ist es, daß ich immerfort recht teilnehmend bin für alles, was Sie angeht."

Einzig mit der Herzogin Mutter erhielt sich seit den gemeinsam verlebten Römertagen ein unwandelbar freundschaftliches Verhältnis. Anna Amalie blieb Herder auch im Wechsel der Zeiten zugetan, ja ihre Verehrung für ihn wuchs mit den Jahren. Sie hat einmal einen Perlenschmuck verkauft, um ihm eine Badereise zu ermöglichen. Kurz vor ihrem Tode (1807), als sie wie so oft in einer Herderschen Predigt gelesen hatte, sagte sie, das Buch und ihr Augenglas beiseite legend: „Nun ist es gut; nun komme ich bald zu Herder und zu meinem Bruder."

Auch die Hausfreundschaft mit Wieland blieb ungetrübt bestehen. Man wechselte gegenseitig häufig Besuche auf dem Topfberg und in Oßmannstedt; und als Herder starb, nannte Wieland ihn in einem Briefe seinen „besten und gewissermaßen einzigen Freund in Weimar".

Mit Knebel, der seit 1797 in Ilmenau wohnte, wurde ein umfangreicher Briefwechsel geführt, den aus dem Herderschen Hause zumeist die Frau übernahm. Auch mit ihm besuchte man sich gern gegenseitig. Und da sich Knebel in ähnlicher schiefer Lage zu Goethe und dem Hofe befand wie Herder, gab's dann stets reichlich Stoff zum Klatschen und Klagen, wodurch denn beide Teile nur noch tiefer in die Verstimmung und Opposition hineingetrieben wurden.

Der Hauptfreund der letzten Jahre war ein Neuling Jean Paul Friedrich Richter, der erst zu mehrfachem Besuch gekommen war und sich dann für einige Jahre in Weimar heimisch niederließ. Er war mit seiner Formlosigkeit und seiner sittlichen Anschauung so recht ein Dichter nach dem Herzen Herders, der ihn hoch über die Dioskuren stellte. Seine Werke, die „eine schöne Seele, ja die Tugend selbst geschrieben" haben müssen, wurden bei Herders verschlungen, von Frau Karoline mit un=

getrübtester Begeisterung, von Herder selbst doch mit jeweiliger Kritik der schriftstellerischen Manier. Herder fand in dem muntern, lebenssprühenden Brausekopf die Jugend und Frische wieder, die ihm selbst verloren gegangen war und nach der er immer noch suchte. Er ist ihm „ein feinklingender Ton auf der großen Goldharfe der Menschheit", während er sich selbst „eine zersprungene Saite und einen verstimmten Ton" nennt. Jean Paul kannte Herders Schwächen wohl, „die Selbstqual und den Selbsttrug und den kränklichen Ehrgeiz", aber er verehrte den Genius in ihm, der „aus einem halben Dutzend Genies auf einmal" zu bestehen scheine, und er hat über ihn das ganz vortreffliche Wort geprägt, das besser wie je eins die Größe Herders und seine Beschränkung kennzeichnet: „Er ist nicht ein Stern erster Größe gewesen, aber ein Bündel von Sternen. Er hat kein Werk seines Genius hinterlassen, dessen vollkommen wert, aber er selbst war ein Meisterwerk Gottes." In zärtlichster Freundschaft bei lebhaftestem Wechselverkehr sind die beiden so verschiedenen Männer sich zugetan geblieben, bis der Ältere von hinnen schied, und beide haben sie großen Segen von diesen Stunden erlebt, da Jean Paul traulich an Herders Familientische saß.

Berühmte Gäste kamen zu flüchtigen Besuchen. A. W. Schlegel kam mit seiner Frau nach Weimar, und die schrieb: „Wer mich entzückt und fast verliebt gemacht hat, das ist Herder. Der kurländische Accent stiehlt einem schon das Herz, und nun die Leichtigkeit und Würde zugleich in seinem ganzen Wesen, die geistreiche Anmut in allem, was er sagt — er sagt kein Wort, das man nicht gern hörte — so hat mir seit langer Zeit kein Mensch gefallen."

Auch Wilhelm von Humboldt, der Herder besuchte,

bezeugt bei einer Schilderung von seiner Art des Gesprächs: nie vielleicht habe ein Mann schöner gesprochen, ununterbrochen sei ihm die Rede vom Munde geflossen, schwankend zwischen der Klarheit des Gedankens und dem Hellbunkel der begleitenden Empfindung.

Die kleineren Geister, die in Weimar lebten und sich von der hoheitsvollen Würde und Größe Goethes öfters abgestoßen fühlten, fanden bei Herders gern freundliche Aufnahme zu den sonntäglichen Teegesellschaften; so Heinrich Meyer, der treuherzige Schweizer, der eine gewisse intime Neutralität zu bewahren wußte; auch Johannes Falk, der wackere und liebenswürdige Mann mit einer „Milchseele"; ebenso der zweifelhafte Livländer Merkel und andere mehr. Weil Böttiger, der Gymnasialrektor und Oberkonsistorialrat, aber das Horchen und Klatschen gar nicht lassen konnte, mußten schließlich auch die harmlosen Teeabende unterbleiben, und immer stiller ward es im Schmollwinkel hinter der Stadtkirche.

Aber etliche gab es immer, mit denen alsdann wenigstens Briefe gewechselt wurden. So vor allem der alte Gleim, der auch gelegentlich selbst nach Weimar kam oder in Halberstadt besucht wurde. Zwischen den beiden spinnt sich da eine Korrespondenz an, die menschlich sehr liebenswürdig ist, aber dadurch etwas an Reiz und Wert einbüßt, daß Gleim dabei ausschließlich der Anbetende ist, dessen Weihrauch Herder mit Vergnügen einatmet. Zudem ist dieser alte, biedere Herr wirklich ohne jegliches Verständnis für das zeitgenössische Schrifttum. Hält er doch ernstlich Goethes „Hermann und Dorothea" für eine elende Satire auf die unübertreffliche „Luise" von Voß. Ihm ist nur das Alte gut, und Herder stimmt mit geradezu krankhaftem Eifer in das Schimpfen auf die dekadenten Modernen ein.

Vor allem gab das neugegründete Hoftheater reichen Stoff zu Spott und Schimpf. Es war rasch zum Mittelpunkte in Weimar geworden, um den sich das ganze Leben der kleinen Residenz allein zu drehen schien. Der Besuch der Komödie, die Kritik der Schauspieler, die Beurteilung der Stücke wurden die größten Ereignisse in Ilmathen. Als Echo klang's dann in Briefen nach Halberstadt: „Hier ist nichts als Theater und theatralisches Werk und Wesen, dem ich schon in der heiligen Taufe entsagt." „Das Wichtigste, das jetzt in der Welt existiert, ist das Puppenspiel auf den Brettern! Und was könnte es sein und werden nach den Regeln des Aristoteles." Lessings Nathan fand noch Gnade vor Herders Augen, aber Goethes Muse sah er mißtrauisch an, und geradezu ein Greuel waren ihm die Dramen Schillers. Vom „Schillerschen Klingklang und Bombast" sprachen die Herderschen, über das „Schillersche Irrlicht" zogen sie mit beißendem Spotte los; „Maria Stuart" war ihnen ein „garstiges Weiberstück", nur die Abendmahl-Szene (die Goethe mit seinem Takte stets von der Bühnendarstellung ausschloß) wurde darin als schön angesehen, weil sie geeignet sei, religiöses Gefühl zu wecken. Aber dafür erbitterte den Herrn Generalsuperintendenten die Kapuzinerpredigt in „Wallensteins Lager". Und daß die Jenaer Studenten bei der Aufführung der „Räuber" in Weimar das Lied „Ein freies Leben führen wir" getreulich mitzusingen pflegten, ärgerte ihn auch so, daß er ihnen die Umdichtung zu singen zumuten wollte: „Der Muse Leben führen wir, Bescheidenheit ist unsere Zier; die Wahrheit unsere Sonne." Wir wissen heute, daß der Herzog Karl August und die Herzogin Luise über Schillers Dramen kaum günstiger gedacht haben als Herders; denn es war ein Neues, dem damals die Jugend begeistert zujauchzte

und das von den Alten nicht recht verstanden, geschweige
denn gebilligt wurde. Wir verstehen also auch durchaus
die große Abneigung Herders vor dieser unerhörten
Dichtungsart. Aber daß er mit seinem ästhetischen Ge=
schmack soweit Schiffbruch leiden mußte, wie es die an=
geführten Äußerungen dargetan, nimmt uns doch wunder.
Diesem Theaterwesen gegenüber verlor er eben den letzten
Rest besonnener Kritik.

Er wollte zeigen, wie man's besser machen müßte,
und dichtete selbst Dramen. Die Regeln des Aristoteles
hatte er wohl im Kopf, und Lessings Dramen leuchteten
ihm als Vorbilder voran. Aber seiner lyrisch=rhetorischen
Natur fehlte alle dramatische Gestaltungskraft und jede
Charakterisierungskunst. Was er schuf, waren blutlose Sche=
men und trockene Allegorien, aber keine Menschen. Die man=
gelnde Handlung und Entwicklung ersetzte er durch allerlei
dekoratives Beiwerk und durch die Zuhilfenahme der
Musik, sodaß diese Dramen mit ihren opernhaften Effekten
nur allzusehr den gewöhnlichsten Operntexten glichen, über
die er doch sonst so herb spotten konnte. „Ariadne libera"
und der „Entfesselte Prometheus" hießen die ersten zwei;
„Aeon und Aeonis", eine frostige Allegorie, war ein
drittes; „Admetus' Haus. Der Tausch des Schicksals",
eine didaktisch=moralische Schicksalsfabel mit Chören, war
das letzte und anmutendste dieser Dramen, eine liebens=
würdige Dichtung und ein liebliches Denkmal des Herder=
schen Eheglücks, aber keineswegs ein Musterschauspiel.

Diese vier Dramen erschienen in der „Adrastea", einer
Zeitschrift, die Herder seit Anfang des neuen Jahrhunderts
herausgab. Es sollte sein Hauptwerk werden, so wünschte
er längst. Es war eine Zeitschrift, die er ganz allein schrieb.
Er wollte die Arbeit des vergangenen Jahrhunderts im
neuen prüfen. Band reihte sich an Band in kleinen

Zwischenräumen, zwölf wurden es, die letzten kamen erst nach seinem Tode heraus. Hier fand er ein bequemes Mittel, all seine geschichtlichen, ästhetischen, moralischen und philosophischen Betrachtungen, auch einzelne Dichtungen und Nachbildungen von Zeit zu Zeit mitzuteilen und so mit dem Kreise seiner Verehrer in fortwährender Verbindung zu bleiben. Manches Bedeutende und Sinnige zur Ergänzung seiner weltgeschichtlichen und ästhetischen Untersuchungen enthielten auch diese Hefte, dazu aber viel Einseitiges und krankhaft Schwaches. Wenn Frau Karoline schrieb: „Die Adrastea wird von gar vielen gelesen, geliebt und gelobt", so standen dem doch die Urteile der großen Zeitgenossen gegenüber, die nur mit Schmerz das Verarmen des einst so reichen Geistes feststellen konnten.

Im letzten Heft, das Herder noch selbst herausgab, fand sich der Hinweis auf die Cid=Romanzen, die nun erscheinen würden. Er hat ihren vollständigen Druck nicht mehr erlebt, und so ist „der Cid" sein edles Vermächtnis an sein Volk geworden, das diese Dichtung tatsächlich immer in hohen Ehren gehalten hat, während es so vieles andere von Herder achtlos beiseite schob und als veraltet nur zu rasch fallen ließ.

Schon bei der Ausgabe der „Volkslieder" hatte Herder die Cid=Romanzen im Auge gehabt, aber von ihrer Nachbildung um der Schwierigkeit des Übersetzens willen zunächst abgesehen. Nun war ihm eine französische Prosabearbeitung der spanischen Cid=Romanzen in die Hände gekommen; die spanische Urschrift, den Romanzero des Escobar, erhielt er zwar trotz vielen Suchens nicht, wohl aber eine andere Romanzensammlung, die des Sepulveda. An diese beiden Quellen hielt er sich, aber sie waren beide nicht gut. Denn sie boten nicht die ursprüngliche

Kraft und Stimmung der alten spanischen Gesänge, sondern eine ins Sentimentale des achtzehnten Jahrhunderts übertragene französische Empfindungsweise. Während des Winters 1802 auf 1803 machte sich Herder daran, nach seiner Art die Romanzen umzudichten, und gerade die in seinem poetischen Geiste vollzogene Mischung spanischer und französischer Gedanken mit deutschen, altertümlichen und modernen Anklängen verschaffte der Dichtung ihren großen Erfolg. Aber ein eigentümliches Werk Herders ist sie so wenig wie es die Volkslieder sind. Er selbst hat viel von diesem epischen Gedicht der Spanier gehalten, das er meinte mit Homer selbst vergleichen zu dürfen. Und wenn auch die Schätzung anderer so hoch nicht griff, so haben doch auch andere große Geister die Trefflichkeit der Gesänge gern anerkannt. In dem Maskenzuge Goethes vom Jahre 1818, den wir schon einmal erwähnten, wird deshalb auch des Cid rühmende Erwähnung getan und die Romanzenreihe als eine „den Deutschen so tüchtig als erfreuliche überlieferte" genannt. Dann sagt der Dichter zu Ehren des toten Freundes und Sängers:

> Wer ist hier so jung an Jahren,
> Weltgeschicht' und Dichtung fremde,
> Der verehrend nicht gedächte
> Solcher Namen Hochgewicht?
>
> Aber ach! die Jahre weichen,
> Und es weicht auch das Gedächtnis;
> Kaum von allerhöchsten Taten
> Schwebt ein Schattenbild uns vor.
>
> Und so eile nun ein jeder,
> Wie ihm freie Zeit geworden,
> Frisch das Heldenlied zu hören,
> Wie es unser Herder gab,
> Den wir nur mit Eile nennen,
> Den Verleiher vieles Guten.

Am 5. Juni 1801 erhielt Herder vom Herzoge die Stelle des abgehenden Präsidenten des Oberkonsistoriums mit 100 Talern Gehaltszulage. Und wenn er auch tatsächlich die Präsidialgeschäfte schon längst geführt hatte, so konnte er sich nun endlich etwas freier bewegen und alle so lange von ihm beklagten Übelstände des Geschäftsganges abstellen. Auch rief er sich in dem Konsistorialrat Günther eine tüchtige und zuverlässige Hilfskraft zur Seite, die ihm die Arbeit zu erleichtern und die übernommenen Geschäfte in seinem Sinne zu erledigen willig bereit war.

Im Sommer 1801 unternahm Herder eine längere Erholungsreise, die ihn auch nach Stachesried führte. Dort hatte sich sein Sohn Adalbert ansässig gemacht. Er hatte sich zum Landwirt ausgebildet, aber seine weimarische Heimat verlassen, als der Herzog ihm die erstrebte Pachtung eines Gutes in Oberweimar nur unter der Bedingung übertragen wollte, daß er die junge Witwe des bisherigen Pächters heiratete. In Franken hatte er jetzt das Gut Stachesried gekauft, für sich zur Lebensaufgabe, und für seinen Vater zum Erholungssitze. Erst nach Abschluß der Kaufverhandlungen erfuhren Herders zu ihrem Schrecken, daß es ein Privilegium bayerischer Edelleute gäbe, ein Einstandsrecht zu haben, wonach sie jedem Bürgerlichen, der adelige Güter in Bayern ankaufe, während des ersten Jahres das erkaufte Gut für denselben Preis abnehmen durften. Da tatsächlich dieses Einstandsrecht ausgeübt werden sollte, konnte der Besitz von Stachesried nur durch einen Adelsbrief gesichert werden. Ihn zu erwerben beschloß Herder den schweren Schritt zu tun. Müller hatte einst berichtet: „Herder ist dem Adel schrecklich feind, weil er der Menschengleichheit und allen Grundsätzen des Christentums entgegen und ein

Monument der menschlichen Dummheit ist." Herder hatte von dieser Meinung inzwischen nichts zurückgenommen, und nun sollte er selbst den Adel erbetteln. Aber die Not verrotteter Zustände drängte, und so schrieb er an seinen alten Freund, den Grafen Görtz, er möge sich beim bayerischen Kurfürsten verwenden, ihm und seiner Familie das bayerische Indigenatsrecht mit adeligen Freiheiten zu verleihen. „Für mich diese Auszeichnung zu suchen, wäre mir, beim Himmel! nie in den Sinn gekommen, da ich dergleichen Auszeichnungen überhaupt ebenso klein als lächerlich finde, sie mir auch in meinem Wirkungskreise sehr entbehrlich sind." Görtz war glücklich, dem verehrten Manne dienen zu können, und als Herder nach Weimar zurückkehrte, fand er den Adelsbrief vor, in dem ihm der Kurfürst eröffnete: „wie Wir hierunter weniger eine Belohnung seiner allgemein bekannten und längst geadelten Verdienste als die Erleichterung des Ansässigwerdens seiner Familie in Unseren Landen bezwecken". Und zwar erhielt Herder die Diplome, das Indigenatsdekret und den Adelsbrief völlig taxfrei.

Als Karl August von dieser Adelung hörte, die ohne sein Wissen und Wirken stattgefunden hatte, brauste er auf. Er wollte diesem bürgerstolzen Demokraten zeigen, daß er der Herr in seinem Lande sei. Als Herder bei ihm um die gewöhnlichen Vorrechte des Adelsstandes nach hergebrachter Form und Sitte untertänigst schriftlich nachsuchte, würdigte er ihn überhaupt keiner Antwort. Dafür aber verschaffte er umgehend und auf eigene Kosten in Wien den Adelsbrief für Schiller, eine nicht gerade edle Rache, die der Fürst dadurch noch verschärfte, daß Schillers Erhebung in den Adelsstand sofort allenthalben amtlich bekannt gemacht wurde, während es in Betreff des Herderschen Adels nach wie vor bei der Nichtanerkennung blieb. Erst durch Goethes emsige Vermittlung, der von dem alten Freunde die Schmach abnehmen wollte, wurde eine Art Ausweg gefunden, indem Herder wenigstens im dienstlichen Verkehr von den Behörden das Adelsprädikat erhielt.

Daß Herder durch dieses ungroßmütige Verfahren seines Herzogs auf das tiefste verletzt war, versteht sich von selbst. Er nahm es mit gutem Recht als eine ihm angetane öffentliche Beschimpfung. Kurz darauf sollte er noch einmal die ungnädige Fürstenlaune schmerzlich empfinden. Es hatte schon seit einiger Zeit die Unsitte bestanden, daß die stimmbegabten Zöglinge des Gymnasiums und des Schullehrerseminars bei Opernaufführungen zur Verstärkung des Theaterchors herangezogen wurden. Jetzt sollte gelegentlich eines Stellenwechsels im Kantorat diese ungehörige Verbindung von Schule und Theater noch inniger werden. Herder an der Spitze des gesamten Konsistoriums erhob dagegen lebhaften Widerspruch: Er habe sowieso schon gefunden, daß durch die bisherige Verwendung der Seminaristen zum Theaterchor das Orgelspiel und Generalbaß-Studieren gelitten und dafür der Geschmack an „Galanterie-Stückchen" Eingang gewonnen habe. „In mehreren unserer Landkirchen ist dieser Geschmack zum Teil so eingedrungen, daß mich, den Generalsuperintendenten, bei Einführung der Geistlichen, bisweilen so lustige Opernarien, denen geistliche Worte untergelegt sind, empfangen, daß es mich wunder nehme, wie nicht die christliche Gemeinde dazu tanzte." Wenn früher Herder gegen die Stimmen aller seiner Amtsgenossen beim Herzog etwas durchzusetzen suchte, war Karl August stets huldvoll und durchgreifend auf der Seite seines Oberhofpredigers gewesen und hatte ihm im Kampfe für Fortschritte und gegen alte Vorurteile tapfer beigestanden.

Jetzt, wo die ganze Behörde einhellig unter ihres Präsidenten Führung bei ihm vorstellig wurde, war er gegen diese klaren Wahrheiten taub. Seine Theaterliebhaberei siegte über die pädagogische Vernunft, er verfügte, es solle „versuchsweise" auf ein Jahr so gehandelt werden, wie er es ursprünglich schon im Sinn gehabt hatte. Also blieb die unselige Verquickung von Schule und Theaterchor bestehen. An derselben Theaterlaune des großen Herzogs ist ja nicht lange darauf Goethes Bühnentätigkeit gescheitert.

Selten noch kam Herder mit Goethe zusammen. Am 13. Juni 1802 konfirmierte er des alten Freundes Sohn August. Goethe schrieb darüber in seinen Annalen: „Die feierliche Handlung ließ uns nicht ohne rührende Erinnerung vergangener Verhältnisse, nicht ohne Hoffnung künftiger freundlicher Bezüge." Am nächsten Tage dankte er brieflich für die Neigung, womit Herder das Geschäft vollbracht habe, und empfahl ihm den Knaben auch für die Zukunft.

In den Tages- und Jahresheften von 1803 heißt es bei Goethe: „Schon drei Jahre hatte ich mich von Herder zurückgezogen; denn mit seiner Krankheit vermehrte sich sein mißwollender Widerspruchsgeist und überdüsterte seine unschätzbare einzige Lebensfähigkeit und Liebenswürdigkeit. Man kam nicht zu ihm, ohne sich seiner Milde zu erfreuen, man ging nicht von ihm, ohne verletzt zu sein."

Zum letzten Male sahen sich die beiden Männer im Mai 1803 in Jena. Herder hatte dort den Superintendenten Marezoll eingeführt und visitierte die Schulen. Auch Goethe war gerade in Geschäften dort. Beide wohnten im Schlosse und wechselten Besuche; sie aßen an einem Tisch, waren gut und gesprächig bis um Mitternacht zusammen. Aber schließlich konnte sich Herder einen boshaften Witz über Goethes „Natürliche Tochter" nicht versagen, und so war das Scheiden peinlich. Sie haben sich nicht wiedergesehen.

Am zweiten Pfingsttage erkältete sich Herder bei der Konfirmationshandlung in der Kirche. Eine „gallische Krankheit" mit großer Nervenschwäche folgte. Eine Badekur war demnach auch in diesem Sommer wie in allen Vorjahren unerläßlich. Für die Mittel schaffte die Herzogin Mutter in der erwähnten, großherzigen Weise Rat.

Am 12. Juli reiste Herder von Weimar ab. Als er reisefertig in den Wagen steigen wollte, reichte er seiner Frau den von seiner Hand rein abgeschriebenen, druckfertigen „Cid" und sagte: „Hier hast du deinen Cid!" Mit einem unbeschreiblich wehmütigen Blick nahm er von der treuen Lebensgefährtin Abschied. Er fuhr zunächst nach Schneeberg im sächsischen Erzgebirge, wohin sein Sohn August kürzlich als Bergamtsassessor versetzt worden war. Dort verlebte er wohltuende Tage in der freien Natur und fing an zu arbeiten. Dann folgten drei Wochen Kuraufenthalt in Eger, wo er namentlich mit einer alten Freundin, Frau von Berg, zusammen war, „einem Schatz von Vernunft und tätiger Weisheit, über allen Ausdruck gefällig und holdselig". Mit ihr reiste er über Teplitz und Karlsbad nach Dresden. Hier in der Stadt, die er selbst das deutsche Florenz genannt hatte, ward es ihm ungemein wohl. Er durchstöberte die Bibliothek, besuchte mit Entzücken die reichen Kunstsammlungen, erquickte sich an der schönen Landschaft und nahm lebhaft an dem geselligen Leben teil. Er wurde von allen Seiten als Berühmtheit angesehen und entsprechend geehrt. Es war ihm, als sei er wieder in Italien und verkehrte wie ein Gleicher mit Gleichen unter den Hochgestellten und Abligen der Hauptstadt. Die drei Wochen des Dresdener Aufenthalts waren der letzte Sonnenstrahl seines Lebens.

Das Heimweh trieb ihn nach Weimar zurück. Am 18. September kam er dort an. Er fand seinen Jüngsten, Rinaldo, ausgeflogen, um seine fernere Erziehung in der Klosterschule von Roßleben zu erhalten. An seiner Stelle war Wilhelm, der Kaufmann, eingezogen, als junger, trauernder Witwer: seine Frau war in Hamburg im ersten Wochenbett gestorben. In seiner frohen Reisestimmung wartete Herder der Herzogin Luise auf und kam sehr vergnügt von ihr nach Hause: die hohe Frau sei so gut und ungeniert mit ihm gewesen wie in den alten Zeiten, deren er sich dabei so lebhaft erinnert hätte.

Noch immer neue Arbeitspläne durchzogen den regen Geist. Gern hätte er eine Preisaufgabe des französischen Instituts bearbeitet, die Frage nach dem Einfluß, den die lutherische Reformation auf die politische Lage der Staaten Europas und auf die Fortschritte der Aufklärung gehabt habe. Aber die Kräfte versagten ihm, er mußte es leider bei einem flüchtigen Entwurfe bewenden lassen.

Im Oktober ward Herder von neuem krank und lag von da an zumeist unter starken Schmerzen zu Bett. Rastlos versuchte er auch jetzt zu arbeiten. Noch mühevoll gelang es ihm, einen Aufsatz für die „Adrastea" über den „Zutritt der nordischen Mythologie zur neuen Dichtkunst" zu vollenden. Er schloß ihn mit den Worten aus Gerstenbergs „Gedicht eines Skalden":

„In neue Gegenden entrückt,
Schaut mein begeistert Aug' umher, erblickt
Den Abglanz höhrer Gottheit, ihrer Welt,
Und diese Himmel ihr Gezelt!
Mein schwacher Geist, in Staub gebeugt,
Faßt ihre Wunder nicht und schweigt."

Die Kräfte nahmen rasch ab. Ein letzter Huldbeweis des Hofes ward ihm, als der Herzog ihn dringend ersuchte, sich seiner leidenden Gesundheit wegen bis nächste Ostern allen Dienstgeschäften zu entziehen. Zwischen Furcht und Hoffnung schwankten die Tage; doch überwogen die qualvollen Stunden und Nächte. Mit stiller, andächtiger Rührung hörte er draußen vor seinem Hause das Lied des Singchors anstimmen: „Herr, ich bin zu gering aller Barmherzigkeit, die du deinem Knechte erzeiget hast" und ließ den Sängern für den frommen Genuß freundlich danken. Dann kam das Ende. Am 18. Dezember 1803, einem Sonntage, abends einhalb elf Uhr, ist der große Mann sanft und schmerzlos entschlafen.

Am 21. Dezember ward die Hülle in der Weimarischen Stadtkirche zu St. Peter und Paul beigesetzt. Herders Grab deckt eine gußeiserne Platte, auf der sich außer dem Namen und dem Geburts= und Sterbetage das Zeichen seines Siegelringes findet, eine die Ewigkeit andeutende Schlange, in deren Rundung sich die Buchstaben A und O auf den lebendigen Gott beziehen, den er so kräftig gepredigt hatte, darum als Umschrift die drei Worte: Licht, Liebe, Leben! So hatte er einst aus Rom an seine Frau geschrieben: „Ich bitte Dich um nichts, als um Licht, Liebe und Leben, wie mein altes Petschaft sagt." Er hatte so oft seine Briefe mit diesem Wahrspruche geschlossen, jetzt ward sein Grab damit versiegelt.

Vor seiner Kirche erhebt sich seit dem 25. August 1850 das eherne Standbild Herders in Mantel und Kragen, als das Bildnis des großen Predigers der Humanität.

Bibliographischer Anhang

Herder ist das Glück widerfahren, sowohl für die Beschreibung seines Lebes als auch für die Herausgabe seiner Werke in unseren Tagen Männer zu finden, die ihrer Aufgabe in mustergültiger Weise gerecht geworden sind. Sein Meisterbiograph ist Rudolf Haym, der uns in zwei umfangreichen Bänden „Herder nach seinem Leben und seinen Werken" dargestellt hat. Der Muster-Herausgeber seiner Werke ist der Direktor des Goethe- und Schillerarchivs in Weimar, Bernhard Suphan, der die unübertreffliche Gesamtausgabe von Herders Werken eben jetzt vollendet. Durch diese beiden geradezu klassischen Werke sind alle vorherigen Ausgaben und Biographien mehr oder weniger überflüssig geworden. Freilich sind es ungemein große und kostspielige Werke und nicht für jedermann zur Anschaffung und zum Studium geeignet. Natürlich gründet sich das vorstehende Lebensbild wesentlich auf diese beiden bedeutenden Unternehmungen. Doch ist auch mit Dank Heinrich Dünzers kleine Schrift über Herders Leben und Wirken aus Hempels Klassiker-Ausgaben benutzt worden. Und ebenso haben die kurzen einleitenden Biographien zur Cotta- schen Auswahl (Bibliothek der Weltliteratur) und zu der Auswahl der Kürschnerschen Deutschen

National-Literatur, die erste, besonders wohlgelungen, von Joseph Lautenbacher, die zweite von Eugen Kühnemann, manche Anregung gegeben. Von Eugen Kühnemann gibt es auch eine etwas umfangreichere Biographie „Herders Leben", die den Gedankeninhalt der Herderschen Bestrebungen und sein innerstes Geistesleben in etwas wortreicher Darstellung sehr schön bietet, aber das Tatsächliche seines Lebens doch zu sehr als bekannt voraussetzt. Ganz veraltet ist durch Suphans große Tat die alte Gesamtausgabe der Herderschen Werke, die von seiner Witwe, angeregt durch die Freunde Müller und Heyne, besorgt worden ist und in der die Herausgeber aus falscher Pietät mit schier unglaublicher Freiheit geschaltet und an Weglassungen und sonstigen Appreturen das Menschenmöglichste geleistet haben. Auch das Lebensbild Herders, das von seinem Sohne Gottfried herausgegeben wurde, aber nur bis in die Bückeburger Zeit führt, ist durch Haym und Suphan überflüssig geworden. Dauernden Wert aber haben die Briefe behalten, die zumeist durch Heinrich Düntzer und Gottfried Herder veröffentlicht worden sind. So: „Herders Reise nach Italien", Herders Briefwechsel mit seiner Gattin, vom August 1788 bis Juli 1789, Gießen 1859. Dann: „Aus Herders Nachlaß", Band 1: Briefe von und an Goethe, Schiller, Klopstock, Lenz, Jean Paul, Claudius (Frankfurt 1856); Band 2: Briefe von und an Lavater, Mendelssohn, F. H. Jacobi, J. G. Zimmermann, G. Forster, Aug. Herder (Frankfurt 1857); Band 3: Herders Briefwechsel mit seiner Braut (ebenda). Schließlich: „Von und an Herder". Ungedruckte Briefe aus Herders Nachlaß (Leipzig 1861 und 1862); Band 1: Herders Briefwechsel mit Gleim und Nicolai; Band 2: mit Hartknoch, Heyne, Eichhorn u. a. m.; Band 3: mit Knebel, Dalberg u. a. m.

Die „Erinnerungen", die wesentlich Karoline von Herder zur Verfasserin haben, befinden sich in der alten Gesamtausgabe der Werke und behalten um ihrer Anschaulichkeit willen ihren bleibenden Wert, wenn sie auch naturgemäß tendenziös zu Ehren Herders geschrieben sind, also nicht kritiklos gelesen werden dürfen. Schöne Aufsätze über Herders vielseitige Tätigkeit bietet das „Weimarische Herderalbum" von 1845. Und gern liest man auch heute noch Joh. Georg Müllers treuherzige Aufzeichnungen „Aus dem Herderschen Hause" (Berlin 1881).

Personen- und Sachregister

Aachen 258.
Abbt, Thomas 41. 76.
Abel 274.
„Abrastea" 271.
„Allgem. deutsche Bibliothek" 82.
„Älteste Urkunde" 99.
Anna Amalia 143. 205. 223. 226. 230. 231. 249. 267. 278.
Andreae, Joh. Val. 254.
August, Prinz v. Gotha 946.

Bach, Joh. Christian 82.
Balde 255.
Berg, Frau v. 278.
Berlepsch, Frau v. 147.
Berens 33. 54. 126.
Böttiger 187. 269.
„Briefe zweener Brüder Jesu" 107.
„Briefe das Studium der Theologie betr." 160.
„Briefe an Theophron" 163.
Brüssel 57.
„Buchstaben= u. Lesebuch" 189.
Busch, Frau 35.

Cappelmann 56. 60. 64.
Cappecce=Latro 227.
„Christliche Schriften" 246.
Cid, der 272. 278.
Claudius Matthias 58. 101. 122. 169. 204.
Collegium Fribericianum 15. 23.

Dalberg, Friedr. v. 214. 220 ff.
Dalberg, Karl v. 147. 214.
Darmstadt 60. 111.
Deutschtum 36. 55. 151. 253.
Diede, Frau v. 216.
Döderlein 211.
Dramen 271.
Dresden 278.

Eichhorn 168.
„Einfluß der Dichtkunst" 157.
„Einfluß der Wissenschaft" 158.
Einsiedel 146. 223.
Ehrenberg 198.
Emmerich 13.
„Erläuterungen zum N. T." 106.

Falck, Johann 269.
Fichte 263.

Fischer 19.
Flachsland, Karoline 60 ff. 74. 90. 135. 139. 170. 178. 193. 217. 252. 259 ff. 278.
"Fragmente" 38.
Frankenberg, Frau v. 148.
Franklin 253.
"Frankfurter Gelehrte Anzeiger" 83.
Freimaurer 31.
Friedrich II. 99. 158. 253.
Friedrich Wilhelm III. 211.

Gedichte 205.
"Gelehrte Beiträge" 37.
"Geist der hebräischen Poesie" 167.
"Gesang an den Cyrus" 9.
Gesangbuch 242.
Gleim 122. 155. 169. 220. 261. 269.
Goethe 67 ff. 86. 93. 102. 111. 117 ff. 128. 134. 151. 153. 156. 156. 169. 170. 184. 193. 197. 199. 201. 211. 218. 224. 233. 250. 254. 255. 276. 277.
Göttingen 83. 114. 210. 232.
Görtz, Graf 143. 275.
"Gott. Einige Gespräche" 203.
Gräfin Maria 87 ff. 95. 109. 113. 123. 158.
Grafenheide 34.
Grimm, Rektor 4.

Hamann 19. 23. 33. 40. 42. 45. 83. 94. 106. 122. 125. 215.
Hamburg 57. 169. 210.

Hartknoch 34. 38. 48. 54. 55. 57. 60. 84. 86. 95. 97. 99. 106. 129 f. 148.
"Herbstblätter" 254.
Hesse 60. 92.
Heyne 83. 114. 151. 210.
Hippel 1.
"Horen" 258.
Hoftheater 270.
Humanität 37. 194. 214. 252.
"Humanitätsbriefe" 252.
Humboldt, A. v. 198.
Humboldt, W. v. 268.

Jakobi 179. 185. 200.
Jean Paul 267.
"Ideen zur Philosophie der Geschichte" 193 ff.
Jerusalem, Abt 119. 169.
Joseph II. 253.

Kalb, Charlotte v. 185. 237.
"Kalligone" 264.
Kant 1. 17. 83. 101. 199. 262.
Kanter 8. 21. 22. 43.
Karl August 117. 127. 136. 188. 192. 215. 226. 234. 251. 254. 270. 275. 280.
Karlsbad 238. 278.
Karlsruhe 63.
Katechismus 241.
Katharina v. Rußland 36.
Kauffmann, Angelika 229.
Kleist, Ewald v. 154.
Klopstock 40. 122. 154. 169. 206.
Klotz 42. 44. 82.
Knebel 144. 266. 267.

Körner 172. 257. 258.
„Kritische Wälder" 43.
Kurella 18.

Lavater 86. 130. 131. 139. 164. 205.
„Legenden" 249.
„Lehrer der Grazie" 26.
Lessing 8. 40. 44. 57. 165. 209. 247. 253.
„Lieder der Liebe" 152.
Lilienthal 16.
Literaturbriefe 38.
Lindner 23. 33.
Lobstein 67.
Lotze 198.
Luise, Herzogin 137 ff. 197. 214. 226. 236. 250 f. 260. 266. 270. 279.
Luther 85. 92. 115. 122. 164. 253.
Lyncker, v. 118. 128. 132. 237.

„Maranatha" 158.
Merck 60. 62. 86. 101. 204.
Mendelssohn 40. 202.
Meyer 227.
„Metakritik" 264.
Mohrungen 1. 3.
Müller, Joh. Georg 162. 175. 216. 239. 274.
Musenalmanach 261.
Nantes 54.
Nicolai 40. 55. 82. 84. 116.

Ossian 20. 71. 258.
„Ostergesang" 23.

Painboeuf 54.
Paris 54.
Peter, Erbprinz 56. 64. 111.
Peucer 241.
„Plastik" 149. 225.
„Philosophie der Geschichte" 97.
Predigten 27 ff. 48. 59. 74. 79. 95. 124. 129. 140 f. 179 ff.
„Provinzialblätter" 102.
Pyrmont 81. 105. 169. 186.

Salis 227.
Schardt, Frau v. 148.
Schiller 172. 185. 257. 270. 270.
Schlegel, A. W. v. 268.
Schlosser 83.
Schneeberg 278.
Schneider, Generalsup. 119. 240.
„Schulreden" 190.
Schwarzerloh 11.
Seckendorf, Frau v. 220 ff.
Shakespeare 20. 71. 140.
Spalding 102. 211.
Spinoza 202.
Stachesried 274.
Stanzen 229.
Stein, Frau v. 148. 250.
Stock 112.
Stolberg, Friedr. v. 185.
Sturz, Helferich Peter 186.

Teutscher Merkur 145. 165.
Tischbein 227.
Theater 31. 176. 270.
„Torso" 41.
Trescho 6 ff.

„Über die Asche Königsbergs" 24.
„Ursachen des gesunkenen Geschmacks" 108.
„Ursprung der Sprache" 77.

Voigt 143.
Volkspoesie 71. 153.

Wagner, Rich. 50.

Westfeld 78. 94.
Wieland 117. 144. 185. 267.
Winckelmann 43. 150. 165.
Wilhelm, Graf v. Schaumburg 65. 76. 82. 109. 113. 125.
Willamovius 5.
Wille 54.
Wolf, Friedr. Aug. 258.

„Zerstreute Blätter" 204.

Druck von F. E. Haag, Melle i. H.